明石ライブラリー
163

タチヤーナ・アレクサンドロヴナ・バシロワ［著］

広瀬信雄［訳］

20世紀ロシアの挑戦
盲ろう児教育の歴史

事例研究にみる障害児教育の成功と発展

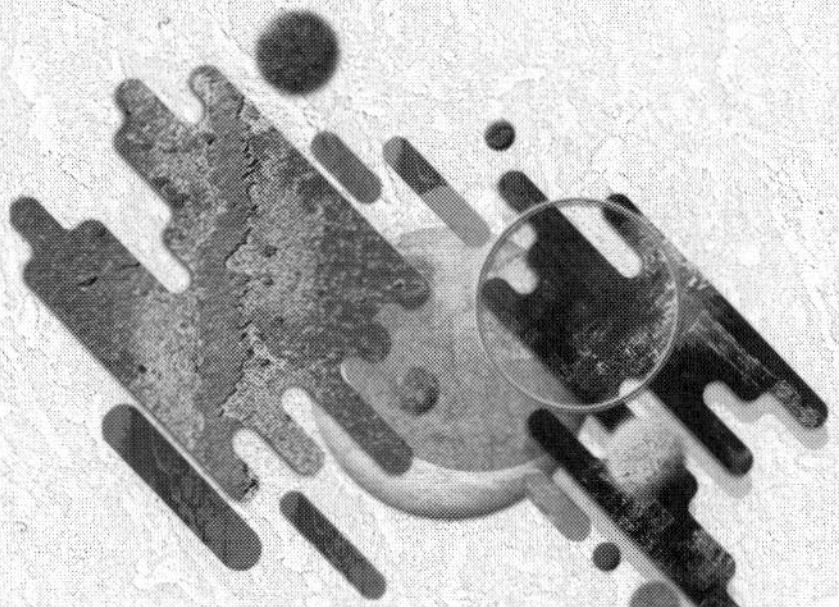

明石書店

The History of Education for Deaf-Blind Children in Russia
which is authored/edited by T.A. Basilova
История обучения слепоглухих детей в России
Автор и редактор Т.А. Басилова, Москва, 2015

目次

著者より

何年も前のことになりますが、一九七一年の春、記憶の心理学の授業の一コマで、それは国立モスクワ大学心理学部の第四学年で私たちの先生V・Ya・リャウディスが行なっていた講義でしたが、はじめて私は盲ろう者のことを知りました。次回の授業で先生は私たちのグループをクロポトキンスカヤ河岸沿いにある、ろう学校に連れていってくれました。そこには四人の盲ろうの若者が学んでいました。先生は、ソ連邦教育科学アカデミー欠陥学研究所「盲ろう児の教育と養育研究室」の室長A・I・メシチェリャーコフと私たちの出会いの場を設けて下さいました。アレクサンドル・イワノヴィチ（メシチェリャーコフ）先生は、その後クレムリン橋のたもとにあるちょっとした公園で私たちと長時間話しあう時間をつくり、質問に答えて下さりました。世の中に盲ろうの人がいるという事実そのものや、その人々が高等教育を受けられる、ということにとてもびっくりしたことを覚えています。今でも不思議に思うのですが、その出会いから約一週間後、V・Ya・リャウディス先生は、私たちにある提案をもちかけました。一週間のうち何時間か、盲ろう児グループの指導員として少し働いてみませんか（子どもたちと散歩に出かけるために）、というのです。即座に私はそうすることに決めました。それからの私の歩みはこんな風に始まったのです。第四学年末の卒業研究の指導教官とテーマを変更し、第五学年での卒業前実習をある盲ろうの男の子の家で行ない、そしてA・I・メシチェリャーコフ先生とV・Ya・リャウディス両先生の共同指導のもとで学位研究を行ないました。その査読者はE・V・イリエンコフ先生とA・A・レオンチェフ先生になりました。盲ろう児の初期的コミュニケーション手段の発達を扱った卒業研究を準備するにあたって、私はI・A・サカリャンスキー、A・V・ヤルマリェンコ、そしてA・I・メシチェリャーコフの研究を知ることになりました。自分が引き受けた盲ろう児に向き合う際、常に私はサカリャンスキーの忠実な教え子であったR・A・マリェーエワとG・V・ワシナの二人の先生に相談にのっていただき、行動の点で非常に難しい六歳男児の養育の仕方や方法を伝授してもらいました。この時の盲ろう児を教えた最初の経験が将来の自分の専門的な仕事にとって一番意義深く、また重要であったのだと今私は理解しています。

一九七二年に大学を卒業した後、私はA・I・メシチェリャーコフ先生の研究室に配置され、そこで三〇年以上、仕事を続けました。はじめ、私は高等教育機関における盲ろう大学生の教育を支援する仕事をしました。それでこの時期からN・N・クルィラートワ（当時はコルネェーエワ姓）、Yu・M・レルネル、S・A・シロートキン、そしてA・V・スヴォーロフと私の友情が始まりました。その後私は実験グループ盲ろう児の養育の観察に加わり、いくつかこの子たちとの授業を教師として系統的に担当することにもなりました。そこでは実験グループの教師たちA・Yu・アクショニナ先生とG・V・ワシナ先生、そしてL・V・ペシェンツェワ先生のすばらしい仕事を知るに至ったのです。それから重複した感覚障害のある子どもたちの診断検査の心理・教育学的な分野に参加するようになり、やがて何年もしてからは、それを主導するようになりました。幸運なことに私はR・A・マリェーエワ先生がどのように検査するのか観察することができました。

著名な医師で研究者であるM・S・ペヴズネル先生とG・P・ベルトゥイニ先生の診断の場にまったく最初から私は立ち合わせていただくことができました。ですからこの二人も自分の先生と思っています。G・P・ベルトゥイニ先生といっしょに五百名を超える子どもたちを、欠陥学研究所、盲ろうあ児の家、トゥーラ県のゴロヴェンチェスキー寄宿制子どもの家、それにモスクワの第六五ろう学校で診断しました。とくにこのろう学校では心理士としての仕事を兼務しました。

A・I・メシチェリャーコフとR・A・マリェーエワの後を継いで研究室の室長をしていたV・N・チェールコフ氏にこの場をお借りして感謝いたします。彼は、私の「ろう児における遊びの発達可能性」の研究を完成させて下さいましたし、このテーマで論文を提出する助けをして下さいました。多くの面で、彼のおかげ、またV・I・ルボフスキー所長のおかげ、そしてまたわがロシアにおいていろいろな変化が起きたおかげで、私は世界に出かけ、盲ろうの諸問題に関する国際会議に参加し、この分野における諸外国の中心的な専門家の方々と知り合うことができるようになりました。

二〇〇二年、私は研究所を辞しました。自分が室長となっていた研究室は、一九九二年からその名称を「重複した欠陥構造を伴う子どもたちの教育内容と方法研究室」と変更していました。それに「欠陥学研究所」も「ロシア教育アカデミー治療教育研究所」と名称を変えていました。モスクワ市立心理教育大学の仕事に移り、私は「盲ろう児教育」という科目の講義をし、大学教員としての活動を始めました。

ロシアにおける盲ろう児教育史についての著作は、研究所での研究活動として考え、始めたものです。研究の基盤となったのは、I・A・サカリャンスキーの未亡人N・C・マルゴリスさんが欠陥学研究所の「盲ろうあ児の研究と養育研究室」に寄贈したサカリャンスキー資料コレクション、そして未亡人との出会いと、彼の教え子だったG・B・ワシナとR・A・マリェーエワとの果てしなき話でした。また同様に私の大いに助けとなったのは、ロシア科学アカデミー心理学研究所心理学史研究室のA・V・ヤルマリェンコ資料庫を用いた研究でした。文献目録を作成する際、私は多くの点で中央盲人図書館のシャポシニコワの専門的な仕事に頼っていたのですが、彼女はいつもこの図書館によって定期的に発行されていた歴史カレンダーのI・A・サカリャンスキー、A・I・メシチェリャーコフ、そしてO・I・スコロホードワの記念記事を書くように私に声をかけてくれました。

これらの資料の記述から私が読者に示そうとしたのは、具体的な盲ろう児の具体的な教育経験から、教育者と研究者が、それぞれの研究者・教師としての伝記において、どのようにして発見や解明をなしえたのか、ということです。盲ろう児教育はほとんどいつも多くの点で個別的な性格を帯びていて、知識や忍耐ばかりではなく、教師の側に一定の自己犠牲を求めていました。長年、個々の盲ろう児の教育経過を見てきた一人の心理学者として私もその過程に参加していたわけですが、分析にあたり最も興味深く示唆に富んだ面を抽出しようと努めました。

幸せなことに学生時代から私は、ロシアにおける盲ろう教育史に直に触れることができ、そのささやかな参加者になることもできたので、これらの知見を読者諸氏と分かち合うことが自分の責務であると考えています。

この仕事において私を支援していただいたみなさまに深謝いたします。

とりわけ盲ろう者支援財団「コ・ネクション」に対しまして本著の出版の機会をつくっていただいたことに感謝いたします。

日本語版への序文

日本のみなさんが私のこの本に関心を持たれて、ロシアにおける盲ろう児支援の歴史や、二〇世紀ロシア史上の激動を受けながら、この分野で活躍した有名な専門家たちの個人的・職業的な伝記をより身近に知っていただけますよう本書が役立つことを心より望んでいます。

本書は、幅広い読者のみなさんを対象と考えています。私の国の歴史や科学研究の伝統に関心をお持ちの多くの方々です。また、コミュニケーションや書きことばの獲得そして社会化という面で、深刻な問題のある子どもたちとともに仕事をしていらっしゃる教師や心理学者の方々にとっても有益であろうと思います。もちろん、盲、ろう、盲ろうの子どもたちの親御さんたちにとっても有益であるに違いありません。

広瀬信雄先生には、日本で私の著書を翻訳・出版していただいたことばかりではなく、多年にわたる親交とロシアにおける盲ろう児の教育研究に変わらぬ関心を持ち続けていただいたことに対し、深くお礼を申し上げます。

タチヤーナ・アレクサンドロヴナ・バシロワ

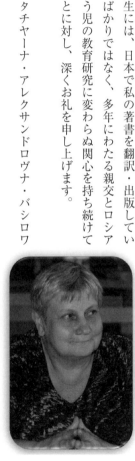

まえがき

世界のいくつかの国々は、盲ろう児教育を多年にわたって行なった実績を誇りとすることができるでしょう。ロシアも、そのうちの一国です。二〇〇九年に私たちは盲ろう教育開始百年を記念いたしました。「盲ろう」という用語は今日、聴覚と視覚の両方の著しい障害がある人々を示すために一般に用いられていますが、以前は「盲ろうあ」と呼ばれていました。昔の出版物や施設の名称について言うときは、古くさい名称がまだ使われることがありますが、それ以外はすべて現代の呼び名が使われるようになりました。

わが国の盲ろう児教育の国家的歴史は、断絶していた時期も含め、かなり明確に区分することができます。しかし、ロシアのこの歴史は途絶えることなく人の鎖となり、ある人からまた別の人へと、盲ろう者とその家族の人々を支援したいという気持ち、そしてまたそれをできるだけよい形で行ないたいという精力的な願いが伝えられてきたのです。このような歴史は、教育学的にみて、科学研究として示唆が多いだけではなく、道徳的な点でも意味があります。この歴史には随所でわが国自体の歴史が反映されていますし、そこにはさまざまな方面で秀でた学者が登場しています。盲ろう児教育の歴史に参加してくる専門家や当事者の数は全体としてはそれほど多くはありません。この伝統に直接触れることができたのはほんのわずかな人々ですが、その後ろにはもっと多くの人々が、有名な人も、それほど有名でない人も、たくさんいるのです。

本書では三人の重要な、わが国の盲ろう児者の研究者、教育者の伝記が記述され、同時に二〇世紀の間に行なわれた盲ろう児指導の経験が示されています。

この本の主要なヒーローは、盲ろう児教育に関してあまり出版物を残さなかったイワン・アファナーシエヴィチ・サカリャンスキーです。盲ろう児との自分の仕事について何も書こうとしないことを、彼は一度ならず批難されました。それに対して彼はほとんどいつも、この子どもたちの教育における成功は、彼らが達成したことと彼らが為しえた仕事を通して示されればよいのだ、と答えてきました。でもそれだけではないと思います。実は彼の人生は、彼にそうさせないようにしたドラマティックな事件に満ちていたのです。彼は盲ろう児の教師でしたが、それはとてつもない自己献身を要求しました。そして、イワン・アファナーシエヴィチ先生が常に自分の仕事について記録をとっていたとしても、教師であった者ならば誰でも、自分自身が行なったことを書くということがどんなに困難かおわかりいただけるでしょう。そればかりではなく、彼はV・M・ベフチェーレフ反応学派の出身でしたから、環境の変化に対する盲ろう児の反応を分析して、自分の研究のための科学的資料を集めようとしたのですが、それはうまくいかなかったのです。またサカリャンスキーは博士論文を書くことができず、彼の修士論文は共同研究として提出されたのでした。博士論文用としても彼は資料を集めましたが、これもうまくいきませんでした。彼の仕事を反映している文書や原稿の大部分が何回となく消失し、あるいは廃棄されたのでした。これらのことは、逆にそれらを大事に保存させたり、何冊も研究ノートにメモを書き残させたり、すべて自分の手紙は写しを残しておくようにさせたのです。

それらのサカリャンスキー資料は、彼の内容豊かな伝記と盲ろう児に対する指導方法を書く上で主要な基礎資料となりました。ろう児と盲ろう児に対する彼の実践的な教育活動は、並外れて創造的で成功を収めたものでした。幸運にも彼とともに仕事をすることができた者はみな、彼のこの上ない博学と豊富な創意を口にし、疑いなく、教師としての彼の雄大な権威を認め、それらの印象を他の人々といつまでも共有するのです。

この本の、もう一人のヒーローは、アヴグスタ・ヴィクトロヴナ・ヤルマリェンコです。サカリャンスキーと違って、彼女の研究的、生活的な伝記は、十分順調かつ伝統的なものでした。彼女は長き年月にわたって何人かの盲ろう児を観察し、その子どもたちを対象とした研究活動の実施に加わりました。科学にとって盲ろう児の研究と教育の意義を理解したこと、また文献を分析するアカデミックなアプローチによって、アヴグスタ・ヴィクトロヴナは、自分が入手できた諸外国とわが国での、この問題に関する研究者の著作を見事に概観し、短編の価値ある論考をたくさん著し、盲ろう児の問題について博士論文を提出することができました。A・V・ヤルマリェンコは盲ろう児心理学に関する有意義な論文集を残してくれましたし、多年にわたる彼女の高等教育機関の講師としての仕事は、その教え子たちに盲ろうの問題に対する関心をいつまでも残すことになりました。

そして本書に登場する第三のヒーローは、アレクサンドル・イワノヴィチ・メシチェリャーコフ先生です。私は個人的にもよく知っている人物で、四年間近くにわたって私の第一の研究指導者であり、私たちはモスクワ大学で、同じ教授陣の下で学んだ同窓生でもあります。彼とともに私ははじめて「盲ろう児の家」を訪ねました。私は先生に専門に関する修士候補試験をしてもらいました。その時以来、私にはうまく口では表せられないような印象が残っています。そして私の手もとには自分が一生懸命勉強した、先生の著作が残っています。

本書の最終部分には、ごく短くではありますが、A・I・メシチェリャーコフ先生亡き後の、盲ろう児教育の状況が書かれています。著作を刊行している数多くの研究者、教育者をあげました。もし希望があれば巻末の伝記的文献目録をご利用になると、より詳しく彼らについて知ることができるでしょう。「盲ろう児」の成員の変化や彼らの教育方法の変化についての歴史を記述しましたが、それは今後、役に立つことでしょう。

本書の史料は地域別に並べられています。つまり革命前の帝都ペテルブルクと、ソビエト時代のレニングラード、そしてハリコフ市、さらにモスクワ市及びモスクワ県における盲ろう教育史です。私としては盲ろうの子どもたちや成人への専門的な支援が将来もっと広げられていくことを願っています。本書がその一助となることを望みます。

第一章

帝都ペテルブルクにおける最初の盲ろう児学校

アヴグスタ・ヴィクトロヴナ・ヤルマリェンコ
（1900―1972）

1 ヨーロッパとアメリカへの「窓」

アメリカと西ヨーロッパでは盲ろう児教育が成功したという有名な事実が一九世紀の中ごろまでにロシアにも届いてきました。人気作家であるイギリスのチャールズ・ディケンズの「アメリカ紀行」が出され、それを読んだ人々は盲ろうの女性ローラ・ブリッジマン（一八二九―一八八九）の驚くべき物語を知ったのですが、この本はすぐに（一八四三年）ロシア語に翻訳され、ロシアの雑誌『読者ライブラリー館』に縮刷版として掲載されました。その全訳本がロシアで出版されたのは、一八八二年と一八八九年です。ディケンズはローラとの最初の出会いについてこんなふうに書いています。

「……ある少女の前に坐った時のことだった。彼女は目が見えず、耳が聞こえず、口がきけず、嗅覚もなく、そして味覚もほとんどなく、それでいて人間としてのあらゆる能力、希望、また美徳と愛情あふれる力をその華奢な体に秘め、肉体的感覚として唯一の感覚、つまり触覚だけを持った、若くて美しい少女だった。そこに彼女はいた、私の目の前に。いかなる光も、またかすかな物音も通さない、いわば大理石の独房の中で育てられ、哀れな白い手で壁の中の隙間を覗き込み、不敏の魂を呼び覚ましてはくれないかと、誰か善良な人に助けを求め、合図を送りながら。

私が彼女に会うずっと以前に、救いは彼女の所に来ていた。彼女の顔は知性と喜びに輝いていた。彼女の髪は自分の手で編まれ、頭に巻かれていた。彼女の知的能力とその成長がその髪の優雅な輪郭と広々した額に美しく現れていた。彼女自身によってアレンジされた彼女の服は、素朴で小ぎれいな模様の服だった。彼女が編んだものがそばにあった。彼女の筆記帳が、彼女の寄りかかっている机の上にあった。障害という、かくも悲しい運命から、かくも上品で、優しく、誠実で、感謝の念に満ちた存在が徐々に生まれてきたのだ」

（ディケンズ著　伊藤弘之・下笠徳次・隈元貞広訳「アメリカ紀行」（上）岩波文庫七六―七七ページ二〇〇五より）

その後、世界中に名声を轟かせたのは、もう一人のアメリカ人女性ヘレン・ケラー（一八八〇―一九六六）ですが、彼女はその先生であるアン・サリヴァンの献身的な努力によって、まず中等レベルの教育を、そしてさらには大学での高等教育を受け、傑出した社会活動家で作家となったのでした。ヘレン・ケラーの本は一八九四年からロシア語訳され、繰り返し語られてきています（138）（139）（140）（141）（142）（143）（163）（226）。ロシア中央盲人図書館の司書、N・D・シャポシニコワによって編まれたヘレン・ケラーの伝記には、二三の典拠資料があげられています（雑誌記事、著書など一九一七年までにロシアで彼女の物語について刊行されたものです）（119）。

ところで、当時よく読まれたZ・A・ロゴージナの本「ある魂（ヘレン・ケラー）の物語。一七枚の肖像写真、自筆稿と図絵」、これは一九一五年に出版されたものですが、それにはこのように書かれています。

「マーク・トゥエインが言うには、自分の意見では、かつて生まれた人々の中で、完全な意味で『興味深い』人間は、たった二人だけ、ナポレオンとヘレン・ケラーである。あえて、この二人の人物のうちどちらかを選ぶとするならば、いくつかの点において優っているのは後者であろう。

実際、盲で、ろうの娘が、世界と交流する唯一の手段として、精神生活の唯一の器官として備わっているのは触覚だけである、ということを想像してみよう。そしてその娘は今二四歳であり、ケンブリッジ大学のハーバード大学校女子部（マサチューセッツ州ボストン近郊）において高等学問を修め、バカロレア（学位・芸術学、B・A）として卒業しているのである。しかも今や、あらゆる疑念をよそに世界で最も高等で、最も多面的な教養を身につけた女性の一人となっている。すなわち、すぐれた数学者であり、めざましい言語学者で、フランス語とドイツ語に確実に通じ、ラテン語とギリシャ語を楽しんでいる。すでに子どものころから作家としての才能を発揮し、母語の英語では、文章表現を獲得し、独自の文体、生き生きとした美しさ、同時に優雅な端正さで驚かされる……」（226、五一六ページ）。

アメリカ合衆国における盲ろう児教育の経験の反映は、著名なロシアの医師で社会活動家であったM・V・ボグダーノフ＝ベレゾフスキー(1)の本ですでに一九〇一年から一九〇三年にかけて見出すことができます。

このころロシアでは、ベルギー、フランス、ノルウェー、スコットランド、スウェーデンの盲学校やろう学校でこのような子どもたちの教育が成功した事実が知られるようになりました（79）（227）。一九〇八年までに西ヨーロッパとアメリカでは盲ろう児のための学校が六校開設されていましたが、そのうち最古のヨーロッパのものは、一八八六年スウェーデンのヴェネスブルクで開かれた学校です。そして各国で盲ろう児教育の試みが記述されるようになりました。フランスではアルヌー（Arnould）の本『牢獄の主人公』がありますが、そこにはポワチエ市近くのラルネーにある修道院内での盲ろうの女性、マリー・エルテンの教育について語られています。オランダの研究者レンデリンク（一九〇八）の著作『盲ろうあ児』には、約一〇〇名の盲ろう者に関する情報が集められていますが、それらは一人一人名前入りで全員の写真が付けられています（322）。

ロシアは、ドイツとは学問的なつながりが密であったおかげで、ドイツの盲学校で盲ろう児の教育がなされた初期の事例について知ることができました。ロシアの専門家たちは刊行物によって盲ろう児の授業について注目しました。その教育は一八八七年プロシアで、ポツダム近郊のノヴォヴェスの身体障害児のための孤児院で行なわれたもので、さらに一九〇六年七月二日に、そこには盲ろう児のための「オーベルリンハウズ」が開設されました。一八九五年にはドイツの聖職者で、教師、研究者であったG・リーマンの「ろうあと一時的な盲」、さらに後の一九〇五年には「ろうあ盲児の心理学的な観察」が出されました。後者はロシア語に訳され、一九〇八年、雑誌『盲人』で刊行されました。G・リーマンは、自分の教え子である盲ろう児ゲルタ・シュリッツ（一八八六年生、四歳で失明、失聴し、一四歳から「オーベルリンハウズ」で学んだ）ともう一人の教え子ルドルフ・シュテインボルンの感情と表象の特性を記述し、文献で知り得た他の盲ろう児の特性と比較しました。それによれば、次のようです。

「触覚という一つの感覚では習得が困難な概念は多い。聴覚と視覚を失うことは、その人間を一面的にしてしまうのは避けることができないだろう。あそこに行っても、ここに行っても、その人間には、わかりにくい概念にぶつかる。このような制限を自覚することが、その人間の自信を失わせ、生活上の強い障壁となってしまう。ゲルタは馬屋で、ロバを触ってロバと感じ、しばらくして庭でも同じロバを触ってロバと感じる。そして私にこう言った。『私は馬屋でロバを触って感じたし、庭でもロバがいた。でも、今それが同じロバだったのか、それとも別々のロバだったのか、わからない』とね。このような問題は、ろうあで（同時に＝編者）盲でもある人々には至る所で生じるはずである。……成人のろう者たちは、暗闇で歩いている時はブランコに乗っているような感じだ、と私に話した。同時に盲でろうでもある者は、何かしらこれと似たようなことを感じているに違いない。自然に生じた制限のために、ろうあの盲人たちは、このようなことに関わりのない人間を時々怒らせてしまう、風変りな習慣を身につけている。とても好奇心があるように彼らが思われてしまうのは、しきりに何でも触りたがることによるのだ。しかしそれは、とりわけ子どもにとってもっぱら奨励されるべきなのである。なぜなら、触覚は、外界を知る唯一の手段だからである。……ゲルタはしばしば、自分が子守りをし、世話をして育てる子どもが四人欲しいと話していた。私は長い間、それが間違った表象に基づくものだということを偶然知るまでは、なぜそんな望みをもつのか理解できなかった。ゲルタは、こう考えたのだ。子どもというのは天から与えられるものだと。それは次のような一文から彼女は結論づけていたのであった。『神はマリアに息子をつかわした』。まさにその時、人々が彼女に『鳥は卵から生まれ、子馬は馬から生まれるが、人間の子は母から生まれる時に母親はとても苦しむ』ということを説明していたので、ゲルタは自分の子どもを持ちたいという希望をやめていたのだった……」(229、一〇八ページ)。

「……苦しみ、喜びは目で見ることができる。ゆえに、そのようにして身近な者の苦しみや喜びを共感することができる。ろうあで盲の人間は、生活上で直接的に学ぶことができない。さまざまな感情ですら、人工的に、教育する時に知らせていかなければならないのである。ゆえに、かような人々の倫理《エチカ》の領域には大きな穴があいている。ゲルタは病気の人に対して、その人から嫌な匂いがしたら、思いやりの感情を抱くということができなかった。彼女は、献身と共感という感情を知らなかった……」

この本の終わりにG・リーマンは次のように書いています。

「最後に、ろうあで盲の人が成功を収めることを奇跡だと見る人々すべてに聖アウグスティヌス(2)の次のことばを思い出していただきたい。『奇跡はまったく自然の法と矛盾することはない。それが矛盾するのは、我々が自然について知っていることのみである』。ろうあで盲である人々の心理学をもっとよく研究するべきである。そうした時、我々に奇跡と思えていたことの多くが、説明を見出すのに……」(同書、一一三、一一三ページ)。

ほぼこのころ、盲ろう者がロシアの医師や生理学者の関心をひきました。一九〇〇年に「人間の作業運動における神経系の参与」という論文の中でI・M・セーチェノフはシュトリュンペリのクリニックから症例をあげていますが、その人は無傷で残っている目を閉じきこえる耳をふさぐと、寝込んでしまうのでした。

彼らによる第二の病人は、S・L・ボートキンの患者ですが、その人は聴覚と視覚を失っていても、残りの運動分析器を介して人々とコミュニケーションをとっていました(321)。

一九〇八年一一月一八日、帝国軍事＝医学アカデミー神経および精神病臨床医師協会の祝典大会においてA・V・ヴラジーミルスキー(3)博士は「視覚による知覚と聴覚による知覚が欠落している症例の精神的体験の内実」と題して報告をしています。この発言は大いに聴衆の関心をひいたので、この研究者は、講義という形で何回か繰り返して話をし、後にそれは一冊の小冊子として出版されました。

ローラ・ブリッジマンとヘレン・ケラーの人生物語を比較して、A・V・ヴラジーミルスキーは前者を「ごく簡単な世界観をもった単純であっさりした老女」と呼んだが、後者は「華がある、驚くほど美しい、豊かな色彩、芳しい花」と呼びました。「しかし、厳密な心理学的観点からすれば、多くの場合、我々の意見では前者の方が後者よりも、より純粋な心理学的な対象である。その場合、我々が手にするのは、わざとらしくない単純な表出、より客観的な告白の仕方、であり、それらは子どもたちや知識階級ではない人々に私たちがしばしば見るものである。だが後者においては、そうではない。すなわち彼女の内省には常に付加的な個人的体験の細やかなひだのような装飾があり、常に、気分のプリズムを通して屈折したものになっている。こんな心理学的で、客観的な純粋さを、これまで我々は持ちあわせていない。それゆえに我々の前に提示されたのは、自身の魂の最も微細なひだにも気づく力があり、彩色や対照に富んだ、繊細で敏感な知性の特性であり、またこのこと自体がある意味、極めて価値があるし、彼女が自身の内面的な体験を観察できることが、とりわけ注目に値する」(89)。

「もちろんヘレン・ケラーの教育において達成された驚くべき成功は、さまざまな言語で彼女のことを書いた出版物を招かないわけはなかった。この現象において、大事なことは、次の二つの方向が見出されることである。すなわち一つは、得られた成功を、主として、この女生徒の天分にもっぱら関係づけようとする方向である。もう一つは、逆に、この大成功の事実の中に彼女の教師であったサリヴァン女史が精力、自己犠牲、倦むことのない根気と首尾一貫性を、自分の仕事として行った成果として見出そうとする方向である。この事実の中に、ある一人の人生が、別のもう一人の人生がなかったら生まれも発達もしなかった、という事例と見るならば、かなり後者の成した部分は大きく、優れたものだった……」（同書、一九―二〇ページ）。

別個の印刷物として発行された小冊子の結びのことばとしてA・V・ヴラジーミルスキーは次のように記しています。

「もし、幸せのエンブレムとして青い鳥がメーテルリンクの幻想的な創作の中だけではなく、現実にもいるのだとしたら、我々はそれを見つけるために、天上の隅でもなく、地下の奥深くでもなく、まだ経験したことのない諸感覚の中に捜しに行かせるだろう……。あのような現実にない魔法の国の世界ではなく、また我々にとって縁のない無限の空想の世界ではないところに幸せは隠れているのであり、それは現実の世界から遠く離れたところではなく、もっぱらその中にこそある。つまりこの灰色の、退屈な生活の中に…。もっぱらそこにこそ、この生き生きとした生活の中にこそ、生きている人々との交流の中にこそ、その捜しものは隠れている。実際、なかなかめったにないことなのだ。目的のない生活などはなく、生きることに価値があると自覚できる瞬間というのは……」（同上、二三ページ）。

A・V・ヴラジーミルスキーの、このような講義の一つを、一九歳のイワン・アファナーシエヴィチ・サカリャンスキーが聴いていたのです。

2 ロシアの、盲ろうあ者保護協会

盲ろう児を含めて重度の障害のある子どもたちの教育を行なう仕事において、ロシアで格別ずば抜けた役割を果たしたのは、エカチェリーナ・コンスタンチーノヴナ・グラチョーワの創設活動と教育活動です。このペテルブルクの銀行員の娘は、病気で歩くことのできなかった弟を献身的に世話をし、彼が奇跡的に全治した後、最も重症の絶望的な子どもたちの支援に身を捧げようと決心しました(31)。

そのような目的で一八九四年、彼女はペテルブルクの「貧困と病気の子ども協会」という慈善的な事業に含めて、重症知遅児のための養育院をつくり始めました。彼女が自分の保護下に受け入れた最初の子どもが、まさしく盲ろうあの女児だったのです。この出来事についてE・K・グラチョーワは自分の日記にこんな風に書いています。「だいたい一時ごろシューラが連れられてきた。何と不幸せな子どもでしょう！　両手は折れ曲がっていて、両脚は交差し、盲で、ろうで、あ、である。保母が入浴の準備をしている間、私はシューラにミルクを飲ませようとしたが、ミルクは口からこぼれ出た。シューラの母親は乳首代わりに、正確に言えば、よごれたぼろ布を取り出し、黒パンをもぐもぐかみ、くるんでシューラの口に押し込んだ。哺乳びんを買うよう勧められた。七歳の娘にである！　シューラを水浴させようとすると、悲しそうにうめき声をあげたが、この子を暖かな寝床に横にし、綿入りの寝巻と、白い綿布《ピケ》でくるみ、温かいミルクの入った哺乳びんを与えると、彼女はまもなく眠りこんだ。母親は、脚を曲げて、ベッドのそばに座り、声をあげて泣き出した。私がうれし涙を見たのははじめてであった」(11、三五七ページ)。

まさしくこのE・K・グラチョーワが、もう一人の盲ろう男児アレクセイ・フェドソフの深刻な状態を見て一九〇五年に、自分の慈善施設に受け入れたのですが、一八九八年からそれは「天帝の名のもと兄弟愛養育院」と呼ばれていました。そこは盲ろう児のための特別教育を行った最初の機関の一つでした。この養育院で、無償で相談活動をしていたのは当時の秀でた医師と学者たち、V・M・ベフチェーレフ(4)、V・P・オシポフ(5)、A・F・ウベリーチェ、その他多くの人々であり、そこでは彼らの学生たちの実習も行なわれました。

医学アカデミーの講師であったM・V・ボグダーノフ＝ベレゾフスキーはすでに二〇世紀の初頭、外国における盲ろう児教育のいくつかの成功例について著作を刊行していましたが、一九〇八年一二月二四日の『新時代』紙面に「牢獄の主人公」という題名で記事を寄せていて、そこではペテルブルクの養育院で養育されている盲ろう児の運命について語っています。そして彼の話の中で示されたのはロシアにおける盲ろう児の酷い状況でしたが、彼らはいかなる等級の援助も得ていないとし、また同時に社会に対しこれらの子どもたちへの支援を呼び起こそうとするものでした。この記事は幅広い社会的な反響を得て、編集部に金銭的な寄付が、そして自国ロシアの隅々や国外から手紙が届くようになりました。それは盲ろう児のための特別な施設をつくることを支持するものでした。このようにして、およそ四〇〇ルーブルのお金が集まりました。さらに伯爵夫人N・M・ミリューチナは五〇〇ルーブルを寄付し、毎年同額を出すと約束しました。さらに高額の一五〇〇ルーブルがまもなくしてこの目的のために故伯爵N・A・プロターソフ＝バフメチエフの遺産から入ることになりました。一九〇九年初めには、盲ろう児支援のための社会団体を創設しようとする主導グループが顔をそろえました。

一九〇九年五月一五日、サンクト・ペテルブルク市行政長官は、ロシアにおける盲ろう児保護協会の規則を承認しました。そのメンバーの最初の会合は一九〇九年五月二九日、殉教者イシードル聖人協会附属のユリエフスキー正教エストニヤ教区の建物内で行なわれました。協会の創立を書簡によるメッセージで祝したのは、ろうあ者保護機関の代表者であった伯爵N・E・ゲイデン、帝室軍事＝医事アカデミー附属の耳鼻咽喉病クリニックの院長N・P・シマノフスキー、モスクワのアルノリド・トレチャコフスキーろう学校長F・A・ラウ(6)でした。

この協会の主目的は、あらゆる年齢の盲ろうあ者の保護を宣言することにありましたが、その規則には以下のような活動方針が記されていました。

（a）弱年齢の盲ろう児のために、本協会は学校、養育院、庇護所を開設し、盲ろうあ児のいる家庭に必要な補助金を支出するものとする。

（b）働ける盲ろうあ成人のために本協会は作業所、安価な住宅、老人養護施設および同様の他の施設を創設するものとする。

（c）本協会はまた、視力を全部又は一部を失っているろうあ者、および聴力を失った盲人に、あらゆる種類の援助を差し伸べ、扶養するものとする。
（d）本協会は盲ろう児のための学校の教師を養成する目的で講習講座の開設に配慮するものとする。
（e）予防目的で、盲人における耳の病気、およびろう者における目の病気を治療するための病院と診療所を建てるものとする（211、九―一〇ページ）。

この協会組織の初代代表に選ばれたのは、O・A・ゴレニシチェワ＝クトゥーゾワ伯爵夫人で、その共同代表者がM・V・ボグダーノフ＝ベレゾフスキーでした。協会の監査委員会が選出され、ここの活動についての評価が定期的に刊行されました。

当時存在していた慣習によって、この協会のために帝都のすべての寺院において一日限りの寄付金募集が当局によって許可されることになり、また街のいくつかの教会は、このような寄付募金を定期的に行なう許しを得ました。それ以外にも、ロシアにおける盲ろうあ者の保護協会のための募金サークルがペテルブルクのすべての駅に作られました。

一九〇九年の夏、ろうあ児幼稚園の園長M・A・ザハロワとこの園の教師Yu・A・ヤキーモワとO・I・ヘイキネンは自分たちの意志と自費でヴェネスボルク（スウェーデン）とノヴォヴェス（ドイツ）に出発し、当地で盲ろう児教育の経験を学ぶ機会を提供されています。

一九〇九年、先の協会のメンバーによって、世界中の盲ろう教育の成功例に関するP・F・レスガフト教授の一連の講義が開かれました。これらの講義で彼はアメリカ合衆国のローラ・ブリッジマンとヘレン・ケラーの教育成功例について話しました。

同年、E・K・グラチョーワは、自分の盲ろうの養い子たちについて書いた広報冊子『この子は盲、この子はろう、この子は唖』を書きました。

一九一〇年、協会の主導によってアメリカの盲ろう女性ヘレン・ケラーの『楽観主義』がロシア語に翻訳され、出版されました（143）。

一九一一年一月までに、慈善協会の会員は二七三名であり、その予算はおよそ二万五〇〇〇ルーブルになりました。

盲ろう児を見出すために調査票が作成され、それは一九〇九年にロシア帝国全土に配布されました。その中に含まれていた項目は、盲ろう者の氏名、年齢および居住地、健康状態、自力移動、身辺処理の能力、教育費を出せる可能性、でした。一九一一年一月には三七県から七六一名の盲ろう者について情報が得られ、うち二二六名が一歳から二〇歳まででした。協会の提唱によって、盲ろう者についての各質問が今後のロシアの国勢調査で集められる情報欄に含められることが決まりました（211、九―一〇ページ）。

写真　ロシアにおける盲ろう者の保護協会の広報冊子　表紙

3 フォンタンカの、盲ろうあ児養育院

一九〇九年から一九一〇年にかけての冬、最初の三名の盲ろう児が協会独自の保護の下に受け入れられ、当時M・A・ザハロワが長をしていた、ろう児幼稚園の別グループとして教育が行なわれました。最初の教育年度の夏、これらの子どもたちはゴレニシチェフ＝クトゥーゾフ伯爵家の、ペテルブルク郊外のアレクサンドロフ村にある別荘に連れていかれました。「盲ろうあ児レーシャは別の孤児院に移された。彼のために新しい慈善協会ができたのだ。私に多くの人々が言う。『虫酸の走るような男の子で、何でも触りまくり、どこにでも入り込む』と。この子にM・V・ボグダーノフ＝ベレゾフスキーが関心を持った。M・A・ザハロワが彼にことばを教えるつもりだ」と、この出来事をE・K・グラチョーワが自分の日記に書いています（111、三七ページ）。

一九一〇年八月、盲ろうあ児の養育院としてフォンタンカ、一三三番地に特別な建物が協会によって写真に撮られています。この年の末までにここではすでに、次の七名の盲ろう児が養育されていました。

1 アレクセイ・フェドソフ（農民の息子、八歳、二歳で失聴、三歳で失明）

2 ニコライ・エルモラーエフ（貴族、一一歳、三歳で失聴、片方の視力は三歳の時に失明、もう片方は徐々に視力低下した）

3　スチェパン・スチェパーノフ（農民の息子、一四歳、先天性の盲、後に天然痘の後失明）
4　マリヤ・ルプツォーワ（農民の娘、一二歳、生まれつきのろう、片方の目が盲）
5　ブラニスラワ・ゴリメイスチェル（農民の娘、九歳、生まれつきのろう、片方の目が盲）
6　アグリッピーナ・ペトローワ（農民の娘、一四歳、三歳で失聴、視力は徐々に低下。上口蓋裂あり）
7　イワン・スチェパーノフ（農民の息子、四歳、二歳までに失聴、失明）

この養育院の長はマリヤ・アファナーシエヴナ・ザハロワですが、彼女はそこで教師も兼任していました。教育は口話法と指文字で行なわれました。協会の報告書から知られるように、この養育院には二人の看護師と二人の女性が召使として働いていました。盲ろうの子どもを無償で診ていたのは次の医師たちです。眼科医A・S・チェマローソフと内科医L・A・ダンコフスキーでした。子どもたちを耳科医として管理していたのは、M・B・ボグダーノフ＝ベレゾフスキーでした。

一九一〇年一二月、モスクワでの、ろうあ者の養育と教育に関する活動者大会では、M・V・ボグダーノフ＝ベレゾフスキーによって最初のペテルブルクの盲ろう児教育の経験について報告がなされました。そこでは盲ろう児アレクセイ・フェドソフの教育で達成された成果についても提示されたのでした。

その後、盲ろうあ児のための養育院に新しい子どもたちが受け入れられましたが、そのうちの何人かは教育を続けることが大変困難でした。一九一一年九月、養育院は拡大され、第二棟が増設されました。それはいわば、「避難所」で、さらに合併した重い重複障害があり、手厚い世話と常時注意を要する盲ろうあ児がいました。その部門にいたのは次の五人です。

1 ミハイル・トミーリン（農民の息子、五歳、盲で、ろうで、身体的にも知的にも発達の遅れた子ども。歩くことも、立つことも、飲むことも、そして一人で食べることも、身辺処理もすることができなかった）

2 リュボーフィ・ミレニーナ（医師助手の娘、一五歳、盲、ろうあで、知的発達が遅れていて歩くこと、着替えること、一人で食べることができないが、身の回りをきれいに処理し、穏やかでいた）

3 マトリョーナ・ボグダーノワ（農民の娘、九歳、盲ろうで、身体的、知的発達に遅れがあり、歩くこと、着替えること、一人で食べることができず、「落ち着きがなく、叫び、清潔ではなく、すべてに対して無関心で、身体的に極めて虚弱であった」）

4 グリゴーリー・クシャンスキー（海軍准士官の息子、九歳、盲で、わずかに聴こえ、身体的に丈夫で健康であるが、知的発達に遅れがあり、歩くことはできるが、着替えることも一人で食べることもできない）

5 ティモフェイ・ボロディン（農民の息子、四～五歳、盲で、ろうで、身体的、知的発達において「非常に」遅れており、「横になることと母親の口から食べてものを受け取ることだけでき、落ち着きがなく、昼も夜も金切り声をあげ、まったく不潔である」）（211）。

さらに二名の盲ろう児が協会の資金によって皇室領フィンランド鉄道駅の身体障害児保護養育院に入所しました。それはパーヴェル・スチェパーノフ（一六歳）とアンナ・ラトゥイシェワ（一三歳）ですが、この二人の少年・少女は大変な身体的世話が必要でした。一九一六年、盲ろうあ児養育院の子どもの数は一五人に達しました。そのうち七人は、学校部門で音声文字言語、初歩的な読・書・算の知識と労働習熟を学んでいましたが、残りの八名は知的遅滞児のための養育部門で扶養されていました(331)。

ペテルブルクにおける盲ろうあ児養育院はロシアにおけるこのような施設の最初のものでした。二人はそこで教師M・A・ザハロワとYu・A・ヤキーモワの盲ろう児教育が始まったのです。一九一七年の革命後も、指導を続けましたが、ロシアでの盲ろうあ児のための保護協会は存続ができませんでした。なぜなら、すべての慈善団体の活動は禁止となったからです。精神神経大学と、ろう教師のためのマリインスキー講習会の聴講生であったサカリャンスキーは、盲ろう児への指導をまさにその養育院ではじめて観察していたのです。

第一次世界大戦が始まるとすぐに、発達に障害のある子どもたちに支援を提供していた慈善養育院や団体は、資金集めにおいて大きな困難を味わうことになりました。すなわち傷痍軍人とその家族のために、より大きな支援が必要となったからです。児童の養育施設には浮浪児や戦争で身体障害になった子どもたちがいるようになり始めました。E・K・グラチョーワは次のように書いています。「だが、戦争が勃発した。われわれの良き生活の終わりが来た。役に立つものだけが戦争に召集され、そうでないものは家事に向かった。新しいことは少なくなり、正しく言えば、病気の子どもたちの世話などなされない。募金は中止となり、物は高くなった…理事会は全然開かれなくなった。今は、重度遅滞の子どもどころじゃないんだわ！」(11、三八一ページ)。

一九一七年の大十月革命後、ロシアにおける慈善事業は禁止となり、養育院の一部は国立の補助・技能工学校か、障害児のための施設となりましたが、内戦の混乱と飢えは、その後長く身にこたえることになったのです。

4 サンクト・ペテルブルクのイワン・サカリャンスキー
ろう、および盲ろう児の教師の職につく

イワン・アファナーシエヴィチ・サカリャンスキーは一八八九年三月二五日(旧暦の四月七日)、ロシアの南、ドンのクバン県(現クラスノダール地方)のコサック村に、つまりコサックの家庭に生まれました。

すでに子どものころから、彼は、ろうの子どもたちと知り合いでした。彼自身も右の耳はきこえませんでしたが、これが先天性であったのか、それとも後天的なものだったのかについての正確な情報はありません。信頼できる情報としてあるのは、後にそれが実戦兵役を免除される事由となった、ということだけです。彼の乳母役をしていたのは、ろうの青年女性であったのですが、この彼女のおかげで彼は隣近所に住んでいた、同じ年のろうの子どもたちと交わることができたのです。ろうの子どもたちはサカリャンスキーの親友となり、彼らとは短くはあるけれど、表情

豊かなジェスチャーを使って話をすることができました。晩年、イワン・アファナーシエヴィチ先生（サカリャンスキーのこと＝訳者）は、このような、ろうの人々や盲の人々との最初の出会いについて回想しています(282)。K・A・スカチェク(7)への一九五六年、四月一五日に出した手紙の中で彼はこう書いています。

「私は、幼い、子どものころから、すでに、ろうあ児と『親戚づきあい』をしていたのさ。つまりそれは、ナタローチカ・ツヴァリニコ（実は私の幼少期の乳母役）、やヴァシヤ・サライ、ヴァシヤ・ゴロヴァニ（私の生涯での鮮明な、ろう者像、私の隣人）。盲のマルシヤ・ヴェーチェルは、聖歌隊で熱心に歌う人だが、私にものすごい印象を引き起こした。また年老いたカユークは私の隣人だが、子どものころから盲で、自分一人で、付き添いなしに施し物を集めに歩くことで私の想像力を打ち負かしたんだ。そしてその後、もっと後で、ディンスクを出てずっと後になっても、運命は私をろうあ者や盲人に引き合わせたのだ……今私は何も疑わないばかりか、強く確信しているのだが、幼い時からの、ろうあ者や盲人たちとの出会いこそが、私の専門を定めたのだ……」

コサック村の二年制の学校でイワン・アファナーシエヴィチ・サカリャンスキーは初等教育を受け、さらにウスチ＝ラベにあるクバン・ゼミナールで教育を続けていて、そこから実際問題、ストライキへの参加などはありえません。その時、彼はエカチェリノダール（現クラスノダール

＝編集者注）に移り、そこでは屋台本屋で働き、独学を続けました。すでに青年として彼は積極的に、若者による社会革命党員グループの活動に参加し、地下活動出発所で働き、パンフレットや宣伝ビラをコサックの世界に普及させていました。極めて残酷に民衆の乱を弾圧したことで知られている騎兵曹長を暗殺しようとしたかどで、一九〇六年一月、サカリャンスキーは拘束され、二か月間牢獄で過ごし、その後半年間、流刑地で過ごしたのです。G・N・マリシェフスキーに宛てた手紙（一九五六年四月一四日付）で、彼は次のように回想しています。

「私は一九〇六年、エカチェリノダール監獄に座していなければならなかった。それからクバン県外（ヴォロゴツク県）に送られたが、大将サヴィーツキー（我々の支部のアタマン）の娘が父に対して私のために骨を折り、私の父は先に、そして私も帰され、一か月後、私は自分への非難が取り下げられたという証明書を受け取った。私はペテルブルクへ行った。牢獄で私は第二国会の選挙の間、刑期をつとめた。その当時、ゲルサとミルスキーが選ばれた。これは私と私の父にとっての記念の時期だ。すべての大コサック集落の若者全員のうち私一人が牢獄で刑期をすまさなければならなかったのだ……」

ペテルブルクでサカリャンスキーは定員外通学生として中等教育を終え、高等農業専門学校に入りました。また当時彼は、帝都の著名な学者たちが行なっていた一般向けの安価な講義に参加するようになりましたが、その講師陣は二〇世紀初め、とても人気のあった人々でした。B・B・

シモーノフ(8)にあてた手紙(一九六〇年七月一七日付)の中でサカリャンスキーはこう書いています。

「大学に入る前の一年間、私はP・F・レスガフト先生の講義を聴いた。彼こそ私の第一の真の教師であり、私の前に人間についての科学を開いてくれた第一の人物だ。それは彼の名高い生物学研究室においてのことだった。(サンクト・ペテルブルクのイギリス海岸通りにある＝編集者注)ピョートル・フランツェヴィチ・レスガフト先生から私ははじめてアメリカで盲ろうあ者たちが教育を受けていると知ったのだ。(ローラ・ブリッジマンとヘレン・ケラー)。それは私にとって科学の奇跡と映った。私の未熟な頭では、この事の本質をまだ理解できなかったのだ……」

一九〇八年、サカリャンスキーは開設されたばかりの精神神経大学に入学しました。主に私的な寄付金をもとにしてV・M・ベフチェーレフの提唱で創設されたこの大学は、形式的には政府の管轄下にありましたが、いくつかの特権がありました。ここには男性も女性もいかなる宗教の信仰者であろうと、また古典ギムナジウム校のみならず、商業学校や実業学校、師範学校やその他の中等教育の教育機関を卒業した者ならば誰でも入学することができました。この大学には、基礎学部が作られて、そこでの履修は必須で二年間続けられ、その後各学部に進んでいく仕組みでした。ここでの講師陣は当時の主だった学者たちでした。社会学の講座はM・M・コウァレフスキー教授とド・ロベルティ教授、一般心理学は、A・F・ラズルスキー教授、比較心理学の生物学的基礎はV・A・ヴァグネ教授、神話と原始信仰の心理学をD・N・オフシヤニンコ＝クルコフスキー教授、解剖学をP・F・レスガフト教授、歴史学全般をE・V・タルレ教授、教会スラヴ語をI・A・ボドウェン・ド・クルテネ教授がそれぞれ担当しているという具合でした。

基礎教育学部の第一学年での科目は次の通りです。

（一）物理、（二）無機化学、（三）地理、（四）一般生物学、（五）解剖学、（六）生理学、（七）一般心理学と実験心理学、（八）論理学、（九）哲学史、（一〇）社会学、（一一）歴史全般、（一二）ロシア文学史、（一三）神学

第二学年では次の通りです。

（一）高等数学、（二）地学、（三）有機化学、（四）一般生物学、（五）神経解剖学と神経組織学、（六）生理学、（七）感覚器官の生理心理学、（八）比較心理学、（九）哲学史、（一〇）経済学史、（一一）統計学、（一二）全世界史、（一三）世界文学史、（一四）芸術史、（一五）文化史

この大学にはロシアで最初に社会学、神経病理外科、精神療法学、泌尿器科学、社会医学と工場医学、そしてヨーロッパで最初に、科学的に根拠だった麻酔科学の講座が開かれ、世界ではじめてアルコール依存症研究所が開設されました(225)。

第三学年に進むと、サカリャンスキーは専門として、教育学部の自然・歴史学科を選びましたが、そこで講義されていたのは、（一）一般心理学、（二）一般病理心理学、（三）民族誌を含む人類学、（四）学校衛生を含む児童期の解剖学と生理学、（五）児童期心理学、（六）教育心理学、（七）教育史学、（八）病理教育学、（九）言語の生理学と病理学、でした。（同書）。

「一年経って私は精神神経大学に移りました。この大学には当時、最大の科学力が集結していた。この大学には『ろうあ者』課程すらあって、それを指導していたのは当時の偉大な専門家ボグダーノフ＝ベレゾフスキーだった。この課程のメンバーには『言語病理学』が講義され、それをしていたのも、有名な精神科医ボリシュポリスキーだった」（前出、七月一七日付）。

盲教育学を講義していたのはA・P・クロギウス教授とN・D・ネドラー教授でした。ここでサカリャンスキーは当時まだ若かった講師L・V・シチェルバと知り合いになり、その助言によってA・A・ポチェブニャ(9)の著作を研究し始めました。

このほかにも、彼は大学に作られた学生による学習＝教育のための心理学サークルでA・F・ラズルスキーの指導を受け、またA・N・ネチャエフ教授の私的な心理学ゼミを訪れていました。

I・M・セーチェノフ（一八二九―一九〇五）の死んだ時から数年経っていた当時、ペテルブルクではI・P・パヴロフ（一八四九―一九三六）が活発に研究を行っていました。

「セーチェノフのことを私たちが知ったのは、N・E・ヴヴェジェンスキーのことばからだった。N・E・の一般生理学の講義を聞き、我々は彼の声が震えているのを感じた。というのも、I・M・セーチェノフが死んでからまだたった三年しか経っていなかったから……それにヴヴェジェンスキーは彼が親しい学生らと同様、損失の悲哀をまだ味わっていた（こう考えてはいけませんよ。条件反射の学説がこのころすんなり定着していたのだと。それどころか、この学説自体は何年も要して定着したのであり、これの承認までには闘いがあったのです）。それればかりか、I・P・（パブロフ）とV・M・（セーチェノフ）との間には『反目』がまもなく始まっていた。そして我々はある期間、ベフチェーレフの影響下にあったのだ」（サカリャンスキーからA・E・ヒリチェンコ[10]への一九五六年二月五日付の手紙より）。

V・M・ベフチェーレフの影響力はとても強く明確でした。彼が創設した精神神経大学には厳密に客観的な子ども研究の経験が蓄積していきました。それは子どもの行動、表情、そして外的刺激や気分に応じた発話、等の研究、そしてまた子どもの遺伝的な特性の研究などです。V・M・ベフチェーレフが確信するところによれば、生体のあらゆる活動は、次の二つ同等の効力をもった要因から成り立っているのです。すなわち一つは、環境の特別な刺激であり、もう一つは、総体として所与の個性となりながら、遺伝的、獲得的な資質から形成されている内的な諸条件、です。生体の活動の現象のすべてを彼は、遺伝的あるいは生活の中で獲得した（結合や練習による）反射と見なしていました。V・M・ベフチェーレフは記しています。「時間の標示は、四季、昼夜、我々の運動の順序の入れ替わりに関わる経験の成果である。数は両手と両足の指によって、また見た目に見える事物によって学ぶのだ。因果関係は、行なわれた運動とそれによって引き起こされた結果によって知覚される」。V・M・ベフチェーレフは、子どもの心理学を研究する三つの方法を次のように提案し、根拠を示しました。

・人格の現象すべての客観的研究およびそれらを、外的な、現在あるいは過去の影響と関係づけること。
・異なった条件下での実験方法での相関関係の発達の法則性を研究すること。
・相関した活動の基礎にある客観的過程と、内観法によって明るみに出される主観的な現象との間の関係を研究すること。

すべてこれらは後に、ベフチェーレフの教え子であるサカリャンスキーの研究活動と教育活動においてその継続性が見出せるのです。そして、さまざまな事情から、サカリャンスキーは自分の「反射学的な」過去を一度ならず否定したにもかかわらず、彼は成熟した歳になってI・M・セーチェノフの研究をより深く知るようになってからも、以前までと同じように自分の師の立場に留まり、それと同時にI・P・パブロフの熱心な後継者になったのでした。

一九〇九年、サカリャンスキーは、盲ろうあ児教育に関するA・V・ヴラジーミルスキー博士の報告を聞きましたが、それはサカリャンスキー自身が告白しているように、自分の将来の研究活動に格別大きな影響を与えました。

「当時あまり有名ではなかったが、そのころから私の最も親しい友人だったのだけれど……アドリアン・ヴラジーミロヴィチ・ヴラジーミルスキーが『視知覚と聴知覚が欠けている事例での精神的印象の内容』という報告をしたんだ。もちろん、この報告で言っているのは盲ろうあ者のことだ。僕はその報告の場にいたんだ。ヴラジーミルスキーは心理身体的な並行論の視点に立っていた。当時それは支配的な流れだった。今となれば、この報告には正しくないことがあったのははっきりしている。だが一つだけそこには驚くべき正しさがあった。それは盲ろうあ児の『精神的』発達の可能性を『条件反射の理論』、すなわち、パブロフ理論によって説明したことだ」（サカリャンスキーからB・B・シモーノフに宛てた一九六〇年、七月八日付の手紙）。

ペテルブルクでの学生時代から、後に有名な知的障害教育学者となるA・N・グラボロフや、有名な医師で学者であるA・V・ヴラジーミルスキーとV・P・プロトポポフ(11)、名高い解剖学者V・P・ヴォロビヨフ(12)、ろう教育者Ya・K・ツヴェイフリ(13)、言語学者シチェルヴァ(14)、そのほか多くの人々とサカリャンスキーの親しい友情はペテルブルクでの学生時代から始まっていました。

サカリャンスキーは精神神経大学の学生として、「天帝の名のもと兄弟愛養育院」で教育実習を受けなければなりませんでしたが、そこで重度の知的遅滞児を相手に仕事をしていたのが、前述の名高い教育学者E・K・グラチョーワでした。彼女の指導の下、サカリャンスキーは、グループの何人かの子どもを任されました。ここで彼は初めて二名の盲ろう児を見ました。彼はペテルブルクに盲ろうあ児のための養育院が設立され存在していた初期のころの目撃証人でした。この養育院を創ったのは彼の師であるE・K・グラチョーワとM・V・ボグダーノフ＝べレゾフスキーだったのです。

精神神経大学の多くの教授たちが、ろうに関する専門家であり、また、ろうあ児教師のためのマリインスキー講座でも教えていることを知って、サカリャンスキーは一九〇八年、この二年課程コースに進み、大学での授業も並行して継続させました。ろう教育教師の養成は、慈善団体「ろうあ者慈善保護」団体によって行なわれていて、しかも一九一〇年まで、そこでの受講は無料でした（65）。

この課程コースで開設されていた講義科目は、解剖学、聴覚と言語器官の生理学と病理学、聴力と言語の欠損に関わる中枢神経系の解剖学と生理学、ろうあ者への口話教育法、音声学、表情論、教育心理学、ろう児への算数、地理、自然、衛生、教育法、全般解剖学と図示法、です。解剖学、生理学、病理学は基本と見なされ、それらを教えていたのは、M・V・ボグダーノフ＝べレゾフスキーとE・S・ボリシュポリスキーで、音声学はL・V・シチェルバが担当していました。すべて彼らは、精神神経大学でも講義をしていました。ろう児への口話教育法を担当していたのはM・A・ザハロワでしたが、彼女は当時の有名な就学前ろう教育者で、盲ろう児のための養育院の初代院長でした。

サカリャンスキーには、……この時ろう児たちを上手に教えることは可能だ、故郷のコサック村であの子たちと仲良くできたのと同じ様に、そんな発見をしたのです。……終了すると、ロシア国内でろうあ児のための学習＝養育施設を開設してそれを指導する権利が与えられる……、この課程に彼は非常に心が開かれました。彼は、帝立ろうあ学院とムルジンスカヤ学校でのろうあ児授業を積極的に訪ねました。ろう児の教育実習はサカリャンスキーを魅了し、彼はまさにこの仕事に身を捧げる決心をしました。そして一九一〇年、ろう教育の専門性で免許状を取得しました。サカリャンスキーは、当時フォンタンカの盲ろうあ児養育院も訪問して、子どもの教育を観察し、そこで仕事をしている教師たちをよく知るようになりました。

「この施設では、ヘレン・ケラーを教えたのと同じ教育原理で盲ろうあ児を『教えていた』。つまり、狂言的な宗教原理によってである。子どもたちは、うやうやしくお辞儀をしたり、司祭の手や十字架などに口づけをしたりするよう習慣づけられていました。子どもたちに対するすべての手続きは高次神経活動の正確な原理で行なわれていたことは指摘しておかなければなりません。もっとも伯爵夫人ゴレニシチェワ＝クトゥーゾワ（施設の長）を筆頭に修道女たちは、科学についての知識を持っていたわけではないのだが。たとえば、すべてのことは、アメや撫で撫で、お着替え等によって『強化されていた』……たくさん食べた時だけ教会に連れていき、手にアメを握らせ、もしよくない行ないをしたならその子からはアメが取り上げられた、という具合だ。大体において、そこには『保母』たち自身は理解していない面白いことがとても多い。

私はそれを個人的に観察したんだ。B・ベレゾフスキーの許可を得てヴラジーミルスキーもこの施設を訪れた。この施設は革命前も革命後もあって、フェリドベルクが長をしていた。しかし子どもを指導する方法のシステムは同じで、盲ろうあ児の『教授学』に何の変化もなかった。教会に行くことなどを考えに入れなければだが。ばかげたことだ……」（サカリャンスキーからV・P・プロトポポフに宛てた手紙、一九五六年八月一八日付）。

5　戦前のレニングラードにおけるペテルブルク盲ろう児教育の伝統継承

拠りどころとなる資料は決して多くはないのですが、一九一七年の革命の後、盲ろう児教育はレニングラードの、初めは、「ろうあ児子どもの家」で、次いで「補聴器研究所」、そしてその後はロシア共和国教育人民委員部レニングラード研究＝実践「聴覚言語研究所」で継承されました。盲ろうあ児とろうあ児の共同学習は大きな局面を迎え、かなりお粗末な結果を与える結果となりました。ようやく一九三四年になって一四名の盲ろう児が専用の建物と定員付の独自のグループとして分離されました。そこではその子たちの計画的な特別教育と養育が行なわれていました(316)(322)。

この養育院は三〇年間存続し、その後も含めここで養育されたペテルブルク（レニングラード）

の盲ろう児グループは、視覚と聴覚に障害のある三八名の子どもたちでした(331)。

一九三九年に新聞「イズヴェスチヤ」紙上でレニングラード聴覚言語研究所の盲ろう児グループについて記事が載ると、そこに自分の盲ろうの子どもをお願いしたいとする親たちからの声が多く寄せられるようになりました。こうして五歳から四〇歳までの六一名の盲ろう者について情報が得られました。彼らの大部分は残存視力、残存聴力があり、何人かは知的遅滞、てんかん、およびその他の合併症状がありました。ほとんどのケースにおいて視覚、聴覚損失の原因は、髄膜炎か脳髄膜炎によるものでした。

残っている資料によれば、M・A・ザハロワは一九一七年革命の後も盲ろう児の仕事を続けました。サカリャンスキーは自分のいくつかの手紙の中で、ザハロワが一度ならずハリコフに自分を訪ねてきて自分の仕事を知ってくれたこと、そして彼も自分の仕事を知ってもらうためレニングラードを訪れたことを話しています。

このグループでは革命前から教師Yu・A・ヤキーモワも仕事をしていました。この聴覚言語研究所の盲ろう児教育の経験をまとめた刊行物は一九三九年と一九四〇年に出ています。その中には、グループのメンバーが記され、盲ろう児の行動のタイプやこの子たちへの初期的な教育指導の基本的な手立てが語られています。

Yu・A・ヤキーモワが一九四〇年に出した著作は、一九一八年から一九二四年までに誕生した一四歳から二〇歳までの六名の子どもの簡単な成育歴が書かれています。このグループにその子たちが入った時期は、一九二七年から一九三三年までになります。これらの子どもたちの内訳は、二歳までに聴覚と視覚を失った子ども（四名）、三歳で失った子ども（一名）、八歳でそうなった子ども（一名）で、いずれも髄膜炎と猩紅熱でした。この六名のケースは、Yu・A・ヤキーモワが最も完全で特徴的な、盲ろう児の体系的な指導記録として選んだものでしたが、彼女が書いているところによれば、グループにはもっと多くの子どもたちがいたのですが、その子たちは何らかの事情か、または「子どもの教育を続けることを親が望まなかった」ためにグループをやめてしまいました(316)。同じ時期の、研究所が盲ろう児に対して行なった指導を反映している他の著者の文献からも、子どもたちがいかに注目されていたかを知ることができます(322)。一九三八年から一九四〇年までのこのグループの子どもたちの観察についてはA・V・ヤルマリェンコが記述しています(315)(331)(230)(231)。

Yu・A・ヤキーモワは盲ろう児教育を次の三段階に分けました。第一段階では、音声文字言語教育のための条件となるべく、子どもの感覚運動力が形成されました。その次の、口話および書字の形態は、第二段階の主要な課題でした。そして第三段階は、ろう学校の学習内容の習得と労働習熟の教育と見なされていました。個人的な特性に応じて、盲ろう児はろう学校学習内容四学年用、あるいは七学年用を学びました。とりわけ能力のある子どもたちは一般学校に近い学習指導要領に沿って教育を続けることができました。

一八～二〇歳になると盲ろうの生徒たちは家庭に帰されるか、社会保障制度の中の「障害者の家」の特別グループに移されました。一九三四年の盲ろう児グループの再編後、生徒たちに縫製、編み物、ブラシづくり、指物作業が教えられはじめ、また聴覚言語研究所の作業場でろう生徒たちがしているミシンや編み機での仕事を教えてもらい、参加させてもらいました。

一九四〇年、このレニングラード盲ろうグループ年長者四名は「ベテルブルク障害者の家」に移され、そこで彼ら用に特別な作業班が作られはじめました。しかしながら、一九四一年にこの施設はファシストによって破壊され、その利用者たちは亡くなりました(331)。

この当時、盲ろう者グループの出身者のほとんど全員が触覚によって隣にいる人のことばを知覚し、彼らと口話で話をすることができました。すべての生徒たちが粘土彫塑、手編みと機械編みの習慣、ブラシ製作の技術を獲得していました。

(1) 盲ろう児教育の初期段階としての感覚運動発達

子どもと教師との間のコンタクトの確立は教育の始まりにおいて決定的な時機であると考えられていました。このようなコンタクトに順序立てて子どもを導いていくことが必要というわけで、そのために教育の初期段階においてこの課題を解決するために感覚、運動訓練に重要な地位が与えられました。

盲ろう児教育の最初の数週間から、子どもたちを一日の日課や日常場面の厳密な交替に慣れさせていきます。こうして最初の時間感覚が育てられました。盲ろう児は、学習の後、次のようなことをしなければならないと自覚し始めました。つまり(a)玩具や教材を棚に片づける、(b)トイレに行く、(c)手を洗う、(d)食堂の自分の席に着く、というような行動です。初めは教師が、玩具をもとの場所に片づけなければならないことを子どもに思い起こさせるのですが、その後、朝の学習が終わると、子どもたちは自分からすべての行動順をジェスチャーで再現するようになりました。Yu・A・ヤキーモワは盲ろうの娘マチャーの行動の記述を残していますが、この子は入所後三週間経つと、もう学習時間が終わるとすぐに教師にパントマイムやジェスチャーで自分が、遅い他の子どもをトイレに連れていき、その男の子のズボンのボタンをはずし、手を洗い、テーブルに着かせ、昼食を待つようにする、と示してみせたのでした。

「できごとの順序性と交替が、この時期、子どもによって理解されるのは、一日の流れの範囲だけでなく、もっと複雑な一週間の流れも含まれる。日曜日は学校の勉強はなく、盲ろうあ児たちは学習机に着いて腰かけることはなく、オーバーを着て公園に散歩に行った。体育の授業は週に二回、すなわち火曜日の午前、金曜日は食後の休憩をした後、午後の四時、というさらに変則的な日課も、子どもたちは理解した」（316、一七七ページ）。

レニングラードの盲ろう児グループでは、触覚の発達に大きな注意が払われました。その際にすべての練習の目的は、口話を理解し口話で話す教育への準備をすることと考えられていました。

「盲ろうあ児は、盲であり、ろうあである一人の子どもである。ろうあ者として、我々はその子に周囲の人々のことばを理解し、自分でも話せるように教えるべきである。そのため、その子には呼吸、注意、観察力、記憶そしてまたしても触覚を発達させなければならない」とYu・A・ヤキーモワは書いています。

Yu・A・ヤキーモワが自分の論文に記している盲ろう児たちの最初の練習は、呼吸を発達させるための練習、つまり、ろう児に口話を教える際の伝統的な方法です。まさにこの練習を最も重要で専門的なものと彼女は見なしていました。最後に彼女が記しているのは運動と身辺自立の発達に向けた練習ですが、それは誰にも当たり前のことと考えていました。

呼吸発達のために、ろう児教育でよく知られている手法の修正がなされました。それは視覚を使わないで行なわれる次のような一連の練習でした。机から紙切れを吹きとばし、その動きを前に出した手のひらで感じること、さまざまな風船、筒、円筒形のものなどを、風圧を利用して机上で動かすこと、紙製のふいごで風を吹きつける、細かな紙切れを回転させる、などです。ある一人の盲ろうの生徒のこのような練習遊びをYu・A・ヤキーモワが次のように書いています。

「これをペーチャ・Oがどのように行ったのかを観察するのは面白い。彼はあごを机にくっつけ、両手を前にのばし、転がすための空間を区切る。自分のところに転がってきた円筒をあごで受け止め、あごでそれを中央に置き、それから、息を吹きかける。球は口唇を使ってとらえ、場所に止める。この遊びをする時は、とても活気づいた」(316、三〇九ページ)。「模倣を発達させるために採られた方法は、教師のした動作を繰り返す、という方法です。このような練習一つ一つを始める前に教師は子どもたちに両手で自分の動きを調べさせ、開始の合図（床を打つ）を与えて、その子が行なうのを待つ。こうして大人の後を追って最も簡単な動作の再現ができあがります。たとえば机に向かって着席する、起立する、両手あるいは片手をあげる、足を前に出す、拍手をする、等です。この時、ヤキーモワが指摘するところによれば、盲ろうあ児は自分の動作と教師の動作を比較することができない。つまり、直接的な意味での模倣性は得られない」（同書）。

盲ろう児の注意力と観察力の発達は、授業で必要なものを棚から取り、それを自分の前に置いたり、あるいは他の子どもに配ったりする技能を育てることを通して達成されます。そして授業が終わった後で、それらを元の場所にちゃんと片づけられることが必要です。また土粘土で彫塑をすることにも大きな注意が払われます。はじめ子どもたちには簡単な形を粘土で模写することを教え、その後、記憶によって知っている事物を粘土で作らせます。

記憶を発達させるために利用されたのは、さまざまな形の箱で、その箱それぞれの中に先生は子どもと一緒に、異なった数の事物を入れます。それから、大人の指示に従って子どもは記憶をたよりに、この箱だと指示するようにします。手でそれぞれの箱に入っている数をたたくようにするのです。

手と指の動作のしなやかさは、身辺自立の習熟を発達させることによって得られます。すなわち、子どもに着替えること、ボタンをかけること、靴の紐を結ぶこと、テーブルクロスをかけること、パンを切ること、クレープやりんごを配ること、食器を洗うこと、ベッドメイキング、ビーズを通すこと、厚紙の原図に合わせて縫い物をすること、鍵をかけること、です。「盲ろうあ児の運動機能を発達させ、自分の身につける習慣をつけながら、その子どもを無関心、自失の状態から抜け出させる」とYu・A・ヤキーモワが書いています（同書、三一〇ページ）。盲ろう児たちにとっては、事物をさまざまな側面から指でやわらかに包み込みながら触ることが、その事物を感じ取る助けとなります。慎重に両手で取り上げ、触察しそれをまたテーブルの元の場所に戻すことを教えました。最初は、形ができるだけ異なるもの（球と立方体、ビーズと碁石）にし、それから大きさ別にします（だんだんサイズを小さくしていきます）。

その盲ろう児にとって新しい教材や日用品に手で触れ、手で調べてみるようにさせます。たとえば、フォークは、取っ手の方を持ち、歯の方を持たないようにしなければなりませんし、石鹸箱にはきちんと石鹸を置くようにしなければなりませんし、点字器はそれなりの扱い方をする、というようにです。

事物を触ったり、並べたり、比べたりすることから盲ろう児たちは、型はめのアナログ学習に移ります。ベニヤ板を切って作った事物や幾何学図形ですが、だんだん複雑な形のものにしていきます。複雑なはめ板セットが使われるのは、正確な触覚、触覚・運動的な記憶、正確な手の動き、慎重さを発達させるためです。

子どもたちには徐々に、本物の事物とその縮小コピー（玩具や模型）とを比較するように教えていきます。たとえば、何回かの授業である男の子はベンチ組み立て用の部品を集め、それを実物の部品の隣に並べました。またベッドを作り、それを寝室に持っていって本物と比べ、そして教師を連れにきて、模型のベッドの脚が角材であるのに実物の脚は丸材だという違いを示したのでした。

授業のたびに、この手順が繰り返されます。つまり一定の特徴グループごとに事物同士を触覚で比較させます。そのために大きさを比べるはめ板や形を比べるはめ板がそれぞれあります。細かな事物の分類や形や大きさ別の型はめから、盲ろう児たちは数の理解へと移っていきます。「一つ」と「たくさん」の概念を区別することを学びます。こんな課題を出します――机の上にある物の数を指で示してごらん、クルミが二つ、積木が三つ、等。その後、逆の数操作を習得します。指で示した数と同じ数の机の上に事物を置く、あるいは必要な数だけそろばんの玉を動かす、などです。

盲ろう児はさまざまなやり方で数の学習をします。積極的な子どもたちは半年間で、事実上一〇までの数を習得しました。指で数を示すことによってその数の事物を示すことや、ビーズを通す数をいろいろに変えること、そろばんで玉を必要な数だけ動かすことができたのです。

積極的ではなかったり、不活発であったりする盲ろう児たちは五までの簡単な数操作を実際的に習得するのに一年以上かかりましたが、五から七までの学習にはさらに三か月を要しました(316)。

(2) 盲ろう児の口話教育とその理解教育

感覚運動的な発達の段階の後、ことばの教育の段階に移りました。この時期について書きながらYu・A・ヤキーモワは、初めは手話を利用する、と指摘しています。もっとも、それをどのようにしたかは詳しく述べられていないのですが……。

「はじめのうちは筋運動言語（表情言語《ミミカ》）に頼りますが、それは、ろうあ者の表情言語と違いません。次第に、語彙が蓄積するのに応じて表情言語を音声言語と指文字に変えます。それは仲間たち（盲ろう児、ろうあ児）とのコミュニケーションにとっての副手段です」（316、三一〇ページ）。

盲ろう児たちが触覚を通して隣の人の口話を知覚する教育の試みについては、より詳しく書かれています。子どもたちは自分の手を話者の、のどに当てながら、ことばを聴き取るように学ぶのです。

話者の発音を教育するための長期にわたる指導は、それぞれの子どもに保たれている発音可能性を拠り所にして行なわれました。何人かの子どもたちには、特別な、音節ごとの練習、声を呼び起こす練習が必要でした。この練習は子どもに、自分の声や発音を聴く可能性、近くの、用事のある人を呼ぶために声を出し、その用事について音声信号で知らせる可能性を与えました。レニングラードの盲ろう児グループでの、この教育段階を観察して、A・V・ヤルマリェンコは気づきました。たとえ盲ろう児は身体全部が振動に対して非常に敏感であったとしても、音声言語の最も微細な振動成分を知覚するのは手である、と。「のどからの読み取り」は、「聴き手」の手の甲を話し手の首の、喉仏のあたりに当てることによって口話を知覚するのですが、それは次のような理由で触覚への働きかけではなく、振動感覚への働きかけということができます。

「(a) 知覚している手は受動的であり、探索状態にある。(b) しばしば使われるのは手首の内側の表面や指先ではなく、普段積極的には加わっていない手の甲である。(c) 手の甲は、皮膚の下に骨がある。ということは、ことばの知覚に皮膚感覚だけでなく、骨振動感覚も引き込めるということである」(331)。

子どもの一方の手の甲を教師の喉仏のあたりに当て、もう一方の手で自分が音を反復するのを調整します。ろう児によく用いられる方法が採られたのでした。すなわち音節をつなげていくことによって音が形成されます。最初は子音に「a《ア》」を付け、その後は「o《オ》」「u《ウ》」やその他の母音(15)を付けます。その時、ヤキーモワが指摘するように、盲ろう児には彼らの振動知覚が大いに敏感であるため、子音と母音を組み合わせた音節として発音する方が形成しやすいのです。

子どもが二つの異なった音結合を一続きに発音することを学んだ後で、短い単語の発音をつくることに移ります。(ヴァダ(16)、ヴァダー(17)、ラーパ(18)、ナガー(19)、ルカー(20)、マーマ(21)、カーシャ(22)、など)。音節や単語の発音練習は、とても長い期間を要します。というのは盲ろう児にとっては、目の見えるろうあ児よりも難しいことだからです。ろう児ならば自分の発音を鏡の前でコントロールしたり、先生の発音を目で見て比較したりすることができるからです。教師は、求めていることが盲ろう児にわかってもらえるように努め、またどの練習も子どもが自覚的に行なえるように努めるのです。ヤキーモワが考えているところによれば、まさにこのような授業において他人との「最終的なコンタクト」が確立されたのでした。

口話を形成するのと時を同じくして、点字の読み、書きの教育が行なわれました。触文字や解図を打ったり、読み取ったりする授業も行なわれました(316)。

レニングラードにおける盲ろう児教育は、一九四一年まで続けられました。一九四〇年、このグループに、当時には閉鎖されていたハリコフの盲ろう児学校の子どもたち何人かが移ることに成功しました。このレニングラードの盲ろう児のグループ教育は、戦争の開始によって存在することができず、一九四一年から四二年にかけてのレニングラード市封鎖の年月には機能しなくなりました。開戦前にレニングラードから休暇で帰省していた子どもたちだけが生き残ることができました。その中で一番名が知られているのは、アルダリオン・クルバートフです。

このグループでの盲ろう児の指導についてA・V・ヤルマリェンコがたくさん書いています。まさに私たちは盲ろう者の心理学の分野の貴重な科学的観察を彼女に負うているのです。のみならず、レニングラードグループの盲ろう児たちの心理学的研究は、A・I・ゲルツェン記念教育大学心理学講座、聴覚言語研究所、そして同様にV・M・ベフチェーレフ記念脳研究所の研究員らによっても行なわれていました(230)(231)(232)。

6 盲ろう児の心理学的特徴研究に関するA・V・ヤルマリェンコの活動（一九三一年―一九六一年）

A・V・ヤルマリェンコは自分の研究人生の大部分をレニングラードで過ごし、また彼女の直接的な研究の対象がこの都市で育てられていた盲ろう児であったにもかかわらず、彼女の研究は、彼女が入手できた諸外国及びロシアの盲ろう児教育の結果を著したあらゆる原著論文に関わるものでした（その数は三〇〇を超え、大部分は英、仏、独語、スウェーデン語で刊行されたものでした）。A・V・ヤルマリェンコは、サカリャンスキーの研究を注意深く見守り、常に彼の資料を自分の分析に含めていました。いつも彼女はO・A・スコロホードワの刊行物に関心を寄せ、A・I・メシチェリャーコフの研究を評価していました。

（1）A・V・ヤルマリェンコの研究と伝記

アヴグスタ・ヴィクトロヴナ・ヤルマリェンコは一九〇〇年一〇月一〇日（旧暦の九月二七日）ペテルブルクに生まれました。彼女は、退役した十四等文官の父ヴィクトル・イリイチ・ヤルマリェンコと、婦人科医でV・M・ベフチェーレフの教え子でその戦友でもあった人の母アヴグスタ・アレクサンドロヴチ・ディエルノーワ＝ヤルマリェンコの娘でした。母親は革命前から、就学前教育と反射学の研究によってすでに名の知れている女性でした。娘A・V・ヤルマリェンコは一六歳からエカチェリノスラフ市郊外（現代のドニエプロペトロフスク）で就学前施設の保育士として仕事をしました。ギムナジウムの専攻科（教師養成課程）を一九一八年に追加修了し、エカチェリノスラフ市の国民教育上級大学の就学前学部で教育を継続し、そこを一九二二年に卒業しました。一九一九年から一九二〇年までこの町の就学前の子どもたちを教えると同時に、知的遅滞児のための幼稚園の欠陥学の保育士として、またエカチェリノスラフ市国民教育学部の視学＝教師として、さらには幼稚園長、「子どもの家」の職員として働きました。大学卒業後は、この大学の児童期病理心理学講座付の教官となりました。そしてその後エカチェリノスラフスク県医師＝教育診療室助手と研究書記に任命されました。O・I・スコロホードワが語っているように、アヴグスタ・ヤルマリェンコがこのころ、後のハリコフのサカリャンスキーの学校の生徒となるスコロホードフの運命に関わっていたのです。

一九二二年八月、ヤルマリェンコは、国立精神神経アカデミー児童学大学における活動の歩みに関する資料を得るためにペトログラードに出張しました。彼女は一九二三年、この大学の精神＝反射学部の実習生となり、一九二四年一〇月には、精神神経アカデミー精神＝反射学部で、正常児及び欠陥児の社会教育学研究所の修了証書を取得します。この教育機関の修了証書に基づいて、ヤルマリェンコは、心理学研究を行ない、師範学校で講義をする権利を取得しました。彼女は一九二六年までこの大学の定員外研究員として残り、その年から同じ精神神経アカデミーの脳研究に関する反射学研究所に所属する、子どもの反射学及び中枢神経系生理学専修の大学院に入学（そして一九三〇年に修了）しました。彼女には、高等教育機関で講義する権利と、科学研究所で研究活動を行なう権利についての証明書が授与されました。ヤルマリェンコの科学的知覚の形成、そして「捕捉反射、その発生と異常」という題目の大学院修了研究が形成されるうえで大きな意義を与えたのは、彼女の教官たち、すなわちV・M・ベフチェーレフ、V・I・オシポフ、そしてV・N・マシシチェフでした。

一九二五年から一九四八年まで、ヤルマリェンコは、保健省脳研究所心理学部門の上級研究員として仕事をしましたが、この研究所はV・M・ベフチェーレフの死後、彼女の名前を冠するようになりました。彼女の博士候補論文「正常児と異常児の運動領域の研究」は一九三一年に（研究の集大成として）提出されました。一九四八年、この研究所の所員として残り、特別な文献の作成に携わりました。一九三〇年一二月から彼女は、児童青年期の保健研究所の所員となっていましたが（この研究所は、国立小児科学研究所となりました）、はじめは助手として、そして後には心理学研究室を指導する立場になりました。一九三六年、この研究室が閉鎖された後は、聴覚言語研究所の研究員兼研究秘書となりました。

博士論文「盲ろうあ児の認識活動の発達」を一九五五年に提出しました（心理学に関する教育科学博士の学位の日付は一九五八年まで待たなければなりませんでした）。論文が受理された後、レニングラード国立大学哲学学部教育評議会は、彼女は一九五五年三月二四日に、そこに移っていたのですが、ロシア共和国国民教育省、ロシア共和国教育科学アカデミー、及びソ連邦高等学位審査委員会に報告記録を送っています。その中では提出された論文が秀でたものであることが伝えられ、提出されたものを著書として刊行することが勧められていました。さらに加えて、記録の中で、ソビエト連邦には現在、盲ろうあ児のへの教育指導と研究活動が行なわれるこのような施設は存在してない、と述べられていました。そのことに関連して、盲ろうあ児グループの開設に関する請願が表明され、「その不在は、普通教育制度に関する法に違反し、ソビエトの科学から、認識の問題に関する価値ある研究室を奪う」とされていました（1）（3）（62）（329）。

一九三〇年代から人生の最後までヤルマリェンコは、レニングラード国立大学、ゲルツェン記念教育大学やその他のこの都市の高等教育機関で、一般心理学、教育心理学、司法心理学を講義し、「欠陥学の基礎」を担当しました。大祖国戦争時、彼女は医学課程を修了し、封鎖されたレニングラードの陸軍病院で医師助手として働きました。この都市の封鎖期をまるごと生き抜き、一九四四年から人生の最後まで彼女はレニングラード国立大学の一般心理学講座の教授として仕事をしました。

晩年アヴグスタ・ヴィクトロヴナ（ヤルマリェンコ）先生は、多言語使用の際の言語神経症とことばの障害の諸問題に積極的に従事しました。B・G・アナニエフ教授らとの共著で、彼女は著書『労働と認識の過程における触覚』の出版に加わりました。これは一九五九年に刊行され、一九六一年にはK・D・ウシンスキー賞に輝きました。

ヤルマリェンコは世界中の欠陥学と心理学の文献に見事に通じている博学として知られているのと同時に、一一か国語を自由に操る人でした。まさにロシアでは彼女がはじめて盲ろう児の研究と教育の領域で全世界の文献を一般化したのでしたし、盲ろう児研究の諸問題に関する多くの論文や小冊子と、論文集『盲ろうあ児心理学概説』（一九六一）を書きました。

彼女によって、世界各国の盲ろう児三二七名についての情報が集められ、そのうち九名については彼女自身が何度か観察し、一七名については体系的に研究しました(62)(319)(322)(328)(330)(331)。

彼女の一九四七年の出版物の付録資料から、ヤルマリェンコが個人的に観察したレニングラード聴覚言語研究所の九名の盲ろうの生徒について、より詳しい情報が知られます。

1　クルバートフ・アルダリオン(男)、一九二〇年生まれ。一歳半で聴力を失い、その後徐々に五歳までの間に視力(光覚)を失い、一二歳から教育を始めた。

2　スチェニン・ヴラジーミル(男)、一九二〇年生まれ。一歳半で失聴・失明、一二歳から教育を始めた。

3　グロジェッキー・ニコライ(男)、一九二〇年生まれ。三歳で失聴・失明、八歳から教育を始めた。

4　シードロフ・ピョートル(男)、一九二七年生まれ。失聴・失明の時期は不明、八歳から教育を始めた。

5　アルツーニナ・マトリョーナ(女)、一九二九年生まれ。二歳で失聴・失明、一〇歳から教育を始めた。

6　クズネツォフ・アレクセイ(男)、一九二九年生まれ。二歳で失聴・失明、一〇歳から教育を始めた。

7　ジャムハメドフ・カズベク（男）、一九三〇年生まれ。六歳で視力と聴力を失い、九歳から教育を始めた。

8　ママエフ・アレクサンドル（男）、一九三二年生まれ。視覚と聴覚を失い、八歳から教育を始めた。

9　ネイズヴェスヌイ・アンドレイ（男）、一九三二年生まれ（?）。四歳までの間に視覚と聴覚を失う。五歳から教育を始めた（322、九九—一〇二ページ）。

一九二三年からヤルマリェンコは、単発的な観察を始め、一九三四年からはレニングラードグループの盲ろう児たちを系統立てて観察をしました。これらの子どもたちの発達の観察資料と、盲ろうを扱ったロシアや諸外国の文献の分析は、心理学領域の彼女の多くの研究論文の基礎となりました。

アヴグスタ・ヴィクトロヴナがいつも強調していたように、心理学者である彼女は自らの課題を教育の過程を記述することではなく、盲ろう児に生じた教育の問題を心理学的に分析することであるとみなしていました。彼女の観察は、彼女自身が書いているように、「危急なケースでは、教育的に自然な日々の学習や日常生活のように被験児にそれと自覚されないような条件下で教師や研究者が実験を行なうようにしていました（331）。

（2）ヤルマリェンコの定義と分類

自分の研究の中でヤルマリェンコは「盲ろう」と「盲ろうあ」の概念を区別しています。盲ろうあとして彼女が呼んでいるのは、生まれつき視覚と聴覚を失っているか、あるいはコミュニケーションや思考の手段としての音声文字言語を獲得する以前の、ごく早い時期に視覚と聴覚を失った子ども及び成人のことです。まさにこのようなケースの「盲ろうあ」が彼女の注目の対象でした。視覚と聴覚の損失の大きさによって彼女は「真の盲ろうあ」を、盲（かろうじて光を感じる程度の最小限の残存視力を含む）と難聴あるいはろうとの合併、として特徴づけていました。

本当の、あるいは「真の」盲ろうあを、自分が有していた文献や個人的な情報に関して、ヤルマリェンコは次のような多角的視点から分析しました。

- 聴覚と視覚のある人々を、人数・性・観察の鮮明さ、期間の長さについて、全般的に考査する。
- これらの人々の視覚と聴覚の状態によって全盲全ろう、残存視力のあるろう、聴覚損失を伴う盲、及び視覚と聴覚の正確な状態が不明、に分けることができる。
- 彼らの感覚障害が始まった時期によって、聴覚と視覚が同時に損失したもの、はじめに失明しその後失聴したもの、はじめ失聴しその後失明したもの、正確な時期のデータが不明なもの、に分けられる。
- 各感覚障害の始まりの時期が異なる場合のそれぞれの時期で分ける。
- 視覚と聴覚の損失が同時に起きた盲ろうカテゴリーの場合、年齢に応じて、青少年期、成人期、高齢期に分けられる。
・各盲ろう児グループ内で、話しことばが良好に保持されている場合と保持されていない場合に分けることができる。
・教育形態別に、教育不可、家庭での教育、盲学校での教育、ろう学校での教育、盲ろうあ児学校での教育、に分けることができる。

聴覚と視覚をより遅い時期で失ったすべてのケースをヤルマリェンコは、「盲ろう者」と呼びました。彼女の定義によれば、すべての盲ろう者において、以前には形成されていた視覚と聴覚は失われており、また言語と思考によって媒介されて成立していた視知覚、聴知覚が失われているとしています。彼女の意見によれば、これらのグループすべては別々に検討されるべきであり、それぞれの過去の視覚体験、聴覚体験、言語体験、生活体験を考慮しなければなりません。

盲ろう者を彼女は以下のように分類しました。

・児童期の盲ろう（五歳から一〇歳までの視覚と聴覚の損失）
・青年期の盲ろう者
・成人期の盲ろう者
・高齢期の盲ろう者

ヤルマリェンコが考えたように、視覚と聴覚の損失は、児童期の盲ろうグループにおいては、話しことばが保持されるために、必ずしも決定的ではないとみなすべきです。自分が収集した文献的データに従って、彼女は五歳から八歳までに聴覚を失った子ども八ケースは唖であり、一〇名の子は話しことばが保たれているケースとして記述されていることを見出しました。

盲ろう児、及び盲ろうあ児を多角的な根拠に従い、またさまざまな視点から分析・分類して、ヤルマリェンコは、二重の感覚障害、すなわち視覚と聴覚の障害を有する人々のグループが非常に複雑で、一様ではないことをロシアで初めて明らかにしました。

盲ろうあ者の発達特徴に関するデータの体系化は、彼女によって分けられた次の三つの発達段階にそって行なわれました。

1. 話しことばの教育以前・復帰以前の時期。
2. 教育の過程にある時期。
3. ことばの獲得と労働活動を体系的に知らせていく時期（320、七―八ページ）。

（3）教育前の盲ろうあ児の深刻な精神状態

ヤルマリェンコによって収集された盲ろう者の心理状態発達の特徴に関するデータは、その当時存在していた、教育前のすべての盲ろうあ児は「動かない存在」で「無気力な物体」であるという見解を論破するものでした。ヤルマリェンコは、こう書いています。「盲ろうあ児の発達の力動性は、教師の働きかけに帰せられ、その子どもたちが教育以前、つまり家庭において達していた精神発達の（時には非常に高い）レベルを不法に無視してはならない」（331、五四ページ）と。

彼女は教育前の盲ろう児の状態の記述に特別な注意を求めました。それなくしては教育と発達におけるその後の成功を正しく理解することができないからです。「教育が始まる以前に盲ろうあ児がどのような体験を獲得しているかを確かにした後でのみ、どんな教材を用いて、どうやって教育を組み立てるか、教育で何を子どもに与えられるのか、を説明することが可能になり、その教材を改良し、拡大し、補充しながら、その子どもの知識体系をつくっていくのです」。彼女は教育前の盲ろう児に一定の、たとえ最も初歩的なものであってもコミュニケーションの手段が存在していることに特別な役割を与えています。初歩的な、自然的ジェスチャーが彼らにあることこそ、その盲ろうあ児の知的発達の可能性の重大な基準であるとヤルマリェンコはみなしました（331、三七ページ）。

彼女は、いわゆる積極的なグループ、「精神的に正常な盲ろうあ児」を分けましたが、その子どもたちは家庭教師の諸条件下で、自分たちを取り巻く空間に良好に定位することを学んでいました。彼らは十分、独力で身辺自立や日常の仕事をすることができ、身近な人々とは自然的なジェスチャーを用いてコミュニケーションをとっていました。

他方、ヤルマリェンコは、教育前の盲ろうあ児が実際に非活動的で受け身的であるとする記載例や観察例についても説明しています。そのようなケースを記しているどの文献資料にも、重度の合併症や深刻な教育的放置が指摘されています。文献上の記述と自分自身が観察した教育前及び教育中の盲ろう児について、自分が詳細に知り得た成育史すべて（二六ケース）を次の三つのグループに分けていますが、それは特別な教育がまだ始まっていない時期の、自分の周囲の空間を独力でどれくらい習得できているか、による分類です。

①「病理的なケース」

中枢神経系の疾患を伴っていて、計画的な教育実験をしてもその後の発達がないケースです。彼女はこのグループに九名の子どもをあげています。この子どもたち全員に特徴的なのは、行動の主体性が見られないことと不活発さ、空間への定位がないこと、そして身辺自立の習慣とコミュニケーション手段がないことです。彼らは特別な教育の成果が芳しくないことでも際立っています。通常、このような子どもたちはまっすぐ歩くことも、大人に従って受身的に身辺処理をすることもしつけることができます。しかし周囲の世界に積極的な興味を持たせようとすることもコミュニケーションの手段を形成することもうまくできませんでした。

この第一のグループに、八歳の時、駅で見つかったレニングラード・グループの一人ペーチャ・シードロフをあげています。三年間のここでの教育で、この子は最も簡単な身辺自立の習慣（手を洗う、身につける）を獲得しましたが、それ以上には進みませんでした。一〇歳になって性的な習熟が始まると彼の状態は著しく悪化し、脈管・成長系の発作があらわれ、そのために彼を精神病院に移さなければなりませんでした。

このグループの誰もが、コミュニケーションのための自然的なジェスチャーを一つも獲得しておらず、彼らの動作や叫び声もまた、信号として何かを表示する機能をもっていませんでした。

② 「著しく教育的、身体的に放置されたケース」

これもまた一定期間子どもの発達を妨げてしまう慢性病です（とりわけ重い後遺症となるのは、結果としてこのような人々の運動を奪ってしまう器質的な運動発達を残す後遺症です。たとえば、正しくない養育やあるいはマヒのような重い病気です）。

このグループにヤルマリェンコが入れているのは、教育開始前には非常に受け身的に見えていたけれども、系統だった教育が始まった後、十分良好な発達が示された盲ろうあ児たちです。このような盲ろうあ児の例として、自分が熟知している文献の中の、ノルウェーの盲ろうの女の子ラギヒリド・カータをあげていますが、彼女は生後三年で、猩紅熱の後遺症から聴覚、視覚、味覚そして嗅覚を失い、一四歳まで家庭で養育されました。彼女への系統的な教育は一五歳の時に始められました。初めのうち彼女はとても受け身的で、何時間でも同じ場所に座り、何にも関心を示しませんでした。誰かが彼女に近づくと、この娘は両足を踏み鳴らし、うなり声をあげ、引っ掻こうとしました。しかし、時間とともに教育上、大きな進歩を達成しました。とくに口話においてです。

このグループとしてヤルマリェンコが含めた子どもや青年は、周囲の世界についての複雑な表象や身近な人々との一定のコミュニケーション手段（たとえば、自然的なジェスチャー）をつくりあげている子どもでした。「たとえ、ある一つの条件信号であったにせよ、それがよく理解でき、正しく対応できているものであれば、その子の今後の発達の可能性を予想させるのです」

（320、六二ページ）。

このような例として彼女はレニングラード・グループの中のヴォーヴァ・スチェパン、フランスのマリ・エルテン、アメリカのローラ・ブリッジマンとエリザベト・ロビンの成育歴を引いています。

これらの記述の他、ヤルマリェンコは、ほとんどすぐに子どもの発達の潜在的可能性が見られるようになった盲ろうあ児たちを初めて調べた時のことを記しています。

まず初めは当然、子どもに付き添ってきた身内の大人と握手して挨拶します。こうしているのを子どもが感じ取れるようにしながら、です。その後で同様に、その盲ろう児自身とも挨拶します。それから子どもに、はじめて会う大人の服と手を触って感じ取らせます。「盲ろう児たちは精緻な線状細工の入った腕時計に特別な注意を向ける」とヤルマリェンコは書いています。多くの場合、この腕時計が彼女を標示する印となります。それから、子どもに、初めての出会いの場となった部屋の様子を知らせます。子どもを連れてきた大人と一緒に、その子は部屋の全周に沿って歩き、その部屋の壁や家具を触るチャンスをつくります。そしてすでにこの触察の時、その盲ろう児のさまざまな能動性や試み、のみこみのよさが見られます。何の触察も試みようとしないまま部屋を連れられるまま受け身的に歩き回る子どももいれば、すぐに調査をし始める、積極的にあらゆる事物を触り、時々身近な人の手を離す子どももいます。

アヴグスタ・ヴィクトロヴナ（ヤルマリェンコのこと＝訳者）の観察によれば、何人かの子どもたちは自分から二度、部屋を周回するというのです。最初は自分がぶつかった一つ一つの事物を詳しく触りながら、それをそれらの機能に応じて使ってみようとし（流し台と蛇口を手で探り、石鹸で手を洗い、それでタオルを洗う）、それからもう一度、室内を歩き回り、軽く家具に触れながら、その大きさや位置関係について自分の表象をより十分なものにしようとしているようでした。

その後で盲ろう児を玩具が置いてある机に案内します（人形用の家具、陶器、ブリキ、木製の食器）。実際の食器を使い始めたことによって、その子には実物の縮小コピーがわかる力、またそれを使ってそれにふさわしい対象行為を行なう力を見てとることができます。これらの玩具は、事物を扱う行為の発達水準を発揮するチャンスを与えたのです。それが込み入った事物行為や実物―遊び行為であった子もいれば、特徴的ないじくり行為のレベルにとどまっていた子もいました（木やブリキでできた物を触るだけ、床の上に放り投げるが、陶器性の物は慎重に机の上に置く子どももいました）。

新しい事物を知らせる時間に、それぞれの子どもたちを、この目的から外れさせる意図で、はじめにりんご、後にはキャンディやクレープを呈示しました。精神発達で最も積極的で、保持されている子どもは自分の行為を止めようとせず、おやつを置いたままにし、それらを遊びに取り入れたりさえしました。

③「遅い時期に盲ろうになった、二次的な盲ろうあ者のケース」

これは、すでに視覚像と言語として定着した空間表象の複雑に組み立てられてきた体系から、触覚による定位に移行することが必要な段階にある子どもたちです。この移行の困難さこそ

特な、感覚運動的、知的停滞であり、何か月間から何年間も続くのです（同書、五六ページ）。「ショックの局面」と「受け身の時期」、すなわち、遅くなってから視覚と聴覚の損失が進んだ独

系統的な教育が始まってから、後者の二つのカテゴリーの子どもたちの状態の著しい変化が観察されますが、とくに示唆的なのは、教育的によりひどく放置されていた盲ろうあ児の発達における前進です。

そして逆に、ヤルマリェンコは第一のグループは神経学的、精神医学的な病気を合併しているために、状態が急速に低下することを認めていました。

（4）盲ろうあ児の感情認知の特徴

人間における聴覚と視覚の損失を、アヴグスタ・ヴィクトロヴナ（ヤルマリェンコ）は一定の、感覚と知覚の質的に異なる部分の感情的な理解の遮断としてのみではなく、これらの感覚体系の障害、世界の感情的な認知体系からの障害、そして後者の一般化の障害、として検討しています(329、八ページ)。

この問題を研究する際、ヤルマリェンコは触覚、つまり盲ろうあ者にとっての主導的な分析器が形成される際の特別な性質について記しています。この過程を、通常の子どもや盲児の触覚発達と比較したのでした。

手の初期運動の萌芽は、健常な乳児においてすでに生後第二週に身体全体の運動から、偶然手

が事物に触れることによって分離し始めます。その後、手の動きと口の結合と、把握がある程度でき、そして手と目の協応が生じてきます。こうして手の、本来の機能的な独自性が形成されはじめます。盲の乳児には、ヤルマリェンコはそう考えたのですが、手の動きが形成され始める前にことばによる定位が先に生じます。盲児にとっては最初に物の名前が与えられて、その後、それを手で触ることが教えられるわけです。

盲ろう児の触覚すべては手のひらと指への刺激によってのみ決定され、非常に長期にわたる系統だった把握と触覚の発達のための指導が必要なのです。同じく彼女が指摘しているように、盲ろうあ児の事物触覚の発達は、言語発達に先行するのです。

彼女の観察が示したように、盲ろうあ児たちは、履物に触れて人々を判別していました。それに加えて、ヘアスタイルや衣服などを触ることで、知っている人の特徴がわかることもあります。ヤルマリェンコは、視覚と聴覚だけでなく、嗅覚も味覚も失っている八名の子どもについての文献情報を収集しました。彼らの教育と言語の形成は、触覚によってのみ組み立てられたのでした(327)。

彼女は盲ろうあ児の皮膚感覚が特別な役割をもっていることを指摘しました。それは周囲の空気の温度を感じ取ったり、室内にある窓の場所を判断したり、ドアの開閉や他人が近づいてくることを感じ取る可能性を与えているのです。皮膚感覚は、単独でも、他の諸感覚（温度感覚、とりわけ運動感覚）と一体化していても、盲ろうあ児の対象知覚活動において統合化されるのです。彼女は、浮き出た線を触る際、視覚による有名な錯覚が繰り返され、盲ろうあ児にも、同様の触覚による錯覚が生じることを示した研究を記述しています。

ヤルマリェンコが示したように、発展した触覚が多くの「精神的に正常な盲ろうあ児」において、すでに系統的な教育が行なわれるよりも前に形成されます。

彼女は盲ろう児の積極的な触覚と受身的な触覚について記しています。積極的な触覚は片手あるいは両手、そして口によって行なわれます。受動的な触覚の場合、盲ろう児には皮膚メカニズム分析器が働きます。そして接触感覚が生じます。両手、顔の皮膚、あるいは身体全体の接触を介して、また足の裏を通して。積極的な触覚の場合、すでに運動分析器も加わり、盲ろう児は事物や身体の動きを感じ取ることができ、その中には、歩行の際床面の不揃いを触察していることになります。

彼女は積極的な触覚をして次のようなタイプをあげています。片手、両手、口、による触覚です。ヤルマリェンコは盲ろう児の触知覚において、事物的知覚と言語的知覚とを分けることを提案しています。

前者によって盲ろう児は直接手であるいは何らかの道具を用いて（フォーク、ナイフなど）間接的に事物を触察することができます。後者をヤルマリェンコは、隣人の指文字や点字を触ること、また話している人の顔からことばを知覚すること、としています。

ヤルマリェンコの分類によると、盲ろう者や盲ろうあ者の触覚についての多様な記述は、専らそれぞれの盲ろう者が十分に利用する可能性が大いにあると理解させてくれます。

彼女は、「盲ろうあ者の特別な知覚野」という概念を持ち込んでいますが、そこでの積極的な触覚は、のばした両手でだけではなく両足、背中、顔面などでも可能です。盲ろう者の皮膚感覚の特別な役割が強調されていますが、それは周囲の空気の温度を知るばかりではなく、部屋のどこに窓があるのかを判断し、ドアが開けられていたのか閉められたのか、そして他の人が近づいてくることを知る可能性を与えているのです。ヤルマリェンコは、正常に目が見える人間に視覚の錯覚が起きるのと同様に盲ろうあ者にも触覚による錯覚が保持されているという興味深い事実を指摘しました。

「しかし触覚の発達は、運動なしにはありえない。盲ろうあ児のその後の発達にとって、とてつもなく重要なのは、生後からその子にできるだけ多くの運動を保障することである。なぜなら運動において人間の筋運動感覚や運送＝関節感覚が養われるからである。その子どもは自主的で積極的になっていく。運動を失っている子どもたちは、低下していく運命にある」(331)。

盲ろうあ児の振動感覚を検討して、ヤルマリェンコはそれを「触知覚の基盤」・「接触＝触覚にとっての遠い背景」と呼びました。

ヤルマリェンコの著書のこの章のあとにある個々の研究は、盲ろうあ者の嗅覚と味覚の感受性の発達を扱っています。彼女が指摘するところ、嗅覚の研究は心理学において重きを置かれているわけではなく、人間の意識において嗅覚が登場するのは「情動的な背景の調整役、ないしは、他の感情の領域の活性化要因としてである」(231、一九六ページ)のです。

これらの研究で彼女は自分自身の観察と、Ｖ・Ｍ・ベフチェーレフ記念レニングラード脳研究所における嗅覚表象を研究した他の研究者の実験データを引用しています。それは、何よりもまず、Ａ・Ｖ・ヴェジェノフの研究ですが、彼が調査した盲ろうあ者の嗅覚の感覚の並外れた性質を明らかにしたものです。そのことを彼は、まさにこの嗅覚という感覚が盲ろう者の認識活動において重要だからであると説明しました。Ａ・Ｖ・ヴェジェノフは盲ろう者の個別的な嗅覚野の現象を記していますが、それは次のような状態をなしています。盲ろう者のうちの何人かは、一デシリットルだけの水が入っているガラス容器の中に特定の匂いを発見しました。それは以前にアロマ物質を入れたものでしたが、後で洗浄と焙焼によって浄化されていた容器だったことがわかったのです。

ヤルマリェンコの観察は以下のことを示しています。すなわち、知覚における嗅覚的な成分は、まだ音声文字言語を獲得していない盲ろうあ児が新しい場面であろうと知っている場面であろうと離れたところにある刺激体に定位する際、特別な役割を果たしているということです。彼女は、アルダリオン・クルバートフの、自分の言語以前の時期についての次のような見事な回想を引用しています。「私は当時（八歳の時、教育が開始される四年前）グルーシャおばあちゃんが来たのがわかりました。彼女からペチカの匂いがしたのです。部屋の中だと誰が来たのか足で聴きました。外では聴けません。風が吹いていると誰が来たのか、まったくわかりません。その時は誰も私はわからないのです！」。そしてさらにこう回想しています。「工事の人が防水ジャケットを着ていました。私はすぐ、聴こえました（どんな風に？）。そう、皮の匂いがするのです」（33、一九八ページ）。

もし通常の人間の嗅覚が散漫で、未分化なものだとしても、盲ろうあ者にとって「匂いは他に替えがたいもので、それぞれが特別な意味を持っている」と言えます。しかし、触覚と同様盲ろうあ者が嗅覚を利用し始めるのは、「視覚と聴覚の損失直後からではなく、個別的な体験と自分の感覚機能を構造化する過程でそのようになるのです」。

ヤルマリェンコは嗅覚の感受性が生成される三つの時期区分をしました。第一の時期（教育以前）ではいろいろな匂いに適応し、嗅感覚がすでに分離され、また自覚されて、信号の役割を果たす時期。第二期（教育中の時期）では、それらが言語化されます。第三期は、盲ろうあ者が文化的な体験を獲得する時期で、「感覚の正常な人々の語彙や思考を獲得し、目が見え耳が聴こえる人が自分の視覚感覚や聴覚感覚を複雑に説明するのと同じように、自分の嗅覚感覚を複雑に説明する時期です」（同書、二〇五ページ）。

（5）盲ろう児の触話

盲ろうあ者のさまざまなコミュニケーション手段を記し、そのことばの種類を命名分類し、ヤルマリェンコは収集した資料を一覧表にしようとしました。やや修正を加えたものを次に示します。この表を検討する時、すぐに私たちは、盲ろう者の言語が大部分、接触的な性格の言語であることに注意を向けるでしょう。触話は、視覚と聴覚なしで、触れることと動かすこと、つまり触話として行なわれます。それはそばにいる、ただ一人の人と直接、聴いたり伝えたりする機会、その一人の人を通じて他の人々間のやりとりを知る機会を与えてくれます。

A・V・ヤルマリェンコによる、視覚と聴覚損失のケースにおける
言語の形態と手段（1946）

言語の形態と手段	
接触形態	間接形態
I　筋運動（身ぶり）言語	
1. 独自の身ぶり－ 〈自然的なもの〉、〈表情に富んだもの〉 〈本来的形象性のもの〉等々	
2. 複雑な方法体系 a）ろう者の手話 b）個人的につくられた複雑な身ぶりシステム	
II　音声言語	
	1. 未分化な音声 （呼びかけ、指示など）
	2. 分化した音声 （音声－名称システム）
III　音声文字言語	
1. 話しことば	
1）指による読唇 2）指による読頬（どくきょう） 3）手の甲による読喉仏 4）首すじ読み、他	1）床の振動 2）振動式テレタクター
2. 書きことば（図示）	
1）盲人用凸文字 2）ムン、バル、などの盲人用文字 3）点字 4）点字タイプライター	1）ゲボルト文字 2）通常タイプライターでの書字
3. 動的なアルファベット	
1）指文字 2）アルファベット手袋、板 3）手のひら、頬に点字を打つ。 4）通常の文字を、脳、背中、壁、机の上、空中に指で書く。 5）頬、手などに指でモールス信号を打つ。 6）点字触読用具	1）モールス信号をたたいて用い、離れた所から伝える。

ヤルマリェンコが、もう何年も前に作成したこの表には、現代の盲ろう者たちが見事に利用している新しい情報技術、すなわち携帯電話、アイフォン、点字キーボードのパソコンが当然、書き加えられなければならないでしょう。

ヤルマリェンコが筋運動言語、あるいは今日私たちが呼んでいる身ぶり言語（手話＝訳者）は、発生的にみてより早期のものとして、またより触覚で知覚されやすいものとして彼女は検討しています。この言語形態は多くの盲ろう者において、まだ特別な教育が始まる以前の、唯一の身ぶり《ジェスチャー》記号の最初の形態としてヤルマリェンコは観察（あるいは記述）しています。盲ろうあ児がまだ家庭にいる間に、ごく狭い範囲の人々にだけ理解できるような、比較的に展開された身ぶり《ジェスチャー》のシステムを持っているケースはかなり稀です。

ろう者の家で育ったり、あるいは幼少期からろう者のグループに入っていたりする盲ろうあ児には、ろう者の手話がよく発達しています。ヤルマリェンコとその共同研究員らが行なった特別研究は、こう示しています。盲ろう者とろう者が一緒に学んだ身ぶり単語は、両者において本質的な違いはない。事実としては、盲ろう者が身ぶり《ジェスチャー》を使う場の方が動きがやや少ないことはあるのですが。

盲ろう者自身が自分の単語学習の過程を話した情報は、ほんの少ししか持ち合わせていません。この点で非常に興味深いのは、ヤルマリェンコの研究で収集された、手話や音声文字言語をよく獲得した盲ろう者の回想です。

レニングラード・グループの盲ろう生徒アルダリオン・クルバートフ（一歳五か月で失聴、五歳までに失明）は、レニングラード聴覚言語研究所グループでの六年間についてこう話しています。

「僕がまだ家にいたころ、勉強もしないし、単語も知らない、ママは全部身ぶりで説明した。研究所でのではなく、自分の身ぶりで、自分なりのでね。僕は見えなくなってだいぶ経っていた。その時パパは外に出ていた。家の壁には鹿の角が掛かっていた。僕は、よじ登って、それを見た（すなわち触って感じた。—編集者注）そしてママにきいた。これは何？と。彼女は説明し始めた。これは、大きく成長した頭、ここよ（自分の額を示した）こんな風に走るのよ、走る様子を二本指で示し、彼女は動物だと示したくて四本の指で走った（テーブルの上で二本、四本で走った）。それで僕は考えた。これは人間が走っている。なぜなら二本の足だから。そして角のある人がいる、と。僕はママにききました。彼らはどこにいるの？　ママは『遠くよ』と答えました。そして手でペチカのところに連れていき、私の手を置きました。暖かかった、そして示しました。パパはあっちへ行った。私はその時判断しました。パパは遠くへ行ってそこは暖かい所で角のある鹿

写真　レニングラード・盲ろう児グループの生徒、アルダリオン・クルバートフの作品

人間が走っていると。これは私の『間違った地理』で、以前、私はいろいろな国々をこんな風に考えていました……」(320、四〇ページ)。

ヤルマリェンコが書き始めた、この話は、隣で話している人の意識、イメージの差と使用されているコミュニケーション手段がさまざまな意義を持っていることをよく描写しているのです。

盲ろう児の音声言語について語りながら、ヤルマリェンコは、こう指摘します。盲ろう者の言語音は、コミュニケーションや将来の音声言語にとって大きな意義を持っていると。盲ろう児の発達を記したよく知られている著作のほとんどすべてでは、どの幼児にも見られるような未分化な音があることが指摘されています。このような自然発生的な音声は、生まれながらの盲ろうあ児にとって、周囲の人々の子に対する反応と結びついていて、信号としての役割を果たし始める呼びかけの意義を持つようになり、身ぶり《ジェスチャー》と並ぶ記号となっていきます。このためには、盲ろうあ児の叫び声は彼らによって筋運動的および振動的な刺激体として感じ取られなければなりませんし、子どもの必要を満足させる人が近づいてきて、信号としての働きを受け止めてもらえる、つまりこの叫び声によって、大人が自分の所に来てくれることと結びついていなければなりません。

ヤルマリェンコはその研究の中で、著名なアメリカの盲ろう者ローラ・ブリッジマン(二歳で聴覚、視覚それに嗅覚を失い、八歳で教育が開始された)に音声言語が形成された、よく知られているケースを引用しています。周知のようにローラは口話を学んでいませんでしたが、後に彼女自身が自分自身の叫び声、ささやき、およびその他の音声が教育以前にあった、と書いています。教師たちは彼女が叫び声として用いた大声や不快な発声を彼女に止めさせることが何としてもできませんでした。次第にこれらの音は、ローラの友人、教師、知人の「呼び名」としての特別なシステムとして分化し、それらは約六〇の音声からなる周囲の人々も理解する独特な語彙を成しました。

盲ろう児の音声文字言語の状態と予後は、聴力損失の年齢とその時までに獲得している話しことばのレベルに依存しています。視覚と聴覚をごく幼い時期か、就学前に失った子どもたちでは、話しことばは短期間で、通常まったく、あるいはほとんど完全と言っていいほど崩れてしまいます。事実上、六歳以前に聴覚と視覚を失い、触覚形態での音声文字言語を教える特別な教育なしで、話しことばを保持していたケースは知られていません。学齢期の子どもであっても特別な教育的介入がないと、非常にゆっくりとではありますが、それでもやはり話しことばの崩れが進行します。

事物の役割やその性質と扱い方を自覚することだけが、価値ある音声文字言語を形成する基盤を与えてくれるのです。ヤルマリェンコは自分の研究として盲ろう者の二種類の、音声文字言語を検討しています。

第一は、触察、振動手段によって再現、知覚される口話であり、彼女はそれを「触れる会話」と呼びました（タドマ法です）。

第二は、ダイナミックなコミュニケーションや、読み、書き、の過程でのアルファベットことば、（文字による）話しことばです。それは指または他の手段の動きによって表示される文字が時間とともに交互に出ては消えて交替していく複合体です。書字言語とは、一瞬しか文字が表れていない点で違っています。すなわち知覚の順序性（書かれた文章を読む時のように同時に文字をたくさん読むのとは違う）と知覚の力動性は、口話の知覚に似ています。

視覚と聴覚を失った人々の言語形態が多様なのは、ヤルマリェンコの意見に従えば、「音声文字言語が正常であると、それより劣性な触覚には非順応的であることや、盲ろうあ児や盲ろう児の教師たちがいつも交替して非連続であることによって」説明されます。しかし、音声文字言語が、外的な感覚運動非日常形態で進行したとしても、その特性と複雑な統一性、コミュニケーション的な統一性も、示差的な統一性も、保持されているのです。視覚と聴覚を失っていようといまいと、人間はことばや人間の文化的経験を獲得する以前は、意識の内容は同じなのです。決定的な意味を有しているのは、ことばの習得であって、その知覚の形態とか効果器《エフェクター》の形態ではないのです。盲ろうあ児はことばを獲得するや否や、耳がきこえ目が見える人と同様、あらゆる所や状況においてことばを用いますし、同じ言語発達の層を経て歩んでいくのです（331、一一六ページ）。

盲ろうあ者のコミュニケーションの形態や手段を研究して、ヤルマリェンコは、彼らの内言、思考の手段として、自分自身や隣人の想像との対話として、最大限に状況的で、簡素化された発言形態である内言を記述することに取り掛かりました。彼女は「盲ろうあ者の言語の無意識な反射性は、聴こえ見える人よりもいつも高い。それは盲ろうあ者の外言に現れている。何とならば、まさに外言を介して、単語を介して、盲ろうあ者は感覚的には手の届かない世界の多くのことを知り、またそれを自分の意識に反映させるからである」（331、一一〇ページ）と書いています。

「どんなことばであなたは考えるのか」という質問に対して盲ろうの教え子アルダリオン・クルバートフが返した興味深い答えを彼女は引用しています。「アルダリオン・K君は、こう答えた。『僕は話していることば、単語、絵で考える。犬は、こう考える（指で空中に尾を上方に立てた犬の輪郭を書く）。生きている犬は、こうだ（絵と単語を一緒に用いて）。時折、名前を知っている犬に会う。シャフリクさ（トゥーラ市のアルディク（アルダリオンの愛称）の家にいる犬）。そうやって犬のことを考える。ほら、たとえば、汽船も知ったよ。スラーバ（彼の兄弟で、正常に見え聴こえる）は実際に汽船を見た。で僕はまるでその伝音管、船首、汽船全部を見たような気がするんだ。こんな風に（指で空中に汽船の輪郭を描く）』。アルディクは汽船を知っていました。彼は何回か船に乗ったことがあり、船員たちと知り合いになっていましたし、彼らには口話で話しかけ、自分の手に届く汽船の部分すべてを触覚で知り、それを書き留めました。自分の作文をアルディクは前もってよく練っていて、時折は書き留める構えをもたずに作文することもありました。ある時、自由時間でしたが、アルディクは一人で腰かけて指文字で書き、何かささやいていました。教師の『今、何を考えているの？』という質問には、こう答えました。『夜の、詩的な文を書いている』と。そして付け加えました。『僕に、書いてほしいの？』（このテーマは教師と検討したものではありません。）そして点字タイプライターで、ほとんど止まることなく次の文を書きました。

『歩いた、僕は森を、森を。見た、森を、広野を、川を、森の木々がゆれているのをきき、森の中では鳥たちが歌を歌い、海の風を連れてくる。広野では、めえめえと山羊が鳴き、野の道に沿って騎手が輝く剣を持ち活気あふれる馬に乗って疾走していく……山から川の流れが騒ぎ出す。東では朝が顔を出し始め、森から太陽がのぼり、そして僕は顔をあげる』……

書きあげたものを著者に渡しながら、アルディクは、付け加えました。『本当に、詩みたい？』と。読みあげたものを書き写す際、口話で『鳥たちが歌を響かせ』と訂正しました。『なぜ夜中に剣が輝くの？』という質問に対して、ユーモラスに『だって夜には月がないっていうの？』と答えました」。

このような物語をヤルマリェンコは一種の内言とみなしました。それは主観なし、書き留めることへの予めの備えなしの、「内的」な語りとして記述したものです。「比較的に縮約された物語、単文と単文、形容詞が少ないこと、五五個の単語で一一文章で、形容詞は全部で五個だけ（九・七パーセント）、強化されている述語性、つまり五五個の単語のうち一二の動詞述語、すべてこれらは、同じ教育年度中にアルディクが書いた他の作文やルポと、この断片の文体が違っている点です。これらの特徴は、この、主題のない断片が、主体にとっては下書き的な理解可能性を伴った内言に近いものとして考えるべきです」（同書、一一三ページ）。

アヴグスタ・ヤルマリェンコについて述べた本章を終えるにあたって、彼女の学究的博識と精緻さを再度、指摘しておきたいと思います。まさしく彼女はその著作を通して、レニングラード・グループの盲ろう児たちの科学的観察と言語表出の実例を残し、それらを自分の理論的結論の拠りどころとしました。そして一九六一年に著者『盲ろうあ児心理学概説』を出版した後は、自分の他の研究ではこの問題に立ち戻ることはなかったにせよ、彼女の学生たちすべては、この先生が教育活動を終える時まで、わが国や諸外国における盲ろうあ児教育の優れた経験を知ることができたのです。著名なロシアの心理学者アレクセイ・ボグリョフ（一九二三―二〇一四）は、自分はレニングラード国立大学で、まさにA・V・ヤルマリェンコ先生の講義を通して盲ろう児について聞くことができたと筆者に話してくれました。モスクワの心理学研究所でアレクセイ・ボダリョフが指導していた、コミュニケーション、発達、および人格の社会リハビリテーションの心理学研究者のグループでは、盲ろう者アレクサンドル・スヴォーロフが博士論文を作成し、長い間、研究員として活躍していました。

【注】

（1）訳注：ボグダーノフ＝ベレゾフスキー、ミハイル・ヴァレリヤノヴィチ（一八六七―一九二一）耳鼻咽喉科医

（2）訳注：アウレリウス・アウグスティヌス（三五四―四三〇）正教会では、「福アウグスティン」と称される。

（3）原注：ヴラジーミルスキー、アドリアン・ヴラジーミロヴィチ（一八七五―一九三六）神経学者、キエフ、ペテルブルク、ロストフ＝ナ＝ドンで研究した。

（4）原注：ベフチェーレフ、ヴラジーミル・ミハイロヴィチ（一八七七―一九六二）傑出した精神科医、解剖学者、神経病理学者で、精神神経学大学の学長。

（5）オシポフ、ヴィクトル・ペトローヴィチ（一八七一―一九四七）著名な精神科医、アカデミー会員。

（6）原注：ラウ、フョードル・アンドレーエヴィチ（一八六六―一九五七）有名な、ろう教育者、教育学博士

(7)原注：スカチェク、コンスタンチン・アレクセーエヴィチ　サカリャンスキーの同郷人で友人。
(8)原注：シモーノフ、ボリス・ボリーソヴィチ　ろう者の息子で、哲学者、レニングラードに住み、サカリャンスキーとは、ろう者の手話について文通していた。
(9)原注：ポチェブニャ、アレクサンドル・アファナーシエヴィチ（一八三五—一八九一）有名な言語学者。
(10)原注：ヒリチェンコ、アントン・エロフェーエヴィチ、サカリャンスキーの学生時代からの友人。
(11)原注：プロトポポフ、ヴィクトル・パブロヴィチ（一八七九—一九五七）有名な精神科医、ペテルブルク、ハリコフ、キエフで研究した。
(12)原注：ヴォロビヨフ、ヴラジーミル・ペトロヴィチ（一八七六—一九三七）秀でた解剖学者、ハリコフ医科大学教授。V・I・レーニンの遺体の防腐処理を行なった。
(13)原注：ツヴェイフェリ、ヤコフ・カシヤノヴィチ。ロシアのろう教育学者「ろうあ児の行動と知覚の特性概説」モスクワ・レニングラード、一九三一の著者。
(14)原注：シチェルヴァ、レフ・ヴラジーミロオヴィチ（一八八〇—一九四四）有名なロシアの言語学者。当時、精神神経大学の非常勤講師。
(15)訳注：ロシア語の母音は、硬母音五、軟母音五、計一〇の母音がある。
(16)訳注：〝わた（綿）〟の意
(17)訳注：水
(18)訳注：前足・後足
(19)訳注：足、脚
(20)訳注：道や川の「曲り」
(21)訳注：ママ（母）
(22)訳注：おかゆ

第二章

ハリコフにおけるサカリャンスキーの盲ろうあ児クリニック・スクール

イワン・アファナーシエヴィチ・サカリャンスキー
（1889—1960）

1 ろう児の教師からウクライナにおける特殊教育の創設者へ

著名な、ろう教育家N・V・ラゴフスキー(1)の研究所が閉じられるよりも前に、イワン・サカリャンスキーは教師の職として一九〇三年にアレクサンドロフスク（現ウクライナのザポロージェ）で開校されていたエカチェリナスラフスカヤ県のろう児学園村に招聘《しょうへい》されました。サカリャンスキーは、試験に合格するためペテルブルクに通う条件つきで一九一〇年に赴任しました。アレクサンドロフスクで彼は同じ学校の女性教師と結婚し、二人には男の子パナス（アファナーシー）が生まれました。ずっと後にイワン・サカリャンスキー先生はなつかしさを隠さず、次のように回想しています。

「……私がこの学校で働き始めたのは、ちょうど本校の最盛期で、それはロシアのみならず国際的にみても珠玉の学校であった。この学園村には鉄筋コンクリートで建てられた最初の施設があった（それは公園の向こうの隅にあった）。この学園には南部（当時はそのように叫ばれていた）で最初に生物学的な浄水場が設置された。この学園には花園の中に花でつくった日時計があった。この学園には草や花でつくった芝生園があった。この学園には数え切れないほどいろいろなものがあった。それらすべてが外国人、アメリカ人をも驚かせたのさ。

……当時の先進的なロシア人、ウクライナ人、ユダヤ人社会の優れた部分が、警察政治や専制政治に抗してすべてこれらを生み出したのだ。フェリックス・フランツェヴィチ・マフチャノフスキーは霊感的な組織力が備わった人物だった。それは驚くべき人間だった！」（サカリャンスキーからB・B・シモーノフに宛てた一九六〇年八月二八日付の手紙）

このアレクサンドロフスクろう児学園村は、一九一二年にはヨーロッパで最大のろう児施設となりました。そこには自前の農業機械工場と印刷所、一二〇ヘクタールを超える農業用地があり、ろうの生徒たちのために特別作業教育所が設けられていました。この学校は黒海の港町エフパトリアの岸辺にサナトリウム部門と自前の幼稚園、それに発達の遅れた子どもたちのための部門を持っていました。そこには農民の子どもたちが優先して入園していました。

一九一〇年、学園村の後見人でアレクサンドロフスク市長のF・F・マフチャノフスキーのたっての頼みで、サカリャンスキーは、モスクワで開かれた全ロシアろうあ者の養育と教授活動者大会に「ウクライナのろう児への母話教育について」という報告を携えて出発しました。その報告の中で彼が示したのは、ろう児たちにウクライナ語を教える教育的な合目的性と必要性の根拠でした。つまりそれは、ロシアにおいてウクライナ語の印刷を禁じていた教育省の当時の通達に反することだったのです(264)。この報告は政治的な反響を呼び、それ以来サカリャンスキーはウクライナ民族主義者たちの間で有名になりました。

一九一三年、サカリャンスキーとV・P・ヴォロビヨフそして教師陣は、一か月にわたる最初の海外旅行でスカンジナビア諸国とドイツを訪れました。そこで彼らが視察したのは名の知れた障害児施設でしたが、その中にはノヴォヴェス（ポツダム市、ドイツ）の盲ろうあ児院も含まれていて、当地でサカリャンスキーはG・リーマン牧師と知り合いになり、その教え子であった盲ろうあの子どもゲルトルード・シューリッツを観察しました。

ろう学校教師としての実践活動を始めていたサカリャンスキーは深い幻滅を感じたのでした。当時ロシアの学校ではどこでもろう児への口話法が支配的であったのですが、全力を尽くしたとしても成功はさほど芳しいものではなく、不自然さにサカリャンスキーは気づき始めていました。でも実際、後にサカリャンスキー先生が指摘しているように、当時のろう児教育への実践は手話法による教育プログラムを求めてはいなかったのです。でも手話法は教師たちにとっては、用いることを推奨してほしいものだったのです。

「教師たちには、ろう児の知性を発達させる上で創造的な自由が与えられているのだ。学習指導要領に文字通りにしがみついている者は、ろう学校において潜伏している無能者たちだ……」（サカリャンスキーからB・B・シモーノフへの一九六〇年八月二八日付の手紙）。

彼は、ろう児に言語を教える理論と実践がなんだかとても不完全であるということを理解し始めていました。だから言語の生成と発達の法則を理解するため、言語学に向き合ったのでした。それは、ろう児へのことばの教育を改革するためにでした。とりわけ大きな影響を彼に与えたのは、ロシアの著名な言語学者A・A・ポチェブニャの著作を読んだことと、サカリャンスキーがL・

B・シチェルヴァの所で出会ったろう児たちの発達にとって手話が果たした大きな意義を理解したことでした。後のサカリャンスキーは回想しているのですが、この時まで彼には「自分が子どもの時使った身ぶり手ぶりと、私の生徒たちの身ぶり手ぶりが全く同じであるということが頭に浮かばなかった（私がろう児の教師だった時、私共の誰もがコミュニケーションの手段や教育の手段において、通常の学校と比べて何か違いがあるなどということは考えていなかったのだ）」（前述の手紙）。

アレクサンドロフスクの学園村でサカリャンスキーは一九一九年まで、一九一五年に召集されて第一次世界大戦に参戦した三年間を含めて教師をしました。

右耳がきこえなかったため兵役を免除されていたにもかかわらず、戦時の真最中にはサカリャンスキーも軍隊に召集されてしまったのでした。前線での死傷者が多かったので、コサックの中ではさまざまな兵役に一定期間、男性人口の総動員が行なわれたのでした。サカリャンスキーは、カフカース軍の作戦部の非戦闘部隊に配属されました。そこでは戦記作成委員会のメンバーとして終戦まで兵役を務めました。

准尉であったサカリャンスキーはいくつかの派遣隊護衛としてトルコ、イラン、それにアフガニスタンに赴きました。行かなければならなかった所ではどこであろうと、その地域の人々の中に、ろうの道案内人を見つけ出したのですが、手話を用いてすぐに共通の言語を探り出していたのです。

二月革命は彼をカフカースの前線に留めさせましたが、そこで彼は第一七コサック歩兵大隊に属し、戦事記録委員のメンバーとして役務につきました。革命直後、サカリャンスキーは、当時のありとあらゆる革命軍事委員会において次々と役職に選出され、中隊長から始まり、准尉で終わりました。それだけではなく、彼はカフカース軍代表者大会の代表となり、この大会の後チフリスにおけるカフカース軍地域ソビエトの一員となり、その後、農民及び労働者代表者の地域中央ソビエトの委員に選出されました。これらすべての活発な革命的な活動のかどにより、クバン人民代表者会議は、クバン地域に入る権利を奪いコサックの称号を欠席裁判で剥奪したのです。

チフリスにドイツ人が到来するのに伴って、サカリャンスキーは、彼らの指示により監視付きでアレクサンドロフスクに送られ、ろうあ学校で教師の仕事を続けました。しかし一九一九年の初め、アレクサンドロフスクにマフノー反革命匪団が進入するよりも前に、彼はそこからウマニ市に避難しました。

ウマニ市に一九一九年一二月、ソビエト政権が樹立された後、サカリャンスキーは、そこに国民教育の諸機関を創設し、国民教育の長を一九二〇年九月まで務めたのです。その後、彼はハリコフで開かれた第二回全ウクライナ教育会議に行き、そこでキエフ市の高等教育施設の管轄者としての職責を任命され、県国民教育部（グブナロブラース）の一員となりました。この当時、ウクライナではソビエト政権の機関は設置されたばかりだったので、サカリャンスキーは次から次へと教育分野の指導的な立場を歴任しました。一九二〇年彼はボルシェヴィキ党員になりました。

一九二〇年モスクワでの、児童の欠陥との闘いに関する全ロシア大会で、彼は欠席のまま、身体障害の諸問題に関する重要な専門家として、また児童の欠陥に関する全ロシア大会中央事務局内の、ウクライナからの局員として選ばれました。そして一九二二年八月には、ウクライナにおける欠陥児施設の主任、視学官の職を命ぜられました。

一九二二年一月、サカリャンスキーは、モスクワでの第一回全ロシア精神神経学者大会に参加し、その後につづく欠陥児童従事者の再教育全ロシア講習会で講義を行なうために現地にとどまりました。サカリャンスキーは第二回全ロシア精神神経学者大会の召集に関する強化準備中央事務局に加わり、一九二四年一月、その大会に参加しました。彼はペトログラードで、精神神経アカデミー附属ろうあ児研究所の新しいろう児教育について講義をしました。またキエフでは、国民教育大学の社会教育学部の医師・教員学科の、ろう教育学の講師として仕事をしました。

この当時わが国の児童教育学と児童心理学は「児童学」の部分として組み込まれて

写真　著名なロシアのろう教育者たち（左から右へ）セルゲイ・アンドレーエヴィチ・ゴンターリ、ニコライ・ミハイロヴィチ・ラゴフスキー、フョードル・アンドレーヴィチ・ラウ、イワン・アファナーシエヴィチ・サカリャンスキー

いたのですが、それは子どもについての総合的な科学で、子どもの発達の研究に革命的な思想を浸透させるよう条件づけられていたものです。この方向で中心的な地位を占めていたのはV・M・ベフチェーレフの反射学でした。

サカリャンスキーが学んでいた精神神経（大学）の教育学部門は、革命後の一九一七年にV・M・ベフチェーレフによって教育大学に改組されましたが、その指導によって何年間か、教育科学＝実験室及び研究＝臨床施設の一体的なネットワークがつくられていました。

キエフで仕事をしていた時期にサカリャンスキーはA・S・マカレンコ(2)と知り合いになりました。この二人は共にキエフの国家保安要員として招聘され、浮浪児や未成年触法者のためのコロニー建設の専門員となりました(306)。

このころに、サカリャンスキーと、後に著名な映画監督となるA・P・ドゥヴジェンコは、この食料難の時代、国民教育部の経理部長として仕事をし、子どもたちの食事保障のために職責を果たしていました(174)。一九二三年、サカリャンスキーはキエフ市から当時のウクライナの首都であったハリコフ市に移り、その地ではハリコフ国民教育大学の欠陥学の講師に任ぜられました。この都市で仕事を始めると、彼は才能豊かで創造的に活動するウクライナのインテリゲンツィア（知識階級）のサークルに仲間入りしました。その世界でサカリャンスキーは作家O・ヴィシニャ（一八八九―一九五六）、M・フヴィリョフ、P・トゥイチナ、M・バジャン、A・コルネイチュク、V・ブラキートヌィ、A・クルバスその他と知り合い交友を重ねました。ハリコフでもA・ドゥヴジェンコ、A・V・ヴラジーミルスキー、V・P・プロトポポフそしてV・P・ヴォロビヨフとの友情も続いていました。さらに数学者N・M・クルイロフとN・N・ボゴリューボフ(3)とも知り合いになりました。若きハリコフの創造的なインテリゲンツィアは、さまざまな連盟をつくり、雑誌や論文集を創刊しました(174)(263)。その後にはこの都市で、有名な心理学者L・S・ヴィゴツキー、P・Ya・ガリペリン、A・V・ザポロージェツ、P・I・ジンチェンコ、それにA・N・レオンチェフと一度ならず出会うことになります。

一九二三年、サカリャンスキーはウクライナ・コムソモール（共産青年同盟）附属共産主義児童運動中央事務局員に選出されました。一九二四年から一九三〇年までに彼によって教育と児童運動を扱った約三〇の著作が刊行されました。そのことは子どもの養育と教授に対する自分自身の見解を確立する上で役に立ちました。その当時に支配的であった教育方法は子どもの本性に相応しない、と彼は考えていたのでした。そして子どもの情緒性にこそ、子どもを教育する際に教師は依拠すべきであるという重要な点を見出したのです。「子どもたちの心的体験、現実性、そしてそのような心的体験の上に肯定的な知識を組み立てることこそ、教育方法を構成するための出発点としなければならない。子どもの情緒は『知識』の始まりであるし、『興味』『積極性』の源泉である。子どもの情緒を形成することを通して知識を植えつけていかなければならない……」(267、五一ページ)。こうしてサカリャンスキーはソビエト連邦ウクライナにおける欠陥児教育システムの創設者の一人になりました。一九二六年、彼は国民教育大学社会教育学部欠陥学科の教授職に着任し、同時にウクライナ教育人民委員部実験＝教育試験場の長も務めました。また一九三〇年、彼はハリコフにできたばかりの教育科学研究所の長になり、その欠陥学部門を指導しました。

彼の主唱によって医学＝教育相談部（4）が設けられ、それは欠陥学に関するすべての研究＝実践活動をつなぐものでした。ハリコフの子どもの社会的養育と総合技術教育本部局に附設された医師＝教師相談部は、サカリャンスキーの提唱により一九二二年に設けられました。その活動の基本的方法は、ハリコフ市およびその地域に住んでいる子どもを実際的に欠陥学的に（つまり医学と教育学的に）支援することであり、同時に研究的、予防的活動を行なうことにありました。一九二三年から、この医学＝教育相談部の活動は未成年者対象の委員会の活動と密接に結びつけられました。つまり、その部員は研究を行ない、ハリコフの近隣にある困難を抱えるコロニーを支援し、街の刑務所にいる未成年の犯罪者のための教育活動を行ないました。この医学＝教育相談部の試行室は、ハリコフ盲学校（盲ろう児のための支室）、ろう学校、それに知的障害児施設に設けられました。一九二三～二四年にハリコフの医学＝教育相談室ではV・M・ベフチェーレフ、A・V・ヴラジーミルスキー、N・N・タラセーエヴィチ、A・N・グラボロフ、P・G・ベリスキー、A・S・グリボエドフ、らが講義をしました。そこにはA・S・マカレンコもしばしばやってきたのです。

一九二四～二五年にかけてサカリャンスキーは医学＝教育相談室に、二つの実験研究室、すなわち教育実験室と反射学実験室をつくりました。それぞれを指導したのは、サカリャンスキーとV・P・プロトポポフです。

またこの時期のものとして、ろう児に聴者の話しことばと書きことばを教える分野でのサカリャンスキーがした最初の研究をあげることができます。彼が開発したのは、読唇法によって音声文字言語をろう児に教える「鎖結合式《チェーン》運動反応」法でしたが、L・S・ヴィゴツキーはそれを自著の中で分析しています(45)。

この方法は完全に反射学としてつくられました。教育を始めて一～二年の生徒たちにはまず、すでによく知っている動作をいくつか鎖としてつなげます。そうすることによって、最後にははじめの位置にもどれるようにするのです。その際、それぞれの動作は先生の命令的な指示に対応させるようにします。子どもたちを席に着かせ、先生はサインで自分の唇を注視するよう示します。そして鎖となる最初の文を発言します。「みなさん、立って！」。そして身ぶりで立ちなさいと示します。それから、次の文を発音します。「みなさん、私の所に来て」。前と同様、身ぶりで示します。その後、子どもたちは先生の発音を頼りにしながら、さらにいくつかの動作を行ない（一人ずつ立つ、二人ずつ立つ、三人で立つ、礼をする）、そして最後には、また元の席に腰かけるように求めるのです。

このような、行為の鎖が何回か繰り返され、休憩をはさみ、また鎖が繰り返されますが、身ぶりによる支えは無くしていきます。教育の最終では理解の確認が行なわれますが、すべての指示は口話で最初の順に行なわれ、さらに順序を変えて行ない、子どもたちの行為遂行が正しいか確かめるのです。どの生徒たちも、先生がどんな順序で命令を発しても読唇法によってすべての動作を正しく行ったならば、その鎖は習得されたとみなされます。教育成果のすべては記録され、指導過程の詳細なメモが厳密にとられました。教師の命令に対しての子どもの動作を記録したのです。読唇法による指示理解教育の平均所要時間とそのために必要な反復の平均数が、こうして確立されました。

その後には、壁のカードを読んで文字で書かれた教示をろう児に理解させる教育が行なわれました。先生は一定順序で、文字で書かれた教示を合図とともに提示し、それを行なわせるようにします。はじめ、それらの教示は身ぶりによって補強されますが、やがて、それなしで示されます。教育成果を比較した際、文字で示された教示は、口話で示されたものより、幾分か速く習得されるということがわかりました。口話での鎖一つは、平均で一二分、最も早い場合は、六〜七分で子どもたちは習得しました。

これに続く実験では、口話と文字による教示が複雑にされ、少しずつ新しい単語が含められていきました（みなさん、立って！　みなさん、私のところに来て！　みなさん、背すじをのばして！　みなさん、右を向いて！　みなさん、左を向いて！　男子、自分の席に着いて！　女子、自分の席に着いて！　男子、着席！　女子、着席！）。教える順序は以前と同じです。すなわち、はじめは、どの教示にも身ぶりがつけられ、一定の順で行なわれます。その後には、身ぶりがはずされ、順不同で行なわれます。ろう児にこのような簡単な教示を遂行することを教える試みは、母語ばかりではなく、ドイツ語でも行なわれました。何回も単語の教示を反復することによって、ろうの生徒たちは、それらを十分確実に習得しましたが、その先、読唇がひとりでに発達していくということはありませんでした。反射学にもとづく「鎖方式《チェーンメソッド》」の理論的基礎は、ろう児に音声文字言語を教えるという大問題の解決をすることはできませんでしたが、入門期指導の段階や労働教育の過程においては効果的であることがわかりました。この方法の特徴はろう児教育の中に、子どもの行動の現実状態を反映している短文の鎖を持ち込んだという点にあることは留意すべきです。

2 ハリコフにおける盲ろう児教育機関の創設

この時期にサカリャンスキーは、自分のろう児教育方法を、一九二三年にハリコフ盲学校を母体として新たにつくられた盲ろうあ児のための新しい学園に応用しようと試みました。盲ろうあ児の最初のグループはこうして一九二五年に開始されました。

当時の国民教育機関は、この学園の創設者サカリャンスキーに対し、たった一つの、しかし、かなり困難な課題を課しました。それは、盲ろうあ児のための指導方法とその体系を実践的に作成するという課題でした。当初、この学校は「盲ろうあ児のための実験子どもの家」と呼ばれ、盲学校の一棟にあり、一階（居住部・就寝、食事、遊びのための部屋）と二階（すべての授業が行なわれる教育実験室）にいくつかの部屋がありました。初期の職員は若き医師E・A・トゥマレヴィチ、L・I・ウラノーワ、そして教師O・I・プロホーロワでした。その中で、自国や諸外国の盲ろう児教育の経験について知っていたのはサカリャンスキーだけだったのですが、その経験は彼にたくさんの異議を唱えさせたのです。

彼はペテルブルク、後にはレニンラードのグループで採用されていた、盲ろう児に口話教育をする方法を受け入れませんでした。「盲ろうあ児に対する指導方法はさまざまあり、とりわけ音声文字言語を教える場合は、そうである。M・A・ザハロワは一度ならずハリコフを訪れた。彼女はハリコフのシステムを批判しなかったし、私はレニングラードのやり方を批判しなかった。我々の間には緊密な交流があったが、彼女が熱狂的に純粋口話法に傾倒しているため、相互理解はなかった。D・V・フェリドベルク[5]とM・V・ボグダーノフ＝ベレゾフスキー……も純粋口話法の熱狂者だった……」（サカリャンスキー、一九五八年八月一三日付の日記メモ）。この当時、彼はすべてのろう学校やペテルブルクにできたロシアで最初の盲ろう学校で採用されていた、ろう児や盲ろう児への純粋口話法に対する確信的な反対者でした。彼はまた、「偶然性」から成り立っているアメリカでの盲ろう児教育の不十分さを見出していました。

写真　サカリャンスキー、1925年

研究的な確信によって、サカリャンスキーは、盲ろう児の教育をそれまでのものとは別に組み立てました。彼の意見に従えば、このような子どもたちの指導を複雑な概念的教材から始めるのは無理であって、ごくふつうの生活を自分の力でできず、衣・食・トイレ・くつの着脱等に関わる初歩的な習熟を習得できていない時にそれはまだ不可能だというのです。「教育システムの全体は、別の基礎の上に組み立てなければならない。盲ろう児は『生活条件の中で』十分な生活上の自主性と文化水準にまで習得していることがその基盤だ」。この場合、初期教育の主要な目的をサカリャンスキーは、子どもにしっかりとした「やがてそれは要求へと移行する構えや、また労働への愛、それもただ仕事をするだけの労働ではなく、系統だった、要求高い労働への愛を子どもに育てることに見ていた」(286)。

この学校での実践を何年か重ねるうちに、サカリャンスキーは思いを同じくする少数の同僚とともに、盲ろう児たちに身辺自立と簡単な日常の仕事の習熟を教える綿密に作成された方法と、この子どもたちにことばや観察する力、自分を観察する力を教える道すじ、をつくり出すことに成功しました。

アメリカのジャーナリスト、L・ウィルソンはこの当時ハリコフのクリニック・スクールを訪れ、自分の印象を次のように記しています。

「達成された成果は、真に驚くべきものである。五名の子どもたち、一名は高い才能があり、二名は正常、もう二名はやや劣っている。それに一名のすばらしい、青い瞳の一五歳の娘と二〇歳の青年が、このハリコフの実験学校で学んでいる。若者は話をし、まったく十分に金具工の仕事をしている。どの生徒たちも身辺自立の基本的な習熟を獲得しており、自分でベッドメイキングをし、食事をし、見事に教育された人間であり、元気よく陽気に遊び、協力、協調して活動している。教師たちのことばによれば、日常生活の習熟を身につけさせ、集団に巻き込むことは、最も困難な仕事であり、ことばの教育よりも困難である。食堂にはヘレン・ケラーの写真が掲げられ、その向かいには生徒たちの写真もある。医師一名、教師一名が専門に、この盲ろう児の家庭に携わっている……それぞれの生徒一人一人の発達が、特別な教育日誌に図と文とで記録として留められている。実験室がいろいろある。二つの研究室は盲ろうあ児の反射を観察するためのものである。ドイツ製の最新マイクロフォンを備えた特別な実験室もある。それは、『ろうあ児の家』でもことばを教える際に利用される……」(351、六五―六六ページ)。

本校一九二三年から一九二六年までの盲ろう児たちは次のようなメンバーです。

写真　ハリコフ・クリニック・スクールの盲ろう児たち

1　アントン・ナサチョーフ、およそ生後一年ごろ聴覚と視覚を失う、家で養育されるが、長い間、一人で置かれていた。六歳の時不注意なマッチの扱いから、あやうく火事になるところであった。そのため以後、熱いものすべてには極度に慎重になった。この男児はかなり早くから歩行し始め、身辺自立の習熟の多くを獲得し、自分の家には上手に定位していた。家の中を一人でぶらつくのを好み、みなが寝つき自分を置き留めようとする者が誰もいなくなる夜半になると、いろいろな事物をいじって回った。昼間、一人にされるとしばしば全てを破壊し、家の中をめちゃくちゃにした。一四歳の時、盲学校に入ったが、その後、盲ろう児のためのクリニック・スクールへ入った。

2　オリガ・スコロホードワ、孤児となり、七歳の時、聴覚と視覚を失い、一〇歳から二年間、オデッサ市の盲学校で学んだ。というのは右耳に残存聴力があったためである。耳殻のそばで、大声で言えば聴こえたが、聴力は次第に低下した。クリニック・スクールに入学したのは一四歳の年齢であった。

3　アントン・メリニク、完全な孤児、二歳の時、発疹チフスに罹患後、聴覚と視覚を失う。近親者はみなそのために死亡。七歳から教育を始め（入学は一九二六年）、独歩し、ベッドで寝ることはできず、着させることも寝かせようとすることも周囲にさせなかった。

4　ヴァーリャ・シャムリ、一九二〇年生まれ、生後二年で髄膜炎に罹り、回復後三歳までに話し始める、残存聴力、視力があったが、後に失った。ほとんど生後すぐから祖母のもとで育ち暮らしていた。同年齢児たちから非常に孤立していた。六歳から教育を開始（一九二六年から）した。非常に落ち着かない子どもで、絶えず部屋を駆けまわり、叫び続け、自分に触れようとする者は誰でもかみつく。

5　ワシーリー・キーリー、健康に生まれ、生後一年で歩き始め、ことばも発していたが一歳半で病気になり、六か月間病床についていたが、聴覚、視覚、その後、ことばも失った。母の手一つで育てられたが、母は毎日仕事に出かけ、この子を木の箱に入れ、軟らかい素材のひもでゆわえつけて、箱の中には黒いパンか角砂糖を置いておいた。その箱の中には、塩の小箱と、乾パンを浸すための水が入ったカップがくくりつけられていた。日雇いの仕事から戻った母親は、この子を箱から取り出してベッドに置いた。このような生活の結果として、この子には自分の排泄物を食べるという習慣が形成された。一九二六年、七歳の時から教育が開始された。教育が始まるまで彼は歩くことも、自分一人で長い間、座っていることもできず、自分に触れようとする他人に激しく反応した。スプーンで食べることも、カップで飲むこともできなかった。黒パンだけは喜んで食べたが、他の食べ物は拒否した。水を嫌がり、着せられた新しい衣類をずたずたに引き裂いた。

サカリャンスキーは、このワシーリーを最も困難な盲ろう児だと言い、彼の「人間化」には一年以上要しました。

一九三四〜三五年にかけて、ここにさらに次の四名の盲ろう児が入学してきました。

6　マリヤ・ソーカル、生後一三か月まで正常に発達し、すでに十分よくことばを話していたが麻疹に罹った後、視覚、聴覚そしてことばを失った。家族全員、とりわけ兄の世話によって、この娘は日々の家庭生活に加わることができ、身辺自立の習熟を学ぶことができ、家での状況に良く定位することを学んだ。身内のことばによれば、この女の子は知っている小道にそって走り、川で水浴びをし、自分でベッドをつくり、片づけ、一人で食べ、テーブルを片づけた。この娘が好んだのは人形で遊ぶことであり、はさみを使って端切れを切り、人形用の服や自分用のものを縫うことができた。愛想がよく、聞き分けのよい娘で、激しい動作を見せなかった。何かの仕事から不意に彼女を脇に置くようなことがあれば、この娘は両手を振り回し、金切り声を発し、隅に隠れ、身を縮ませていた。その後、落ち着きを取り戻し、再び自分の仕事を始めるのだった。つまり何かをつくったり、手で他人のしていることを観察したりした。ハリコフの学校に連れてきたのは父であり、彼女が五歳の時であった。父親はこの娘と共に二日間学校に留まり、その後、帰っていったが、この娘はそのことに関して何ら不安を表すことはなかった。それは、新しい環境や美味しい食事、たくさんの印象が彼女の気をそらせたからである。マリヤは他児の間ですこぶる際だっており、この娘の教育は速やかに進んだ。

7　ピョートル・ヴラソフ、一九三〇年生まれ（二歳半の時、盲ろうとなり、脊髄結核の後遺症で腰かけることも歩くこともできなかった）。家で養育され、一家は同じ狭い一部屋に暮らし（九平方メートル）、そこには二つのベッド、両親用と息子用のものが置かれていた。この子はいつも母親の腕に抱かれているか、あるいは自分の弟と一緒にベッドにいるか、だった。この弟は兄の要求すべてを察することを学び、ことごとく兄の世話をした。ペーチャ（ピョートルの愛称＝訳者）はいつも自分のそばに誰か身内の者がいることを要求し、彼を静かにさせたり、彼からしばらく離れたりしなければならない時、この弟はひもを利用し、それで自分の手と兄の手を結びつけておいた。こうして弟はこの障害のある兄から少し離れて自分自身のことをすることができたし、盲ろうの兄の方はこのひものおかげで部屋の中で自分の行動を十分大人しいものにしていることができた。ペーチャは自分一人では何もすることができなかった。四歳の時から教育が始められた。

8　アグラム・タティーエフスキー、一九二七年生まれ、（失明・失聴の時期については情報がなく、著しい知的遅滞があった）。九歳から教育が始められた。

9　マラート。この子どもの姓は文書として記録されていないが、一二、一三歳で精神病クリニックから本校に入学したことが知られ、盲ろうで、ことばの障害があり、頻繁に興奮発作を起こした。

教育を開始した時期の、これらの子どもたちの実態は、サカリャンスキーの死後一九六二年になってようやく刊行された『クリニック・スクール入学前の盲ろうあ児の若干の特徴』という論文の中で引用されているものです。たとえ仮に、盲ろうあ児の特徴とは特別な教育的介入がなかったならば彼らは発達しないことになる、という確信があってこの教育活動が始められたものであったにせよ、その内実すべては次のことを示しています。すなわち、特別な教育の開始以前にも、このような子どもたちの発達は進行するが、しかしそれは非常に独特で、限定的なもの、であると。この著作は、特別な教育機関の教育の初期段階でこれらの情報を用いる上で、在宅期間に形成された育児の特徴を検討する見事な指針なのです(284)。

サカリャンスキーとその共同研究者らは在宅中の子どもの行動について情報をとても綿密に集め、振る舞い、コミュニケーション、形成された「奇妙」な習慣の特徴を分析しました。たとえば、ある盲ろうあの男児が夜毎にいつまでも「理由のない」笑いを続けることを非常に合理的に説明しました。つまり、長いこと、この子が他の家族よりも早く寝て早く目覚めてしまわないようにするため、兄が夕方になるとこの子をくすぐって自分の意志ではない笑いを生じさせ、その結果、それがこの盲ろう児の眠る前の習慣的な笑いに変化したのです。

家庭における盲ろう児の養育条件に関わる情報や観察を詳しく分析することは、この子どもの将来の教師に、ありきたりの診断的検査では評価することが非常に難しい潜在的な可能性についての理解を提供したのです。診断的な視点から、サカリャンスキーは考えました。子どもに残存している視覚や聴覚の心的体験のレベルがどれだけあるかに関心を持つのではなく、盲ろうに至らせた病気になる前、その子の技能や習熟はどのようであったか、また、その技能や習熟が検査当時にはどのようになっていたか、に関心を持たなければならない、と考えたのです。

彼は、教育的に放置されていた盲ろう児たちの全般的な特徴づけを行ない、この子たちの心理学的な発達の潜在的な可能性を考えるのに役立てました。それは次のようなものです。

・尋常でない繊細さ。これは最少の振動や空気のほとんどわからないくらいの動きを感知し、かろうじてわかるくらいの匂いで部屋に生じた変化を知り、自分のものと他人のものを区別する可能性である。

・時間に無関係な昼夜の逆転と、ずっと目覚めている状態。盲ろう児は自分の周囲に誰も来なくなった時に眠り、自分で動きを起こす時や他人の動きの後追いをしようとする時に一晩中眠らずにいる。

・一定の事物にこだわり続けるのは、それに強い情緒的な心的体験が結びついているからである。

このような時、サカリャンスキーは、その盲ろう児の「おおよそ」の状態を想像してしまう危険性を避けようとしていました。つまり、

「盲ろう児たちの個別的な差異は非常に大きく、それぞれ別個であるので、その子について多少とも正確な様子をつかむには腰を据えて直に盲ろう児と知り合うことが必要である。たとえわずかな接触であったとしても、ましてやこの子たちとコミュニケーションをとる可能性の段階は、その子の知的発達の段階に依存しているのであるのだから、長期間、何か月かではなく、何年かかけて盲ろうあ児と直接コミュニケーションをとれるようにならなければならない。それぞれの子どもの個別的な特徴を最も厳密に考慮することしか、良い成果をもたらす指導は保障されない」(287)(288)

サカリャンスキーは、盲ろう児の親たちが学校でしばらくは一緒に留まっていてくれるように求めましたが、それは子どもにとって新しい条件に適応しやすくするためでした。でも、それがかなわなかったならば、ずっと子どものそばに、昼夜、指導員か保母がいるようにしたのです。サカリャンスキーは、特別学校に入学したばかりの盲ろう児と教師との最初のふれあいに大きな意義を与えていました。寄宿制学校という全く新しい存在条件下で、今まで家で形成され、習慣化された事物、世界や人間世界との接触が変更をよぎなくされる時、その子どもにどれほど大きな困難さが生じるか、サカリャンスキーにはよく想像できたのです。

新しい条件に対する盲ろう児の、起こりうる強烈な感情を取り払うために、サカリャンスキーは「嗅覚的脱方向感覚法」を用いました。つまり強い香水のつけられた服を着せるのです。新しく、強い、よい香りはまるで盲ろうあ児をすっぽり包んでしまうかのようで、不安や不満からそらせるのです。子どもは「うろたえ」、そして自分の周囲で進行していることに「耳を澄まそうとした」のです。

匂いの他、この子どもたちのために動きも利用しました。サカリャンスキーは新しい盲ろうあ児を担当した教師に次のようなことを求めました。

・非常にエネルギッシュな、自信あり気な動作、これは子ども自身の運動的能動性よりも勝るもので、子どもの能動性を後に回させるためにする。

・子どもにとって、まったく新しい、慣れていない動作を持ち込む、これは「まったく新しい動作によってその子どもをびっくりさせ、習慣となってしまっているステロタイプをこわす」ためである。たとえば教師は不意に子どもを腹ばいにさせ、その子の膝を曲げ、それから立ち上がらせ、ぐるぐる回すか、揺する。これらもまた、家で習慣化されたステロタイプをこわし、子どもの関心をひくことができる。

・盲ろうあ児の運動的な緊張を取り除くために、ぬるま湯浴がよく用いられる。

これらの、子どもとの最初の接触の調整がなされた後、徐々に、ゆっくりと日課や身辺自立の習熟に慣れることが始められるのです。盲ろう児の初期教育の本質は、物理的環境に対する関係や、その世界を把握すること、この世界を直に獲得すること、そして空間に勝利するための（自身で移動できること、そして時間に定位できることに向けた、直接的で最大限正確な）関係を形成することにあるとサカリャンスキーは見ました。盲ろう児教育の第一の重要な目的は、日常生活習慣の形成と十分な自動化です。「人間存在の生活が始まる拠りどころとなる初歩的技能の習熟の形成は、最も困難で、最も複雑で、最も骨の折れる、そして良い結果を保障してくれる最も気高い仕事である」。

事物を扱う最も簡単な行為を子どもに教えることは、非常に重要で複雑な課題である、とサカリャンスキーは考えました。『物をつかむこと』は、非常に複雑な活動です。それは単に事物に向けた動作だけではなく、事物の形態に合わせて動作を行なうことなのである。同じことは『腰かける』『立つ』などについても言える。動作（活動）のそれぞれの操作（要素）は、他の操作と結びついており、チェーンとなっている。このチェーンは方向を持った行動である」。

常に大人と一緒にいたがる要求は、その子の障害によって示されるものですが、サカリャンスキーはその要求を、教育のための必要な刺激を与えるその子の強みに変えました。大人のそばにいたがる子どもの志向を教師が利用することを通して「障害を長所に変える」こと、たとえば大人の後をついて歩きたい、大人のする行為を後追いしたい、という志向は、彼らにとって必要な生活状況を目的的に教えることを可能にするのです。

子どもが一定の事物に執着すること、そして、暇な時にそれらの事物と関わっていたいという欲求は、強みに変えられました。盲ろうあ児のこれらの志向と、他の子どもたちから自分のこだわりのある事物を守ることができにくいことを考えて、サカリャンスキーはそれぞれの盲ろう児の遊び用に特別なブースを案出しました。そのようなブースとは、あまり高くはない（でも子どもの背よりは高い）四つの面で囲まれたボックスで、プレイルームに作られたものでした。子どもはそこまで行って、自分で中に入り、扉を閉め、掛け金をかけることができるようにし、そして、予め自分が持ち込んでおいた事物で遊ぶことができるようにしたのです。遊び終えると、その子は出てきますが、教師は上から下に手を入れて扉の掛け金を中から掛けておきます。

学校の日課に次第に慣れていくことによって、子どもの正しい時間的表象が形成されました。教育は子どもに日々の生活が営まれていく建物を知らせること、そして身辺自立の基本的な習熟を行なう行為を知らせることから始められました。最初に習得する部屋とは、寝室、食堂、トイレです。子どもたちをそれらの場所

写真　盲ろう児と勉強するための実験室。左には石こうのマスクがあり、その後方には盲ろう児の自律的学習や遊びのためのブースが見える。

に連れていくのは、いつも正確に一定の時刻にします。寝室に行くのは、横になって眠るためだけ、食堂に行くのは、食事をとるためにだけ、というようにして場所を教えるのです。

（1）方向定位の教育・サカリャンスキーの直接セッティング法

教育の初期段階における子どもの指導方法をサカリャンスキーは「直接的セッティング」と呼びました。盲ろうあ児の自律的行為へのレディネスに応じて子どもと大人との相互行為と相互位置が構築されました。

教師は子どもの後ろに立ち、大人の手の甲に子どもたちの両手を置かせました。大人は事物を扱う状態で、子どもは自分の手で大人のしている行為を受動的に伴わせるようにしました。

はじめ子どもは受身でしかありません。しかし、新しいこと、今何をしようとしているのかとい

写真　粘土の授業をしている盲ろう児

う「非日常」への子どもの反応は、まだ大人の手の甲を感じることしかできないにもかかわらず、一定の緊張感をもたらしました。このようにして盲ろう児の定位の初期段階がつくられ、教師たちはサカリャンスキーのしつこい求めに従って、この時期を格別綿密に行なわなければならなかったのです。子どもの手が大人の手から、ずり落ちてしまわないように、よい位置になるようにし、大人の動きを常に感じ取れるようにしなければなりませんでした。この段階で子どもは事物に対して受身であるわけですが、しかし大人の手の動きに関しては能動性を発揮しているはずです。

次の段階では、子どもの能動性は、まさに大人がしていることに向けられました。子どもは大人の手を触り、そして大人の手が働きかけている事物にも触れ始めます。こうして、この事物は大人と子どもとが同時に、あるいは現在私たちが言うように「共同して触察する」ようになりました。

第三段階、手の位置が入れ替わります。つまり、大人の手と子どもの手が入れ替わるのです。最初、大人の手は子どもの手を支え続けるようにします。でも次第に大人の手はまるで「弱くなる」かのように、前より受動的になりますが、子どもの手はだんだん能動的になりました。

そしてついに、大人の指は「子どもの手から這い出して行き」ますが、大人は隣に立ち子どもを助け、支え、子どもの行為を方向づけるように動きました。

基本的な習熟を習得するための通常の行為は次のように見えました。教師は盲ろうあ児の後に立ち（子どもの右肩のやや斜め後ろ）、子どもの右手を自分の左手のひじで支え、そして子どもの右手を自分の右手首のやや上で支えます。行為の手順は次のようです。教師は子どもと一緒に寝室に行き、敷居の所で立ちどまり、開いたドアの幅に教師は子どもの両手を開き、ドアの枠に触らせます。それから常に壁を触りながら一緒に寝室中を歩きまわります。もし家具などの事物にぶつかったら、それらの壁からの位置やそれらの形状を触察します。もしもその家具があまりに背の高いものだったら、椅子を用意します。最初は教師がよじ登り、それから子どもと一緒に並んで立ちます。そして一緒にその家具の上部の触察を続けます。このようにして厳密な順序で部屋中を調べます。その後、ベッドに近づいてそれを整え、着替え、子どもを横にして眠らせるようにします。このように部屋の触察は、その子どもが部屋にあるすべての物の位置を覚えるまで必ず続けられました。この後、触察することは中止され、ベッドでの動作に移るのです。

（2）日常生活習慣熟の形成

生物的な欲求（食事、睡眠、体温維持、移動）を満足することと結びついた盲ろうあ児のあらゆる日常の行動は、互いに結びついた「目的的な鎖」から成るシステムとして形成され、その鎖は日課としての基本的な要素を内包しています。最後の鎖の要素は、新しい行為の鎖の一番初めを準備することを目的としています。たとえば、朝食に行くためには、あらゆる洗面の行為《アクト》をしなければなりません（起床、着替え、くつを履く、洗顔、ベッドの片づけ）。毎朝の洗面所での基本的な習熟を成している鎖の最後は、次の、食事を取ることの準備となっています。また、食堂で食事をすることに関連している習熟の鎖は、外での散歩や体を動かす遊び等への準備として終わるのです。行動の基本的な習熟を学びながら、子どもは今自分がいる部屋を習得し、そこで必要な日用品の扱い方を学んでいるのです。

その後、一連の行動の鎖として組み立てられた、基本的な習熟を形成した既知の部屋の中で、さらにいわゆる「特殊」習熟あるいは「労働」習熟がつけ加えられます。サカリャンスキーは、基本的習熟との違いを、子どもの生物的な欲求とあまり関係がないことに見ていました。このような習熟の一群は、子どもたちが生活している各部屋の使い方や毎日子どもたちが触れる事物の扱い方と結びついているものでした。子どもの日々の生活として含められる第一の特殊習熟は、部屋の清掃という家事仕事であると、サカリャンスキーは考えていました。

「特殊習熟」を形成する際の行為の手順もまた厳密に定められていて、予め明文化され、次にあげるような規則を考慮して行為の鎖に結合されるのでした。

・すべての事物は定位置にあること。
・清掃のプロセス（湿らせた雑巾でほこりをぬぐう仕事）は、いつも同じ手順で進めること。
・行為の性質は厳密に定められていて、いつも一定の時間に行なわれること（朝のお茶の直後に）。

この時、部屋の清掃に関する行為の開始と終了について、とくに二つの要点がありました。

・行為の開始は、作業着を身につけることと雑巾を持つことに結びついていること。
・行為の終了は、作業着を脱ぐことと手を洗うことに結びついていること。

「盲ろう児の家」で、このような特殊習熟の教育に着手したのは一九二六年のことでした。この時までに、すでに子どもたちには、食堂で食事をすることや、寝室で眠る準備をすること、毎朝毎晩の洗面所での衛生習慣に関わる行為の鎖は形成されていました。そこでサカリャンスキーは、盲ろう児たちの日々の生活の中に労働の習熟を含め、すでに習慣化された日々の日課の要素間に子どもたちの生活をつくろうとしました。朝のお茶の後、テーブルから立ち上がるとすぐに、教師が近寄り、肩に軽く触れながら、一緒に子ども用の作業着が掛けてある部屋まで歩いていきます。子どもは自分で作業着を取り、それを身につけます。別の小部屋からは、ほこりを拭いとるための雑巾を用意します。その後で食堂に行きます。子どもをソファーに導きながら、その子どもの右手に雑巾を持たせ、それをほこりっぽい面に軽く圧しつけ、子どもと一緒に椅子の座面を拭き始めます。このようにして一脚一脚、順にきれいにします。食堂のすべての物がきれいになってから、服のほこりを払い、雑巾を洗い、作業着を脱いで、元の場所に吊るし、洗面所で手を洗います。だいたい四～五日すると子どもはこのような教師との共同活動、つまり一定の部屋の清掃に関する行為を独力で行なうようになり始めます。二週間経つと、これらの行為は自動化されます。一か月すると、一つの部屋での自主的な仕事が他の部屋にも移行しますので、そこを掃除することを教える、というようにしていきます。それぞれの盲ろう児が一人一人で、このクリニックの各部屋の掃除を習得します。ここまで来るには約一年間の教師の指導が必要です。サカリャンスキーが考えるところによれば、清掃のしごとの習熟をこうして教えることにより、学校の部屋を掃除する日々の仕事に慣れさせるだけではなく、すでに慣れている日常の仕事の習熟りと新しい仕事の習熟を結びつけて、学校で子どもの行動全体が十分組織だったものにするばかりか、それらの仕事をしながら学校のいろいろな部屋をそこでするべき活動と関係づけるのです。

このように厳密につくられ順序立てられた盲ろうあ児の指導への過程では、子どもの側からの拒否や抵抗に出会うことはありません。例外があるとすれば、それは教師自身が、よく考えずに子どもが慣れている状況を変えてしまうとか、あるいは学校の建物の中での状況全体を変えてしまう何らかのことが、子どもたちとまったく無関係に行なわれてしまったような場合です（暖房や水道等の故障、等です）。例えば、ある盲ろうの男子は、自分が部屋を掃除する前にいつも着ている作業着の代わりに、新しいものを着なければならなかった時がありました。それは、不慣れな匂いに対する激しい反応を呼び起こしましたし、その盲ろう児は新しい作業着を拒否し、自分の着慣れた作業着を捜すべく、並んで掛けられている他児の作業着を次々に調べ始めたのです。また、習慣となっていた部屋の掃除の行為をなぜ休日にすることになったのかを、子どもに説明することも困難だったりしました。また、子どもたちが暮らしていて、いつも掃除をしている部屋では、いろいろな事物をいつも決まった位置に置こうとする行動が、ひどい混乱を招くことにもなりました。慣れた場所で何らかの異変を察知すると（ベッドに枕が置いてなかったり、マットが敷かれていなかったりしたならば）、子どもは自分のしていた行為を中断し、落ち着きをなくすのでした。専ら教師は、部屋の掃除を続けさせるために、その異変について説明するしかありませんでした。このようなことのすべては、時間と子どもの空間で起こる変化の原因について、盲ろう児の理解をさらに柔軟に広げていくよう周囲の大人に求めたのです。

（3）時間定位の教育

およそ一年後、すべての部屋の掃除の過程が各々の盲ろうあ児に形成された時、教師たちは、部屋の掃除の時間割の作成に移りました。掃除の輪番制を理解させることによってサカリャンスキーは盲ろうあ児に時間表象を形成し、カレンダーの学習と習得に移りました。

この目的で彼によって特別な補助教材がつくられました（それは「輪番予定表」ですが、それは一三個の箱になって、上方に傾斜した板がついている棚のようになっていました）。一二の箱には点字で一二の月の名称が書かれた板が入っていて、一三番目の箱には曜日と仕事の種類の名称を示すプレートが置いてあります。棚の上の斜めになった板には、組み合わせ用の、布カードに単語と枠が固定されたものが置かれていて、それぞれの箱から板を取り出し、表ができるようになっています。それは、だいたい次のようになっています（取り分けられた単語はずっとその場所のままで、子どもがそれを取り換えます）。

きょう
12月1日
土曜日
ヴァシーリ　K.　　寝室を掃除
アントン　M.　　食堂を掃除
ヴァルヴァラ　Sh.　　プレイルームを掃除
オリガ　S.　　食器室を掃除
アントン　H.　　朝食を準備

活動を交替していくことによって、曜日が替わるということを、つまりカレンダーに従って仕事が始まるということを理解するようになります。

これ以外にも、日々の生活の中で子どもたちには、もう一つの同じような補助教材によってさらに仕事が定着していきます。おそらく、それは中心軸を回転している平行六面体のようなものでした。それぞれの面の上方には、季節名と次の三つの単語すなわち、きのう・きょう・あした、が点字で貼られています。下方には一週間の曜日そして日付を示した、はめ込み式の表用に列になっている段がありました。大体、こんな感じです。

毎朝、子どもたちは、このカレンダーの所に連れて来られます。まず真ん中の欄の「きょう」に触り、曜日と日付を確かめます。そして「あした」はどうか、さらに戻って、「きのう」はどうだったか調べるのです。毎日、これらのボードを読み、正しく次に移り、そして再び完全に読解します。それから子どもはお掃除カレンダーのある棚の所に行き、それを読んで知るのです。

サカリャンスキーのクリニック・スクールでは、これらの二つのカレンダーの他、もう一つ、三番目の、一般的な「万年カレンダー」もありました。それは三段式の組み合わせ式のもの（モンテッソーリのカレンダー）でした。

冬		
きのう	きょう	あした
11月30日	12月1日	12月2日
金	土	日

上の方には月の名前、その下には曜日、三段目には日付、になっているものです。下の二段は毎日、入れ替えられ、一番上のものは月替わりです。

以上のようにして、ハリコフにあったサカリャンスキーのクリニック・スクールでは盲ろう児の初期教育の主要な課題が実践化されていたのです。つまり、その課題とは、身辺自立に関する行為の習得、それに子どもたちの、空間定位と時間定位です。

（4）行動の受動性とステロタイプの克服・卓上ゲーム

だが、盲ろうあ児の自主的で、目的志向的で、自覚的な生活行動を達成しようと目指していたものの、何人かの子どもにおいて、形式化された行動の鎖の中でサカリャンスキーは甚大な停滞に直面しました。

たとえば一連の授業を完了して子どもたちは、ひとりで入浴する技能を習得します。子どもたちは自分でそこに行き、洗面口まで近づき、カランを開け、両手を洗い、自分で手を洗います。でもある時、故障で断水となり、カランから水が出なくなったことがありました。その盲ろうあ児は学校の洗面室で何度も何度もカランをあけようと試みましたが、どうにもなりませんでした。その子は近くの大人を捜しましたが誰もいませんでした。この探索は一時間半以上もずっと続きました。その子どもは途方に暮れながらカランを開けようとし、また自分の隣に大人を捜し求め続けていたのでした。

このことすべては、必ずしもどの習熟も理想的なものにつくられるわけではない、という考えにたどり着かせました。目的達成のために「妨害」を特別に設定し、子どもが独力で出口を見出すことができるように教えることが必要なのです（この例ですと、洗面室から出て、援助を頼むために大人を見つけるとか、手洗いのための水源、たとえば予め用意してある水の入ったバケツを別の所に見つけ、水を容器で汲み取り、それで手や顔を洗う、というように）。このような習熟はどれも十分な時間をかけて形成され、習慣化されている一つ一つの新たな変更点は、大人との共同によって新たに探求し、解決していくことが求められるのです。

例をあげましょう。カランから水が出なかった時、盲ろうの女の子ヴァーリャは、どうしてよいかわからず茫然と立ち尽くしていました。そこに大人が近づき、この娘の肩に触れました。ヴァーリャはその人の手を取ってカランに持っていきました。大人はジェスチャーで、水は出ないことを説明しました。指文字で、カランが故障し、水は出ない、水はバケツにある、と伝えました。バケツの所に連れていき、それを示しました。その女の子と一緒に容器でバケツからその水で手や顔を洗うことを教えました。

一週間後、故障していたカランは元通りになりました。でもこの娘は前の場所に水の入ったバケツがあると思い、捜し始めました。でも、そこにバケツはありませんでした。この娘に保母が近づき、水がある新しい場所を示しました。ヴァーリャはひとりで容器を使い水を汲み、手や顔を洗いました。しばらくすると水は再び止まりました。この娘は、カランが開かないのを発見し、ある場所で、そして別の場所で、バケツを捜し始めましたが、そこにはなく、バケツのある所を見つけそこで水を捜し続けるのでした。この彼女の試みは、ヴァーリャがまったく自分一人で浴室にバケツがあることを発見して終わったのです。でも、もしバケツが見つからなかったならば、ヴァーリャは、保母に助けを求め、保母はこの娘に、バケツのある所、つまり食器室の飲料水用のタンクを教えたでしょう。このようにして、空間・時間が協応する事態を習得した後、盲ろう児教育の次の段階に達するのです。習慣となっている状況に不都合が起きるというありのままの事態を利用し、また時にあえてそれを作り出し、出口を見つけ、目的を達成することを子どもに教えていかなければならないのです。

これらの課題を解決しながら、クリニックの教師たちは、何人かの盲ろうあ児の受動性を克服する上で大きな困難にぶつかりました。いろいろな行為において、ほんのちょっとした最小限の能動性でさえも拒否している子どもや、大人の側からのきっかけや刺激をいつまでも待っているといった困難さです。

このような受動性を克服するために、卓上競技ゲームを用いてみました。そのために、二人の目の見えない子ども用に改良されたとても簡単なゲームのバリエーションが特別につくられました（クロケット、ボウリング、ドミノ、ビリヤード、ボールゲーム、隠しゲームなどです）。このような遊びに興味をひきつけるため、サカリャンスキーは初め、賞品として直接的な品物を用いました。勝った者に、梨やりんごを与えたのです。しかし、そのうちにこのような、ごほうびをまったくしなくなりました。なぜなら、早くゲームを終わらせたいという欲求が何よりも勝ってしまい、盲ろう児には異様な動機づけになってしまったからです。これらの遊びは、子どもたちの自主的な能動性を高め、相手の動きを注意深く察知し、ゲームのルールを守る上で役立ちました。

（5）読み・書きの準備教育と観察技能の教育

しかし日常生活行為の自主的な習熟を形成する果てしない努力を、すべての生徒たちに求めたわけではありません。つまり、このような困難さは、専ら教育学的に放置された盲ろう児に関わることなのです。

子どもたちの中には、すでに身辺自立の十分な準備と、活発な探索行動と、周囲で起きていることに大きな関心をもち、調べたいという志向をもって入学してくる者もいました。このような盲ろうの子どもたちについては別の教育課題が設定されました。

たとえば、マルーシャ・ソーカルは家庭で活発で自律的な生活行動を学んでいました。そのようなわけで、この娘は授業に対する関心を持ちあわせていました。つまり、自分の足が机に向かって腰かけ、何の勉強を、どんな風にしているかをかなり長い間、手で後追いすることができていました。マルーシャ・ソーカルについて、サカリャンスキーは優先的に、別の新しい課題をつくりました。「盲ろう児はできる限り頻繁にありとあらゆる場面を生かして、読んだり書いたりしている人を『見』なければならない」という課題です。子どもが自由にしていてよいプレイルームでも、そして勉強のために特別に行くことが始まった教育実験室においても、この課題は実行されました。盲ろう児は、他の子どもたちや大人たちが授業をしていることをひとりで観察することに慣れてきました。はじめ、この新入生には、他の子どもが勉強している時間だけを「示し」ました。全員が何かしていました。つまり、教育実験棟では、本を読んだり、字を書くか、粘土で何かをつくったりしていました。

その後で、子どもたちがそれぞれの部屋で何をしているのか示しました。最初に幼い盲ろう児を年長者がいる所に連れていき、彼らのしていることを観察させました。

教育のはじまりにおいては盲ろう児を、その子の身近な周囲にいる人の所に連れていくよう極めて慎重に配慮するようにサカリャンスキーは要求しました。この目的のために、盲ろう児は、かなり長い時間、関係のない職員や年長児から離れているようにしなければなりませんでした。そうは言ってもどうしても接触しなくてはならない時、事務的な関わりだけになるようにしました。自分の周囲の世界を習得する最初の時期に、盲ろう児が他の人々から孤立すればするほど、後にその子は、より社交的になる、とサカリャンスキーは主張しました。

サカリャンスキーは書いています。「盲ろう児が他人を観察する時は大いに慎重に進めなければならない。なぜなら、どの盲ろう児も突然の接触に対しては非常にネガティブに反応をすることを考えなければならないからである。この子どもたちには、『用があるから近づいて話しかけたいのだが』ということを意味する条件的な合図を前もってつくっておく必要がある（サカリャンスキーは、このために、授業を始める時自分に強めの香りがするオーデコロンをふりかけていた。編集者注）。肩や手の一定の部位に軽く触れるようにして、本人に用事があることを他の子どもたちに妨害とならないように知らせる技能が必要なのである。盲ろう児による『観察』を確立していく際、その子がこれまでしたことがないのはどんなことか、非常に慎重に注意深く接し、この授業への関心が途切れないよう、もし興奮しても慌てないようにしなければならない」。

この時すべての教師たちの注意は、その子が他人のしている行為に関心を持つように向けられなければなりません。そのような関心が現れたということは、盲ろう児の自主的な観察力が今に見られる証拠でありうるからです。

他の子どもたちがしていることすべてに対する盲ろう児の構えを確立する次の仕事は、読むことの構えを形成することである、とサカリャンスキーは書いています。彼はこのことの中に、本を読むことへの要求が発生する始まりを見、本こそ「重度の遅滞」から盲ろう児を救う唯一のものであると考えました。「盲ろう児にとって、その『人間化』の教育期にあって、本こそ知識の源泉である。その後、本はそれに続く先々の知的成長の源泉になりうるだろう」。

サカリャンスキーは、盲ろうの娘マルーシャ・ソーカルが他人を観察するようになるまでの具体的な状況を記していますが、それは大体次のようです。

彼女には、年長者を観察できるようにする必要があったが、プレイルームではすることがいっぱいあった。つまり、カーペットに座り込んで玩具を並べていたのだ。イワン・アファナーシエヴィチ先生は、どんな場合であってもこの娘の手をつかんで、自分の方に引っ張ってはならない、ということを理解していました。そうするかわりに、彼はまた自分にオーデコロンをふりかけました（サカリャンスキーが使っていたオーデコロンは一種だけでした）。それは離れた所からでもこの香りの助けによって自分に気付いてもらうためでした。大抵、この娘はこの香りを感じると先生が来たことに、いつも同じ様に反応しました（すぐに先生のところに会いに行き、先生の動作を待っているか、あるいは、今とても忙しいのだけれど自分のしていることに大人が参加しても大丈夫だよ、という意味を伝えようとしました。そして先生の手を取って、自分の玩具の所に引っ張っていくか、あるいは、わざと反応しないでいました）。するとイワン・アファナーシエヴィチ先生は、この娘が反応しないことを見、今自分のしていることを続けたいのだと理解し、近づいて彼女の隣の床に座り、遊びに加わり、彼女のしていることを理解しようとしました。そうしてこの子の遊びが終わるのを早めたのです。二人で遊びを終わらせ、玩具を全部、元に戻しました。それから二人は、先生が考えていることを実行しにいくのでした。

マルーシャを、本を読んでいる（指先で点字をたどっている）ある子どものところに近づけ、それからまた別の、やはり本を読んでいる子どもの所に連れていきます。こうした後でプレイルームに戻ると、マルーシャは長いこと座ったまま動きませんでした。教育実験棟での授業を終えて、そこに年長の子どもたちがやってくると、マルーシャは一人一人に近づいて、注意深く彼らの手を調べました。つまり彼らの行為を観察し始めたのです。それから点字の本をとり、それを手で調べ、開いたり閉じたり、点々の上に指を這わせました。

この子どもに関してサカリャンスキーが立てた今後の教育プランは次のようなものでした。

Ⅰ　読むこと

1　他人を観察することによって、本を読んでいるところを知覚する。

2　製本された書物を触察する。

3　読書の模倣（子どもが、本を読んでいる人の隣に腰かけて、指で行を追うような状況を多く取り入れていく）。

4　子どもが本を手にとって、それを見たり、頁をめくったりする機会を増やしていく。

5　個々の凸点を触る。
6　いろいろな配置の凸点の組み合わせを触る。
7　ボール紙の表に接着された点字の分類（格子のスペースに分配する）。
8　見本に従って文字を並べて単語をつくる（見本と同じ単語の選択、個々の表からの選択、製本された本から選択）。
9　点字アルファベットの学習、つまりそれぞれの指文字を点字に結びつける。
10　文字一字一字の（指文字での）「声出し」読み。単語は点字なしで与えられる。
11　単語の「黙」読（指文字は無しで、指で行ごとになぞる）。
12　セットの布テープ上に、簡単な単語（ノース〔鼻〕、ロート〔口《くち》〕、ロープ〔額《ひたい》〕、ウーハ〔耳〕、ズープ〔歯〕など）を作成する。
13　意義がわかっている短い単語を読む練習。
14　知っている単語の末尾に点を打つこと。ここまで読んだことを示す点。
15　接続詞「と」で結ばれた二つの単語の読み（額と口、ナイフとフォーク、耳と鼻）。

Ⅱ　書くこと

単語を用いる場合には、それらの単語が示している事物について表象があることを予め確かめておくことが必要である。

1　字を書くことについて表象を形成する。
2　学習する場所について知らせること。
3　字を書くための点字器具について知らせること（自分の前に正しく点字器を固定する技能、そしてそれを開け閉めできる技能）。
4　紙をセットする技能。
5　点筆、点筆について知らせる。点筆を握る技能。
6　板上で点字を打つために手を置く。
7　定規に慣れる。方向を知る（左から右へ）。
8　紙面への突き刺し（自由に。厳密な一定の手順で）。
9　「α」の印（読む学習も同時に）。
10　読みの学習の際用いたすべての教材を書く。

⑹　内観の学習とオリガ・スコロホードワの日記

クリニック・スクールの女子生徒、オリガ・スコロホードワに対してサカリャンスキーは、次のような新しい課題を設定しました。たとえ非常に簡単なものであったとしても、できる限り早く、彼女の内観の成果を得ようというものでした。教師たちはこの娘がまだ書字の技能を習得し終えるのを待たず、ましてメモを取る方法を獲得することを待たず、彼女が書きことばを習得し始めたばかりのころからすでに、この娘の内観の成果を得ようとする試みに取り掛かりました。

「彼女が書字の技術や、メモを取る方法を習得するのを待たず、彼女がようやく書く技術を獲得したころからもうすでに、私共は内観の成果を得ようと試み始めていた。それは私たちにとっても、またオリガにとっても簡単ではなかった。何度も何度も彼女が書いたある同一の事実に立ち戻ることが必要だった。事実内容は保ちながらも、彼女の独自の編集を修正していくことである。私共はある一つのこと、すなわち、完全に独力でそれができるようになることを、目指していた」（276、一一ページ）。

毎日の生活の中でこの娘に生じたすべてのことは彼女によって一日一日と日記メモとして書き留められました。観察する力と書き留める力は、併行して発達していきました。オリガ・スコロホードワの言語を発達させるためのこのような指導は、彼女がハリコフのクリニック・スクールに在学中、絶えず続けられたが、それは以前に書かれた日記メモに常に立ち返ること、そしてそれを編集することから成り立っていました。サカリャンスキーとその共同所員たちは何度も彼女のメモに書かれている同じ事実に立ち戻らなければなりませんでしたし、事実内容は保存しつつも自分自身の力で編集をしなおさせなければなりませんでした。オリガには他人から見た観察の事実は何一つ話してはいませんし、また彼女の観察を強いるような課題は何一つ与えませんでした。自分の観察を彼女は完全に独力で行ないましたし、ちゃんと書かれたものとして教師に見せました。それもただ知らせるためだけであり、事実自体が正しいかどうか修正してもらうためでも、書き方がよいかどうかを見てもらうためにではありませんでした(276)。

(7) 偽装化法《デマスケーション》

幼い時期の盲児と盲ろう児の表情《ミミカ》は、通常の子どもの表情とさほど違っていません。しかし年齢が高くなるのにつれて、盲児の表情は「こわばり」、「缶詰化」される、とサカリャンスキーは書いています。盲児と盲ろう児の顔は動きをなくし、無表情になります。イワン・アファナーシエヴィチはすでに学生時代にこの問題に関心を持ち、その時に人間の表情豊かな顔つきの起源について考え、それが人間のコミュニケーションの発達によって獲得されていくということを理解しました。同じことが盲児の表情についても言えるのです。つまり他人の顔の表情に盲児の注意を向けた時、盲児の顔が「生き生きとする」かどうか、自分自身の表情を獲得するかどうか、にすべてがかかっているのです。

サカリャンスキーが考えるところ、盲ろう児の顔の表情が形成されるのは、純粋に教授学的な課題なのです。特別な方法論的手段によってサカリャンスキーは盲児の顔を「生き生きさせ」ようとし、その子の表情をその子の気持ちの状態にふさわしいものになるようにしました。そのために彼が用いた方法は偽装化（デマスキング）でした。この用語で呼んだのは、サカリャンスキーの友人で著名な解剖学者V・P・ヴォロビヨフで、偽装化のプロセスを、盲人にかぶせられてしまった無表情な表面を人間の顔に取り替えることを言ったのです。

学校では盲ろう児が大人の顔を、腹を立てている時の顔、笑っている時の顔、泣いている時の顔などを特別に観察するようにしました。実際の大人の顔を観察することの他、さまざまな情緒的状態を表しているギリシャの石膏像も用いられました。子どもたちにこれらの面を触察し、その顔の表情を模倣するように教えました。

サカリャンスキーは晩年、このことを次のように書いています。

「つまり、こういうことだ。盲児の顔の表情は一様にゼロなのだ。私はこのことをずっと考えていた。まだ『専門家』の卵になろうとしているころからすでに……。仮に盲児の顔がお面のようで、ほとんどデスマスクに近いとするならば、盲ろう児の面はもっと表情がない、つまりまったくデスマスクなのだ。

もちろん、実際はそうではない。顔を『生き生きさせる』のか、それとも盲になった時にできてしまったままにその子をしておくのかどうか、にすべてはかかっているのだ。別の言い方をすれば、こういうことだ。表情とは先天性なのか獲得性のものなのか、ということだ。通常の子どもたちにおいて『獲得性』であることは明らかである。で一方、盲児においてもある程度、その表情の豊かさは保たれている……。つまり、表情は『精神の鏡』なのである。すると、課題は純粋に教授学的な課題というわけだ。しなければならないのは方法論を作成することである。顔の表情の（生理学的な）分析のことを言っているのではない。この問題は複雑なのだ。次の点だけを指摘しておこう。教授学的な手段によって盲児の顔を『生き生きとさせる』ことができるし、私の友人であった故V・P・ヴォロビヨフが話したところによれば、その子を『偽装』

することと、つまり盲児にかぶせられたマスクを取り替えることができる……。そうなると、ヴォロビヨフによる顔の『偽装』は、かなり念入りにしなければならない仕事である。だが、高いレベルでやりがいのある仕事である。盲児の表情は著しい程度、生き生きしたものになる。何人かは、ほとんど見える人々、そのままの表情に変わる……」（サカリャンスキーからスカチェクにあてた手紙、一九五八年八月二〇日付）。

3　拘留、壊滅、出発

サカリャンスキーの研究活動の最も活発な時間は、一九三三年に彼が拘留されてしまう時まで続きました。ソビエト政権によるウクライナ知識的階級への迫害が始まり、サカリャンスキーはその攻撃にあったのでした。一九三三年一〇月の共産党中央委員会（ボリシェヴィキ）の決定「ウクライナの教育科学研究所及び全ウクライナ『マルクス主義教育学者』協会の活動に関して」により、彼の名前はナショナリズムの罪を疑われた人々の中に入れられたのです。

最初にソビエト政権によってサカリャンスキーが拘留されたのは、一九三三年一二月七日で、ウクライナの反革命団体に属していたという嫌疑をかけられてのことでした。ウクライナ国家保安委員会の古文書資料によれば、彼はウクライナ社会主義共和国国家政治保安部の審理三段委員会の決定によって、条件付きで三年間の自由剥奪及び監視付き自由に処せられた」とあります。

サカリャンスキーの拘留一か月後、教育科学研究所と児童共産党運動研究所の共同会議が開催され、そこでは新たに任命された研究所長I・ハイトが「教育学理論の前線におけるボルシェヴィキ党員としての掃除に向けて」と題する基調報告を行った。「ハリコフの学校」の個々の代表者（その中にはサカリャンスキーも含まれている）の発言の刊行や出版物に基づいて、この所長は、彼を教育課程の「戦闘的な生物主義化」であると見なした。この報告の中では一九一七年末に刊行されたウクライナの雑誌『自由ウクライナの学校』(6)のサカリャンスキーの次の論文が引用されています。

「学校の健全化はだんだん、いろいろな政治状況には左右されなくなっていく。まったく関係ないと言っているのではなく、政治的要因がだんだん学校に影響を与えなくなるという考えを主張しているのである。学校は政治と密接な関係にあるという考えは不健康であるのだ……。政治と学校は、不倶戴天《ふぐたいてん》の敵である」

このことをあげて報告者はサカリャンスキーを「我々の党の政治から、また新しい世代を教育する領域における指導的役割から排除した」(306、一七ページ)。

この時期、サカリャンスキーの身近なところにいた多くの人々も弾圧され、拘留されました。当時、命を失ったのは著名な作家M・フヴィリェーヴイ（一八九三―一九三三）で、公に批判をしたことが追及されました。拘留されたのはO・ヴィシニャや他の多くの若いウクライナの作家と詩人、演劇の活動家たちでした。お決まりの告発は「ブルジョワ・ナショナリズム」でした。

自分の判決が柔軟であったこと、早く自由になれたことを後にサカリャンスキー自身はV・P・プロトポポフとV・P・ヴォロビヨフ両教授のとりなしによるものであると説明しました。彼はこう書いています。「……私に『ハリネズミのもめごと』が起きた時、V・P・ヴォロビヨフだけが、しかるべき機関に私の援助をかけあってくれた。自分たちもそこへ、あの世へ連れていかれるかもしれないのに……」（サカリャンスキーの手紙一九五八年六月三〇日付）。多分、A・M・ゴーリキーの口頭による請願もこれを促したのでしょう。サカリャンスキーの盲ろうの教え子オリガ・スコロホードワもそして彼自身も一九三三年六月にはゴーリキーと文通を始めていたのです(108)(109)。

この年月、サカリャンスキーにとっては生きるのも仕事をするのも、とても困難な状況でした。最初の拘留と釈放の後、また党から除名された後、彼にはブルジョワ・ナショナリストとしての風評ができてしまいました。彼の身近なところにいた人々の多くは、彼の罪など信じてはいませんでしたが、それでも彼と公の場で話をすることを避けようとする者や、あいさつを交わすことをやめた者もいたのです。

ウクライナ実験医学研究所の共同研究者であることを続けながら、サカリャンスキーは盲人と盲ろう者のための読書器を制作する仕事をしました。それにはとても大きな困難をのりこえなければなりませんでした。つまり、これを製造するための組織づくり、多くの実験的試作、またこの研究を継続するために必要な専門家や社会からの承認というような困難さです。でも、それでもなお、彼は「盲者および盲ろう者が文章を読むための器械」の発明に対し、特許権証書を取得したのです。それは、一九三六年三月二六日付、第五一二七一号として発行されました。

一九三六年の、児童学をめぐる有名なごたごたの後、盲ろうあ児のための学校は、ウクライナ人民委員部の決定により閉鎖され、その決定に従い、盲ろう児たちは重度の知的障害のカテゴリーと同一視されました。クリニック学校の建物は没収され、盲ろうの子どもたちは障害者施設に移さなければなりませんでした。

一九三七年一〇月一二日、サカリャンスキーは、「反ソビエト民族主義テロリスト組織に所属していたという告発により」再び拘留され、一年半以上刑務所に入れられました。

オリガ・スコロホードワは、この時期までに中等学校のプログラムによる教育を終了し、高等教育機関（大学＝訳者）への入学準備をすすめていて、彼女は盲学校にいたままでした。三名の生徒たち（マルーシャ、ペーチャ、そしてマラタ）たちも、一九四〇年秋にはレニングラードの盲ろう児グループに移すことができました。しかし、内二人は一九四一年から四二年にかけてのレニングラード封鎖の際、亡くなりました。同様に戦争中、ウクライナをドイツ軍が占領した時、そこに残っていた盲ろう児たちはほとんどみな亡くなってしまいました。ハリコフ・クリニック・スクールの児童生徒のうち、生き延びたのは二人だけ、オリガ・スコロホードワとマリヤ・ソーカルだけでした。

一九三九年五月に刑務所から釈放された後、サカリャンスキーは専門家としての仕事にとりかかれませんでした。強度の神経性のショックのために彼は重病となり、約半年ほど病床にありました。

回復すると直ちに彼は出発し、離職についての文書も整えないまま、モスクワに駆けるようにして行きました。一九四〇年秋、彼は文書によって、盲学校長宛てと、ハリコフ国民教育課の盲ろう学校の視学官に宛てて「無許可ではなく、盲ろうあ児のための部局の閉鎖のため」ハリコフから退去することについて証明書を請求したのでした。このような文書が必要だったのは、モスクワにある特殊学校科学＝実験研究所の人事会計係にとって必要だったわけですが、彼はその研究所で働き始めていました。彼の研究在職期間の連続性を確かなものにしておくために。

【注】

（1）原注：ラゴフスキー、ニコライ・ミハイロヴィチ（一八六二―一九三三）、ろう教育家、教授、ろう教育の理論、歴史、方法に関する研究著者。

（2）原注：アントン・セミョーノヴィチ・マカレンコ（一八八八―一九三九）この国の著名な教育家・作家。

（3）原注：アレクセイ・ニコラエヴィチ・クルイロフ（一八六三―一九四五）著名な数学者で造船家、アカデミー会員。

（4）訳注：当時のキエフにあった国民教育大学の社会教育学科が医学＝教育科と呼ばれていた。この学科では、当時の概念で健康全般に制限や障害のある子どもたちのための研究＝実践センターである医学＝教育相談部の専門家を養成した。今日的に言えば相談センター、ステーション、で、子どもの総合的な診断と教育の具体的な場所や方向付けがなされた。そこでは医師と教師が共同して当時この仕事をしたが、有資格の専門家は、けっして多くはなく、あちこちの相談部をかけもちしていたと思われる。

（5）原注：ダヴィッド・ヴラジーミロヴィチ・フェリドベルク（一八七三―一九四二）著名な医師・欠陥学者、レニングラードの耳鼻＝音声学研究所所長。

（6）訳注：当時ロシア語で発行されていたウクライナの雑誌。

第三章

モスクワにおける盲ろう児教育

アレキサンドル・イワノヴィチ・メシチェリャーコフ
（1923－74、左上）
アメリカのパーキンス盲学校長ウォーターハウス（右）
オリガ・イワーノヴナ・スコロホードワ（左下）

1 モスクワ時代のサカリャンスキー

一九三九年、イワン・アファナーシエヴィチはモスクワに移り、ロシア共和国教育人民委員部の招きで、同年一二月から特殊学校科学＝実践研究所に、上級研究員兼、研究所附属ろうあ児学校の校長代理として仕事に就きました。ハリコフの盲ろう児クリニック学校の同僚であったL・I・ウラノーワに宛て、次のように書いています。

「私は朝七〜八時ごろ仕事に行く（もし寄宿舎で子どもの起床を確かめる時は、もっと早く）し、家には晩の七時に帰る。ここで作られていた条件に従えば、私はまるで一二時間労働というわけだ。つまりこうなっているんだ。学校には、新しい決まりによって八時間、それに指導法研究室に四時間さ……」（L・I・ウラノーワ(1)に宛てた手紙。日付なし、おそらく一九四一年二月）。

モスクワの研究所に保管されていた個人記録によれば、その時期以降、拘留や党からの除名についての言及は一つもなされていません。

サカリャンスキーの古い文書資料には、自分のごく親しい友人であったA・N・グラボロフ(2)に宛てた手紙とよく似た書き方のスタイルの、日付の入っていない文書がありますが、その文章は、イワン・アファナーシエヴィチの刑務所での苦悩と釈放後の状態が映し出されています。

「……あらゆる病的な症状のうちで、最も恐ろしかったのは、つきまとわれている感情だった。その感情は『生きること』さえ妨げるような病気にまで達し……私には四六時中こう思われるんだ。何人もの人々が私を尾行してくる、私の後からついてくる、自分に対する注目はどのようなものであっても私はそれをすべて『何か意図がある』と思ってしまうのだ。どんなに努力しても、この感情から私は逃れることができなかった。個人的な可能性などないんだ。それにどんな治療も信じられない……まったく簡単なことでわかりきっていることなのにだ。まるで『心理学(3)』で言っている所の、重度遅滞だ。それくらい刑務所で自分の人生が留められるのだ。そして私の病気が始まるのだ。そればかりか、どんな刑務所なのかだ！　そうさ、たとえば、現代の『心理学者(4)』たちは『心理療法家』の助けをかりて、こんなふうにしたんだ。人を二つの椅子に腰かけさせ、二つの椅子のすき間に睾丸をはさませて、それから『拷問』し始めるのだ。味わったことのない者は、言うまでもない、わかるはずがない。もちろん、もっと粗っぽい『尋問』方法も実行された。たとえば人の両手と両足を押さえつけ、壁を背にして胴を打つ、なんていうのも簡単で、粗っぽい『尋問』だ。あるいは、ぎっちり縛り上げ、ズタ袋に詰め込んで、階段から転がり落とす。これもまた粗っぽい方法だった。だがこれらが『尋問』の形態なのだ。だが、尋問中、睾丸をはさみつけられながら腰かけているのは、これはもはや『より心理的な』やり方だ……こんなやり方も愉快じゃない。お前を独房に座らせ、何でもいいが非常に苦痛な姿勢をとらせたまま、彼ら（この心理学者たち）が座っていろと決めただけ、座り続けろ、というものだ。ずっとお前は見張られている。昼も夜もだ……こうして監視下で座らされるのだ。お前の前にあるのは、二つの目だけだ。恐ろしい冗談だ。一対の目なんだ。要はこういうことだ。つまりそれは人間の、目ではなくて、厳密に熟考された計画に従って、厳密に計算された『行為』のために人工的に作られた目なのだ。これらの目によって、生涯忘れることがない症状が付与されるのだ。ずっとお前はこう思うことになるのだ。お前はいつも見つめられている、お前の背後にはこの目がいつも追いかけてくる、と。家にいてもずっとお前にはそう思える。最も身近な人の目でさえも、それは身近な人の目ではないように思え、いつかしら自分に何か恐ろしいことが起きるような気がしてしまうのだ……追跡される、もう一つの恐ろしさも、身近な人から始まるのだ。私に、何か必要なものは何かと聞くのは構わない。だが、どこに行っていたのか、とかどこへ行くのか、と聞いてはいけない。これも過去経験から来ているのだ。我慢してこれを耐えなければならなかった者はみな、このことを知っている。これらすべてを我慢して耐えたことがない者には、決して理解できないのさ。だから君にはわからないだろう。でも、君がぼくの恐怖について書いてくれと頼むものだから、だからこうしてそのことを君に書いているのさ。これは私が頼まれたことを実行しているのだ。誰かに分かち合ってもらうと楽になるね。そんな気がするんだ。たとえ身近な家の者たちでも、このことはわかっていないし、ちっともわかりはしないのさ……」

それでも人生は続きました。一九四〇年三月一〇日の研究所の研究協議会でサカリャンスキーは、盲ろう児の指導経験を扱った報告を行ないました。この中で彼は、盲ろう児教育の初期的な目的として、子どもが自分を取り巻く身近な世界を生活しながら習得するという課題を引き出しました。

私たちが手にすることのできた、この研究大会の速記録から、A・R・ルリヤ(5)やF・A・ラウといった傑出した学者からサカリャンスキーに高い評価があったことがわかりますが、この二人は彼の報告を大きな科学的な事件としてとらえたのです。二人の指摘するところによれば、報告の重心は、盲ろう児の言語が発達したことではなく、世界を生活しながら習得したことにありました。

A・R・ルリヤはこう述べました。

「イワン・アファナーシエヴィチ先生が自分の仕事の出発点とした、空間を非常に不安定化させ、習慣づくりを厳密にしようとする途方もない杓子定規な志向は、今、私にはまったく正しいことのように思われる。すなわち、正しいというそのわけは、人間においては、世界というのは状況の世界に限られているのだから(他の心理学的用語は思いつかない)、空間の中に一定で、秩序ある、現下の世界をつくらなければならない。そのためには、その先もすべてが拠り所となっていくような一定の座標を前もってつくっておくという方法より他の方法は現実には、ありはしないのだ」(164、二八四―二四九ページ)。

さらに、F・A・ラウは、上述のことに付け加えています。

「だが、もちろん、そのような道を歩むには、教授＝養育活動のメカニズムすべてにわたって絶大な忍耐と足並みをそろえることが必要である」（228、二四九―二五一ページ）。

一九四一年一月、オリガ・スコロホードワは自分の師をモスクワに訪ねました。二人はすでにハリコフにいる時から、『どのようにして私は周囲の世界を知覚するか』という本の仕事を始めていました。

モスクワでの生活の始まりと新しい仕事は、サカリャンスキーにとってとても苦しいものでした。ハリコフ学校の時の自分の親しい同僚にあてた手紙で、彼は、環境を整えることが自分自身にとっていかに困難であったか次のように書いています。

「……私は今やっと何が何だか理解し始めている。だが、すべて理解したというにはまだ程遠い。たとえば、私は今まで、なぜ私がモスクワに呼ばれたのか、どうしてそうなったのか、さえ未だにわからない。実際、ろうあ児の教育の仕事で私がここですることができるだろう有益なもののうち、まったく何一つもすることができないのだ。ときどき私は思うのだが、それを隠れみのとして、個人的には不快なことをしたり、個人的な書類を片づけたりするために呼ばれたのかと……。人々は、オリガの中に、私がこれまで官憲の目をペテンにかけてきた『成果』を見、私を危険なライバルと見ている……」（サカリャンスキーから、L・I・ウラノーワへの手紙、一九四一年一月）。同じウラノーワ宛ての別の手紙では、彼はうつ病のことをこぼしています。「私はまた具合が悪くなった。またもや気が滅入り、孤独感にさいなまれている。何もする気になれない。すべてロボットのように機械的にしているんだ。何事にも興味がわかない。躁うつ病の独特な形のようだ。躁状態だけが極めて弱々しいのだが、ほとんどは普通の、通常の状態なのだ。生きる気力は限界まで低下し、ときどきこの限界も耐えられなくなるんだ……」（ウラノーワに宛てた一九四一年八月一日付の手紙）。

一九四一年、サカリャンスキーは研究所の、ろう教育学の長に任命されました。こうしておそらく彼の、かつて粗っぽく中断されていた襲歩の進展が再び開始されたのでした。彼はオリガの定住地がハリコフからモスクワに移れるように骨を折り、彼女の転居や他の二人の盲ろう生徒ヴァーリャとアントンの運命を預かろうとしてハリコフの旅行を計画しました。この二人をレニングラードに移すため、聴覚言語研究所の所長M・L・シクロフスキーと手紙を交わしました。オリガ・スコロホードワ宛ての手紙で彼はこう記しています。

「私は遅くとも一〇月末までにハリコフに行かなければならない……。それだけでなく、もし君が注意深く社会＝政治的な生活を見つめたならば、君にはわかるだろう。今、旅行とか転居についていかに厳しいかいうことをね。そのためには人民委員部の裁可が必要なんだ。裁可はもうすでに降りていたのだが、さらにもっとたくさんの裁可が必要なんだ。ＮＫＰ（教育人民委員部――編者）はレニングラードに、と予告しておいたのだが、今までのところ返事がない。なぜだか、遅らされているのだ。私はすでに手紙で、ＮＫＰは年少児（ハリコフの盲ろう児のこと――編者）を引き受けると、書き送ったね。年長者は引き受けないのだ。つまり全般状況が変わらなければ、引き受けられないだろう。盲ろう児については、今中央委員会で問題となっていて、いつこの問題が解決されるのかはわかってないのだ。

この間、クルバートフ君をモスクワに連れていく件で私は特別にＮＫＰに呼ばれたのだ。君はクルバートフを覚えているだろう？　彼はレニングラードの研究所で学んでいたね。今、彼はもうそこにはいない。学齢期を過ぎたからね。父親のいるトゥーラ市に定住しているよ。もっと学ぶために父親といっしょにモスクワに上京してきたのさ。私はこの件で特別に呼ばれたのだ。私は彼と会うのが楽しみだった。私が彼に触れるや否や彼は身震いし、私の手が彼の手に指文字で話し始めると、彼はとても興奮して叫んだ。『あなたはサカリャンスキー教授！　私はあなたのことを知っています！　あなたに会えてとても嬉しいです！』と。いつまでも私の手を握っていた。話している最中、彼はずっと興奮し、私の手をなでていた。彼は私にとても好印象を与えたのだ……。その後、私たちは相談を始めたよ。どうしようかとね……。クルバートフ君は見事な彫刻家だ。私は彼の彫刻の写真を見た。驚くべきものだよ！　彼はこの仕事を完成させたいと望んでいた。そうすべきさ！　でも……どこで？　誰の下で？　教育人民委員部に行きたいと思ったのだ。私たちを受け入れてくれるだろう。だが、後で彼は党の初級組織に呼び出され、私たちは一緒にいることができなかった。私たちは、あーっと叫び、悲しみ、ため息をつき、唇を鳴らし、ひどく絶望した眼差しでお互いを見つめ合い、そしてもちろん、実際には何をどうすることもできなかったのだ。誰にも明らかだったのは、盲ろうあ者は人間であること、そして彼らは学ぶ権利を持っているということ。そして彼らの中には才能豊かな者もいるということだった。だが、このような思考をしても、その実際的な結果は何も得られやしない。こうして、かわいそうにクルバートフ君は仕方なく家に帰っていった……。全ソビエト規模で盲ろうあ者のための特別な施設をつくるという問題は現にあり、すでに設定されてはいるのだが、この問題がいつ解決されるかは、誰にもわからない。この仕事に取り掛かるにはまだ多くのことをしなければならない。このことに左右するもの（教育人民委員部《NKP》、社会保障人民委員部《NSKO》など）から自分たちに注意を向けてもらうのにまだ長いこと待たねばならないだろう。ＮＫＰの特別部の長ズイコフは私たちにとても同情的にしてくれているが、彼に関係することは多くないのだ。必要なのは、教育人民委員部に関心を持ってもらうことなんだ。君を移すこともこの方向で壁に穴をあけ始める。だが、君も勇敢に悲しいことを乗り越えてくれることが必要だ。ヴァーリャとアントンは限りなく残念なことだ。とくにヴァーリャはね。彼女もモスクワの近くに移せるよう、あらゆる手をつくすつもりだ……」（サカリャンスキーからオリガ・スコロホードワへの手紙、日付なし）。

サカリャンスキーはオリガ・スコロホードワをモスクワに移すことに奔走し、彼女とアルダリオン・クルバートフのために、モスクワでの彼らの教育が継続するよう条件を整えようと努めました。

彼は拘留が解けた後も、彼の元に残っていたハリコフ・クリニック・スクールの資料で研究を試み、ハリコフやレニングラードの同僚たちと文通し、盲ろう児教育史のための資料を集めました。彼のこれらのメモすべてや文章は、紛失し、燃やされました。戦争が始まって彼が疎開していた時期、厳寒のころ彼の部屋に住み込んでいた他人が暖をとろうとしたのです。

戦争は研究所とサカリャンスキーの研究計画を変えてしまいました。すなわちろう学校とともに彼は最初にペンザ県に疎開し、その後ノヴォシビルスクに移りました。当地では、県国民教育部の顧問と、ろう学校の教務主任として働きました。後に彼は、この時期のことを回想して次のように書いています。


「私はこの偉大な戦争を身体的には十分健康な状態で生き抜いた。私はモスクワから子どもたちを疎開させた。その後私はノヴォシビルスクの国民教育部の顧問、そしてあるノヴォシビルスクの、ろうあ学校の一つで教務主任として招かれた。だが、有資格の技術力のある者としてトラクター運転手がほとんどすべて軍隊に招聘された時、私は早速トラクター運転手の講習を終え、トラクターに乗った。実際、長くハンドルを握る必要はなかった。政府の決定がすべての研究労働者を自分の仕事に戻させた。悲しみ無くして私はトラクターを離れることはなかった……。一九四三年から私は再びモスクワに居た。それは私の人生の中で自分が前線に参加しなかったはじめての戦争だった。だが力の限り、後方で働いた。どんなにたくさんの人が勲章を受けたことか……」（K・A・スカチェクに宛てたサカリャンスキーの手紙、一九五六年五月二九日付）。

一九四三年、サカリャンスキーは、疎開先からモスクワに呼び戻されました。そこではロシア社会主義共和国連邦教育科学アカデミーが設立され、特殊学校科学＝実践研究所は、ロシア共和国教育科学アカデミー欠陥学研究所に改組されました。

一九四三年末には、多くの弾圧されていたウクライナの作家たちが解放されましたが、その中には、一〇年間にわたる収容所生活から戻ってきた、サカリャンスキーの親友オスタプ・ヴィシニャ（パヴロ・ミハイロヴィチ・グベンコ）がいました。二人の再会はK・G・パウフトフスキーの住居であったのですが、そこではこの作家が不在の期間ユーリー・スモリッツが住んでいて、この二人の出会いを自分の回想録の本に次のように書き残しています。

「サカリャンスキーとヴィシニャは良き一〇年の間、つまり三三年まで心からの親友であった。この年ヴィシニャは彼の語るところ、『不時着して』『一〇年制中学校を終了し』、一方、サカリャンスキーは先に卒業した。ゴーリキーは彼についてスターリンたちに対して請願した」（263、二二二―二二六ページ）。

一九四四年七月、ウクライナがドイツによる占領から解放後、サカリャンスキーのハリコフの盲ろうの教え子、オリガ・スコロホードワをモスクワに移すことができたのです。引っ越し先と研究所での仕事を決めるとすぐに、イワン・アファナーシエヴィチ先生（サカリャンスキーのこと＝訳者）は、ただちに彼女とともに彼女の日記の学習を再開しました。それはやがて『どのようにして私は周囲の世界を知覚するか』という本にまとめられました。一九四六年、彼は学位論文として「盲ろうあ児の教育学と心理学の若干の問題」の仕事に取り組み、それを一九四七年に提出しようと計画し、そのための研究休暇さえとりました。M・V・シクロフスキーの招きに応じてレニングラードに行こうと考えました。すでに自分の親友グラボロフが行っていたのです。スコロホードワの本は、一九四七年にサカリャンスキーの編集により、そしてA・N・レオンチェフによる書評付きで出版されまし

写真　本を執筆中のサカリャンスキーとスコロホードワ

た。

この年月、サカリャンスキーは、再び自分の研究に対して学界から大きな注目を感じていました。一九四七年ソ連科学アカデミーの記念大会の最終日一一月一日の分科会会場で、盲ろう児について口頭報告をするよう提案がなされました。

この報告は予め文書で提出されていて、いくつかの批評を通過していました。その批評者たちはアカデミー会員E・A・アスラチャンとS・L・ルビンシュテインであったと知られています。報告「視知覚と聴知覚が失われているケースでの人格形成」は分科会で大きな注目を受け、非常に高い評価を得ました。彼が研究対象としたのはオリガ・スコロホードワの教育の経緯と、アメリカの盲ろう者ローラ・ブリッジマンとヘレン・ケラーの成果とオリガの成果の比較でした。サカリャンスキーの研究に対して格別の注意を示したのは、K・D・コルニーロフ、L・A・オルベーリ、N・G・ブルエヴィチ等でした。サカリャンスキーの報告では、音声文字言語を獲得するために盲ろう児たちが事物を扱う行為を習得しておくことの役割が強調されていました。彼はこの日の出来事を、一九四七年一一月四日に、親友A・N・グラボロフにこんなふうに書き送っています。

「……要するにだ。私は報告を行なった。科学アカデミーの議長団がみんな来ていた。これは全体会だったのさ。代表議長はS・I・ヴァヴィーロフ自身だった。ホールにはさまざまな専門分野のアカデミー会員が出席していた。わが教育科学アカデミーからはK・N・コルニーロフ、N・N・セリホフとM・N・スカートキンだけだ。それだけさ！　欠陥学研究所からは何人か来ていたけれどね。話をし何枚かスライドを映した。最後に、こう言ったんだよ。「教育問題としての盲ろうあ、はもはや存在していないのです！　盲ろうあ児の指導は通常の教育の過程になったのです」とね。そして演壇から隣の記者席に逃げ隠れた。拍手喝采……嵐のような、……長い間ね……。

私の居たボックス席にヴァヴィーロフ（総裁）がやってきて、硬い握手をし、こう言った。「ありがとう！　非常に良い報告だった。この報告をお願いしたことは間違っていなかったよ……」。興奮したブルエヴィチは両手で握手してくれた。L・A・オルベーリは何度も手を握ったし、ヴォルギンも、ルビンシュテインも、アスラチャンも、アノーヒンも（ねえ君、ぼくが自慢しているなんて思わないでくれよ）、その他にもたくさんいた……。

こうして、炎は燃え上がった……。花がまき散らされた……。だが、どうだ、ぼくは欠陥学研究所に、自分の場所さえないんだ、一つの部屋も一つの腰かけも、腰かけるための椅子一つないんだ。私の研究の性格がきわめて不定であることなど言うまでもないけれどね。少なくても今まではそうだった。友人は言うよ。今から順調に仕事が運ぶ、この大会の後、友人がたくさんできる、そして本格的な施設をつくる助けとなる、とね。おそらく、いくらかでもそうであってくれるといいね。S・L・ルビンシュテイン（6）が言ったのだが、大アカデミーに附設して哲学研究所のシステムに盲ろうあ者部門をつくるためにあらゆることをする、科学アカデミー附属の心理学部門を拡大するという同志ジダーノフの指示を自分に出してもらう、とね。多分、それは助けとなるだろうね。でも『我が』欠陥学研究所の側からは、私は思うのだが、何もよいことは期待できないだろう……」

しかしサカリャンスキーの報告とスコロホードワの本は「著名」になりました。まもなく盲ろうあ児領域における教育研究に対して、ソ連邦教育科学アカデミー常任委員会はサカリャンスキーにK・D・ウスンスキー記念賞二等メダルを授与しました。第一等賞はスコロホードワの著作と彼女に対して授与されました。

もう一人の友人V・P・プロトポポフに宛てて彼は次のように書いています。

「……モスクワでこの本は実にさまざまな分野で非常な関心をもたれた。その中には、科学界も含まれている。大きな賞賛を得た。どれくらい大きいかって、教育科学アカデミーの常任委員会がオリガにウシンスキー賞一等（二万五千ルーブル）、そして私にも「教育学領域の傑出した功績に対して」（一万ルーブル）を与えてくれたのだ。そればかりか、我々の（欠陥学）研究所には特に私の盲ろうあ児領域の研究に対して（そのように連邦州委員会常任委員会の決定には書かれている）赤旗勲章を与えられた……」（V・P・プロトポポフへの手紙、一九四七年一二月六日付）。

一九四七年、サカリャンスキーには研究の総体に対して教育科学博士候補（修士）の資格が授与えられたが、学位の日付は、一九四七年七月一日となっている。学位認証に必要な書類を整えるために、サカリャンスキーはウクライナでの自分の研究を証明しなければならなかったのです。彼は当時、キエフとハリコフにいる自分のかつての同僚の多くに対して書簡で照会したのですが、何人かからは証明書を出すことが拒否されてしまったのです。

これらの手紙のうちの一つの抜粋を以下に示しましょう。

「……レニングラードに貴殿の御存知のアカデミー会員ヨッフェが暮らしていて、仕事をしている。彼はVIEM（全ソ実験医学研究所）の設立に関する問題を審議した時、故A・M・ゴーリキーの家で行なわれた会議に出席していた。この会議には同志スターリン、同志モロトフらがいた。この会議では（正確に言えば、会議の前に）A・M・ゴーリキーは、ヨシフ・ヴィッサリオノヴィチ（スターリンのこと＝訳者）に彼（A・M・ゴーリキー）が受け取った『興味深い』手紙について話を聴くように提案していた。その手紙とは、私とスコロホードワのものだ。アカデミー会員であった故ヴォロビヨフは、声を出して集まっていた者すべてに読んで聴かせた。その後で参加者の間で読まれた手紙について活発な会話があった。アカデミー会員ヨッフェは、このことをよく覚えていた。記念分科会（一九四七年）で彼は党中央委員会の一人の同僚（スヴォーロフ）にこのことを話した。私の依頼は次の通りだ。どうにかしてこのアカデミー会員に近づいて、この集まりで起きたことをすべて思い出してもらえるよう頼んでみてはくれないだろうか。私に伝えられたところによれば、このアカデミー会員は回想を書き記すことは決して同意しないとのことだ。でも話をすることはできる。だから、彼が話をできるとするならば、彼の話はどんな形であろうと速記録にすることができるだろう……」（A・M・ムロディクに宛てたサカリャンスキーの手紙、一九四八年、六月一一日付）。

一九四八年、長い骨折りの後、ついに彼に一九三四年にハリコフで、ハリコフ国民教育大学欠陥学部で取得した教授の資格が回復されることになりました。

この成功に奮起したサカリャンスキーは、欠陥学研究所に盲ろう問題の研究実験室を開設することに向けて奔走しました。「盲ろうあの諸問題に関する研究室の開設と附属臨床部門の設置に向けて」という申請書を書きました。また欠陥学部の教育計画に盲ろうあ児教育に関する特別コースを導入する提案をもって発言し、そのコースのためのプログラムを作成しました。一九五〇年に博士論文「盲ろう児の養育と教授の基礎」を提出する計画を立てました。

（1）盲ろう児の発達と周囲の空間構造化

このころずっと彼は、盲ろう児のコンサルテーションを続けていました。彼の指導のもとで、モスクワ郊外の一家では、リーダ・ホドチェンコ（一九三五年生まれ）の家庭での養育と、家事仕事への労働準備教育が行なわれていました。サカリャンスキーは、二歳半の時の病気の後、聴覚、視覚、ことばを失った娘の家族と、その子が一三歳になった時知り合いになりました。この歳までに彼女は、完全に独力で自分の身なりを整えることができていました。つまり自分で着脱し、洗濯し、髪をお下げに編み、ほこりを払い、アイロンをかけ、自分の服を縫うことができました。独力で自分のベッドメイキングをし、部屋の掃除をし、食器を洗い、元の場所に整頓し、じゃがいもを洗い、コンロで焼くことができ、人形の服を縫うことができました。彼女は家や自分の周囲に定位し、すべての物の位置をよく知っており、それらがいつも定位置にあるか見守っていました。

この娘の行動を観察しながら、サカリャンスキーは、盲ろう児の発達にとって、その子の周囲の状況がどれほど意義をもっているのか、ますます確信するようになりました。当時では、まさに家庭内の正しい養育の意義について語ることなど受け入れられていませんでしたので、サカリャンスキーは、これを周囲の状況、と呼んだのです。彼はかつて書いた論文「クリニック学校入学前の盲ろうあ児の若干の特徴づけ」の中の、自分のハリコフの盲ろうの教え子たちの家庭養育のいろいろな養育条件から気づいた点に立ち戻り、このリーダの家庭教育の成功例を「家庭教育状況下での盲ろう青年の生産労働への準備教育」という論文に詳述しました。以下に示しましょう。

「盲ろうあ児を取り巻く空間は十分広いばかりではなく、子どもにとって機能別に分化しているべきである。すなわち子どもが行なうこと（食べる、寝る、遊ぶ、仕事をする等）すべては、いつもそれぞれの所定の場所でなされるべきである。

一切の過大な表現なしに次のように言うことができるだろう。すなわち空間及び時間的な表象と概念の形成は、盲ろうあ児を取り巻いている環境の諸条件と性質に依存している。盲ろうあ児の、空間的定位と時間的定位、それらははじめのうち未分化であり、空間と時間との分化は、もっと後に始まるのだ。「時間の感覚」も「空間の感覚」も、その最初の生理学的な根拠というのは、ある事物から別の事物への移動（歩行）、ある建物から別の建物へ移動する時に、脳皮質において個体受容器が受け取る信号なのである。

それゆえに機能的に厳密に区分された十分広いテリトリーがあることは、盲ろうあ児の能動的で目的のある活動的な行動を形成する最も重要な条件となる」

リーダの家族は、唯一の手狭な部屋で暮らしていましたが、彼女の母親はこの娘を常に秩序に慣れさせるよう努めていました。そのことがサカリャンスキーの意見によれば『動く屍』の状態からこの娘を救ったのでした。彼は何度も盲ろうあ児がずっとベッドに置かれたままで、まったく自律性を失わされていたそのような事例を観察していたのでした。

盲ろうあ児が自分の住んでいる部屋に良好に定位できるということは、その後生涯にわたってその子の運命全体にかかわる重大な意味を持っている。もし自分の部屋によく定位していたならば、盲ろうあ児が廊下を自由に歩いたり、隣人を訪ねたり、庭を歩き回ったり、ひとりで畑に行ったり、庭の中にある家事仕事用の建物（もしあればのことであるが、納屋や室《むろ》）に行くことができるというのは何ら驚くことではない。われわれの知っているケースでは五～八歳の田舎住まいの盲ろうあ児たちは、自分ひとりで鉄道の線路を横切って親戚のところまで歩いて行ったり、小川のほとりまで歩いて行ったりなどしている。しかし、すべてこれらのことが可能になるのは、その子がまず自分の部屋に適時に十分よく定位できていた場合だけなのである。

（2）盲ろうあ児の初期的コミュニケーション手段

自分のハリコフ時代の日記を分析し、また新たに出会った子どもたちを観察してサカリャンスキーは、盲ろう児とその家人との初期的なコミュニケーション手段の発達について記しています。リーダの発達を観察して彼は、この一三歳の盲ろうの娘とコミュニケーションがとれる唯一の人は、彼女の母親であることがわかりました。二人の間には二人にしかわからない、二人がうまくコミュニケーションを取れる接触による合図が形成されていました。

「母親はリーダと話をするのに条件的なサインを用いていたが、それは徐々に形成されていったものであり、家庭内でリーダと交信する上では何の困難もないほど正確なものであった。おそらくこれらの条件的なサインは具体的な家庭場面の中でできあがったもので、リーダの家族にだけ理解することができた。偶然出会った他の人々とリーダは交信しようとはしなかった。そのような時の通訳者は母親であった。これらのサインは格別『局所的』であり、具体的な性格のものであった」

リーダとサカリャンスキーが知り合った最初の時、彼女はこっちへ来なさい、という身内の人の足の動きを床から感じとってすぐに反応し、必要な方向に歩きました。振動の性質から彼女は、母親、継父、継子、それに未知の人間を区別していました。この娘は、一定の合図（手で額と腹を触ることで）自分の病気について身近な者に知らせることができました。両手で自分の胸をなでる仕草で、彼女は自分が満足していることを周囲に伝え、地面につばを吐く仕草で不満足であることを伝えました。

サカリャンスキーは母親の用いるいろいろなジェスチャーの成り立ちを非常に注意深く分析しました。すなわち、何か良い事があった時、娘の母親は自分と娘の胸をなでて、またこの娘に、お前の行ないは良くないということを教えたい時にはリーダの手につばを吐き、それから地面を指さしました。これはこういう意味でした。「もし、言うことを聞かなかったら、お前は死ぬよ！」。これらの合図の他にも、リーダには人々を意味するジェスチャー（母親、男、女、医者、知人）、食物（パン、水、塩、茶、砂糖、アメ、ミルク、肉、たまご、じゃがいも、にんじん、りんご）、空腹感、寝具、衣服それに若干の日常生活用品（タオル、かまど、コンロ、はさみ、くし、火、マッチ、お金）、部屋（納屋、便所、庭）、良い匂い、嫌な匂い、寸法（背が高い、太っている）などのジェスチャーがありました。「母親」のジェスチャーの成り立ちは、リーダの手で彼女の肩を数回触るようにします。これは、母親が水を汲みに行く時、そのことを娘に伝えようとして娘に母親が肩にてんびん棒をかつぐ様子をしてみせたことによって形成されました。「男」のジェスチャーは、手を鼻の下に持っていきます。これは、ひげを指しています。「女」のジェスチャーは、プラトークを結んでいる仕草、という具合です。

サカリャンスキーが書いているように、ジェスチャーは、その子どもの周囲にいる人々の影響のもとでのみ、ふさわしい表現機能として生じ、その機能を獲得するのです。子どもの生体としての要求の世話をしたり、食べたい、飲みたいといった欲求を示したりするその子の表現仕草を理解しながら、大人たちはたいてい常に、ステロタイプにこれらの要求を満たしてやるのです。一定に繰り返される行為によって、その子どもはそれらを分かち合うようになるはずであり、また将来自分の要求をそれらのジェスチャーを用いて表現するようになるはずです。

「盲ろうあ児の身ぶり言語は、音声文字言語のアナログであり、それは、子どもの生体的な要求を満足する際、その子に常に働きかけている過程でのみ生じ、形成されていく」(286、二〇ページ)。

サカリャンスキーは、盲ろう児の身ぶり言語をコミュニケーションの出発となる手段であると原則的な意義を強調しています。

「盲ろうあ児に音声文字言語の教育を試みるような場合、身ぶり言語の意義を軽視してしまうならば、その盲ろうあ児は知的な愚鈍、すなわち完全な障害者になってしまう危険性がある」(同書)。

彼は再び盲ろう児たちの仕事をはじめました！　一九五〇年六月二六日、欠陥学研究所の所長によって、二名の研究者、すなわちサカリャンスキー（主任）とスコロホードワから成る、盲ろう児の研究と養育に関する研究室の開設に関わる決定に署名がなされました。

しかし、一九五〇年一〇月九日、サカリャンスキーは「一身上の理由」で仕事から離れ、一年後、そこに戻ったのでした。つまり一九五一年、Ｄ・Ｉ・アズブーキン所長に代わってＡ・Ｉ・ジヤチコフがその地位に就いた時です。

「……私は幹部会の招聘によって昨年、また教育科学アカデミーに戻った。仕事は自分で選ぶことができた。困難なことをするのは嫌じゃなかったので、私はまったく新しい分野にした。盲ろうあ児のためのクリニックはまだ約束だけだったので、私は成人ろう者の教育問題に着手することにした。正確に言えば、成人たち全部というよりは、ろうあのコルホーズ員、いわゆる『ひとり者』つまり農村で、一人ぽっちで暮らしている者たちを文盲でなくする仕事さ……。われわれの研究所の前の所長は、まあ、まったくの阿呆ではないにしろ、何というか半ば阿呆者だ。私が欠陥学研究所を去った時、この阿呆も追放してやろうと思ったのだが、そういうことになった。だから私は研究所に戻ったのさ……」（サカリャンスキーからＶ・Ｐ・プロトポポフ宛ての手紙、一九五二年六月六日付）。

数年間、彼は成人ろうあ者の学校用と、彼らの個人教育用に初級教科書を作成する仕事をしました。この教科書は、農村地に暮らしていたり、さまざまな事情があったりで、その当時あった特別学校で学ぶことができなかったろうの人々に指のアルファベット（指話法）を教えるためのものでした。イワン・アファナーシエヴィチ先生は、しばしばこのような人々に出会っていました。とりわけ、戦争中の疎開先では、コルホーズでの彼らの誠実で、とてもまじめな仕事ぶりと独特なコミュニケーション方法に気がついていました。彼らは他のろう者たちとの交流がなく、周囲の聞こえる人々たちとは、身近な者だけがわかる特殊なジェスチャーを用いてコミュニケーションをとっていたのです。サカリャンスキーは確信したのでした。最も簡単な手話であれ、価値ある直観的、形象的な思考の十分な基礎となりうるし、そのことをこのようなろう者の見事な労働活動や、社会におけるわきまえた行動が示しているのではないか、と(33)(278)。

当時、スコロホードワの、刊行物での発言は非常に広く知られるようになりました。盲ろうの女流作家で欠陥学研究所の研究者であるという彼女の名前は広く知れわたるところとなりました。多くの記事が新聞や雑誌で彼女のことを取り上げました。彼女の栄光は、その指導者であるサカリャンスキーも分かち合う権利はありました。しかしイワン・アファナーシエヴィチ先生は自分に向けられた称賛と歓言と同時に、盲ろう児の指導結果ばかりうまく示し、その始まりの部分を示していない、という非難を耳にしていました。

この当時のイワン・アファナーシエヴィチ先生の気持ちは、一九五五年二月に出されたA・V・ヤルマリェンコへの彼の手紙の中によく反映されています。

「……あなたが出発されてから私には何というかまったく分別できないような状態が残りました。何というか私の仕事上の『一人暮らし』が破壊されたのです。私は個人的な一人暮らしに苦しんだことは一度もありませんが、仕事の上のは……ずいぶん前から苦しんでいます。多分、自分が悪いのでしょうが、このことでは誰も悪くはありません。悪名高い『状況』とて悪くはないのです。

私が『盲ろうあ教育学』に着手し、とてもよいクリニックを開設することがうまくいった時、私は思ったのです。これは、常々、一緒に結びつけよう、しつこくせがんでみようとさえ考えていた『大』教育学の世界で大きな関心を引くだろうとね。でも全部そうではなかった。教育人民委員部の人間たちは『見も、聴きも、立ちも』しなかった。

今私があなたに言いたいのは、自分の大きな間違いを認めなければならないことです。つまり間違いとは、私は目的を設定しはしたけれど、自分自身の正当性を認めなかったことです。つまり『盲ろう者たち自身が自分について語り他の盲ろう者について語れば、それでよい』としたことだ。そうです、これが誤りだったのです。でも、まあいいさ。あなたには興味がないと思うから。とはいえ、この領域で研究しているのは、実際われわれ二人だけですからね。あなたは、盲ろうあ児の心理学で、私は教育学でね。この仕事が求めていたのに、今まで私たちは協力して研究してこなかったのが悪かったね」（A・V・ヤルマリェンコに宛てたサカリャンスキーの手紙、一九五四年一〇月二日付）。

ここでイワン・アファナーシエヴィチに宛てたアウグスタ・ヴィクトロヴナ（ヤルマリェンコのこと＝訳者）の返事の一部を引用しておくべきでしょう。

「……今、私が取り組んでいる、もっと正確に言うと、研究し直している私の論文を、展望と批判を求めてあなたに送りますわ。あなたの御意見と、それにO・I（スコロホードワのこと＝訳者）の意見も知りたいのです。昨日、ロギンスキー教授が私に伝えてきたわ。彼女から、はがきをもらったので、挨拶を送ると、ね。私は、あなたに書いた手紙を覚えていないけれど、今あなたが盲ろうあの問題に関する思想と立場の面で一人暮らしであることをこぼすなんて根拠がないことですわ……。あなたの論文の計画も内容も私が知らないのはとても

写真　サカリャンスキー（右）とその盲ろうの教え子たち
S・シロートキン（左から三人目）、Yu・ヴィノグラーダワ（右から三人目）その教師たちN・M・イワノワ（左から一人目）、G・V・ワシナ（左から二人目）、F・M・カザケヴィチ（右から二人目）

残念ですけれど、この私の計画によってあなたは、どんな共通点があるか、どんな違いがあるかおわかりになるかと思いますわ。私たちの研究の全般的な方法論的立場において二人には食い違いはないでしょう。でも私の、盲ろうあ児心理学の全般的問題の部分的な小問題の検討計画は、私がこの分野で仕事を始めた一九三六年から何度も変更はしてきていますわ」（A・V・ヤルマリェンコがサカリャンスキーに宛てた手紙、一九五四年二月一八日付）。

一九五五年になってようやくサカリャンスキーは研究所で盲ろうの女子生徒ユリヤ・ヴィノグラーダワの実験教育を行なうことができました。彼は、この娘の家庭条件下での発達を八年間にわたって観察し、ついに彼女を自分で直接教育するという長いこと望んでいたチャンスを手に入れたのでした。この教育はとてもうまくいき、イワン・アファナーシエヴィチ先生はユリヤを自分の研究所の教育評議会の総会や、国立モスクワ大学の哲学学部、それに全ソビエト心理学者協議会で紹介しました。一九五五年春、世界的に有名な心理学者ジャン・ピアジェがユリヤ・ヴィノグラーダワに会いに来ました。

リーダとユリヤの家庭内教育に積極的に参加したのは教師アンナ・スチェパノワ・アセトローワでした。まさに彼女はサカリャンスキーの指導の下、一九五〇年までこの娘たちの家を訪問し、彼女らを養育する上で親たちを支援し、この娘たちのそれぞれの家庭での生活に関する情報を収集しました。後に、ユリヤと学習するようになった時、サカリャンスキーはユリヤの同郷人である、若いニーナ・ミハイロヴナ・イワノワを欠陥学研究所の自分の所で仕事ができるようにしたのですが、彼女はユリヤに付き添い、サカリャンスキーの出す課題を彼女といっしょに取り組んだのでした。ユリヤの養育と教授にあたって研究所でサカリャンスキーを助けたのは、教師ファイナ・ミハイロヴナ・カザケーヴィチとヴェーラ・アレクサンドロヴナ・ヴァフチェーリ先生でした。

その後、モスクワのろう幼稚園では盲ろうの六歳になる男の子セルゲイ・シロートキンの教育が行なわれました。彼の教育のために、特別な作戦グループがつくられました。サカリャンスキーの指導のもと、この子の個別プログラムによって仕事したのは、二人の若き講師でした。最初は幼稚園のライサ・アファナーシエヴナ・マリェーエワであり、その後には幼稚園と盲学校のガリーナ・ワシリエヴナ・ワシナ先生でした。S・シロートキンは、やはりサカリャンスキーの指導の下、盲学校でG・V・ワシナ先生に付き添いで個別プログラムで教育を受けたのです(86)(87)。

サカリャンスキーの盲ろうの教え子S・シロートキンは、このころのことをこんなふうに回想しています。

「ろうあ児のための幼稚園にいたころですが、そこで最終的に、弱かった視力も失ってしまいました。私に対して特別な教授と養育が行なわれるようになったのですが、その進行を見守っていたのは、ソビエト盲ろう教育の創始者イワン・アファナーシエヴィチ・サカリャンスキー教授でした……。

私の最初の先生は女で、マリェーエワ・ライサ・アファナーシエヴナ先生でしたが、私の母といっしょに身辺自立の習慣形成をしてくれ、それをもとにして指文字、書きことば、話しことばを教えてくれました。ろうの幼い子どもたちといっしょのグループ授業の後、先生は私の個別レッスンをしてくれましたが、そこでは、家具、食器、衣服を教え、玩具も、自然の現象についても教えてくれました……。

ライサ・アファナーシエヴナ先生から得た最も大事なこと、それは音声文字言語と、その語の後にあるイメージ、最もわかりやすい簡単な事物や現象についての表象を獲得したことです。私の養育と教授はその後、もう一人の、同じ幼稚園の先生、ガリーナ・ワシリエヴナ・ワシナ先生が引き継いでくれました。その後、ワシナ先生は私といっしょに幼稚園から盲学校に移ってくれました。そこでは六年間、ザゴールスクに盲ろうあ児のための特別学校が開設されるまでの間、仕事をされました。

ときどき私は欠陥研究所のイワン・アファナーシエヴィチ・サカリャンスキー先生のところに連れていってもらいました。先生と会うのはとても面白かったのです。イワン・アファナーシエヴィチ先生は、僕にはとても背の高い人に思えました。私は両手でやっと先生のひざや降ろした両手を感じることができました。だからサカリャンスキー先生の所に来た時は毎日、私を椅子の上に立たせました。私は両手で頭をなで、そして先生だと知るのでした。そして家にいる時、母が同じしぐさをまねすると、私はすぐにサカリャンスキー先生のことを話しているんだな、とわかりました。

私に、こんにちは、をしてからイワン・アファナーシエヴィチ先生は私を部屋に入れて、棚やテーブルを示し、玩具を渡してくれました。私はそれらを触って調べるのがとても好きでした。車、つみ木、こま、ボール、動物です。多分、私には一度に全部を与えなかったのだと思います。というのは、私が行く度に、新しい玩具が渡されたからです。

イワン・アファナーシエヴィチ先生は、その教え子であるユリヤ・ヴィナグラーダワさんに私を紹介してくれました。いつも彼女は粘土をしていました。彼女が粘土でつくったものは丹念で幾何学的に正確でいつも私はびっくりし、感嘆していました。彫り模様の木製家具（ユリヤは農村に生まれ、長いことそこに住んでいました）や動物や人間の彫刻を、粘土でつくったものに私は大満足しました。

ユリヤ・ヴィナグラーダワと指文字でコミュニケーションすることによって私は自分の音声文字言語を伸ばし、完成させました。ユリヤさんは、私が模範として見習いたいと思った最初の盲ろう者であり、お手本でした。私が点字で書くことを学ぶと、ときどき彼女とやりとりしていました。

ある時、サカリャンスキー先生が私をある女性の所に連れていきました。その人は親切に優しく両手で私の手に触れ、指文字で話しかけてきました。「オーリャおばちゃんよ」と。それはサカリャンスキー先生の教え子で、あの有名なオリガ・イワーノヴナ・スコロホードワでし

写真　サカリャンスキーが、盲ろうの教え子セルゲイ・シロートキンと話している。

た。私はオリガ・イワーノヴナにひきつけられました。彼女も私を愛してくれました……」

再び展開された二人の盲ろう児の実験教育は、盲ろう児教育の理論と実践を展開させる上でとてつもない可能性を生み出しました。それを確立することこそ、ハリコフで仕事をしていたころすでにサカリャンスキーが手がけていたことでした。これまでに彼は、オリガ・スコロホードワの成功を示すことだけでも、教授原理を話すことはできました。しかし、かなり年齢が経ってから盲ろうになった（七歳か八歳以後）という事実は、先天性か、あるいはごく幼い時期に盲ろうあになった子どもたちの教育理論を展開する拠り所としては十分なものとは言い切れませんでした。

一九五五年春、全ソビエト連邦心理学者大会でサカリャンスキーは報告を行ない、盲ろうの教え子ユリヤ・ヴィナグラーダワの教育の成功を示しました。

「私は心理学者たちと共有するものなど何もないさ。というか逆に彼らの方が私と関係を持とうとしているのだ。君が新聞で読んだこと、それはね、今年の、春の全ソビエト心理学者大会での私の発表だよ。特別なことといえば、ヴィナグラーダワという娘（私の新しい対象）の報告とデモンストレーションのために、その日の分科会は、分科会自体の要求によって取りやめになったことかな。このことは、A・A・スミルノフ（大会委員長）がそう決めたのだ。報告はとてもうまくいったよ……。L・A・オルベーリは目撃証人がそばにいるのにぼくにこう言ったんだ。私の報告の一つだけでもこの大会に来たかいがあった、とね……。この娘の、村での生活を私は八年間にわたって観察し、その後やっと、読み書きの教育をするために研究所に連れてきたんだよ。以前だったら、私は建物の関係でこの子を引き受けることはできなかった……。行動を形成する上で『広々した空間』の役割と影響を見届けることができた点に関しては画期的だった」（サカリャンスキーからヒリチェンコに宛てた手紙、一九五五年一月一一日付）。

ユリヤを教育した試みは、サカリャンスキーが盲ろう児に音声文字言語を教授する自分の体系の基礎を形成する上で役立ちました。彼は習慣に従ってこの教授段階を次の三つの時期に分けました。すなわち、初級読本以前あるいは読み書き以前の段階、読本期、後読本期、の三つの時期です。サカリャンスキーは、盲ろう児に、身近な人々とコンタクトをとる初歩的手段や、子どもが周囲の人々に自分の態度を表現できるようにコミュニケーション手段を形成することを教育的課題としていました。コンタクトを取り表現するこのような手段の一定の順序を次のように彼は提案しています。

1　乳児期における、盲児や盲ろうあ児の表情（ミミカ）は、健常児の表情（ミミカ）と少しも変わりない。まさに不随意的なミミカのメカニズムの上に、人間の情緒的な状態にふさわしい、条件的ミミカが形成される。

2　より複雑な状態の表現手段として、また身ぶり（ジェスチャー）形成の支点としてのパントミミカ（身ぶり表情＝訳者）生得的な性質の自分の欲求（食事、睡眠、トイレなど）を盲ろうあ者は、非常にプリミティブな身振り表情（パントミミカ）の手段によって表現する。身振り表情（パントミミカ）の表情手段を基にしてジェスチャーが形成され、そしてますます分化していく。

3　盲ろうあ児のジェスチャーは「ことばとしての言語」のアナログ（類似物）であるが、それが生じ、形成できるのは、その子の生体的な要求を満たす時に、子どもに一定の働きかけがあるような過程においてのみである。生体的な要求（食事、睡眠など）を満たす際、その方法というのはほとんどの場合ステロタイプである。常なる反復によって、子どもたちはいつものやり方の要素を必然的に抽出し、その後、自分の要求を条件的に、すなわち、もともとは意志に反して形成されたジェスチャーによって表現するようになる。

4　立体＝描写的な表現手段としての粘土彫像。

5　音声文字言語の形態　a指文字、b線字（てのひらの上）、c線字（切り取った平板文字）、d浮き彫り点字（ブライユ点字）、e口話。

(3) 盲ろう児教育における読本以前の時期—ジェスチャーと粘土彫像—

初級読本以前の時期を、サカリャンスキーは最も特別で、複雑で、盲ろう児の発達にとって責任のあるものと見なしていました。彼の意見によれば、その子どもの養育条件の性質次第で、それは三歳から一〇歳まで続くことがあります。

サカリャンスキーの指摘したように、盲ろうあ児の発達の初級読本以前の時期は、通常、家庭養育という条件下で過ぎていきます。したがって最も重要な事態の一つとして挙げられるのは一家が暮らしている日常の生活条件です。

「初級読本以前の時期において、盲ろうあ児に必要なのは広い空間であり、それは、その子の空間的・時間的な定位の発達、そして周囲の人々や周囲の環境すべてとできるだけ正確なコンタクトを確立するための、そして人々の活動を知るための空間である。この点に関しては、農村の生活条件の方が都市よりも盲ろうあ児にとっては好都合で、特に初級読本以前の発達期においてはそうである。その上、次のことも知っておかねばならない。盲ろうあ児にとって初級読本以前の時期というのは、その子の個人の文化的な運命においても生活全般においても職業においても、社会的な位置を決定する時期なのである。

初級読本以前の時期に、盲ろうあ児には周囲の環境とコンタクトをとる基本的な手段と方法が築かれ（それを基にその後には、周囲とのより完全なコミュニケーション手段が発達する）、いろいろな人々のさまざまな形態の家事活動を観察する可能性が生まれる。
盲ろうあ児は、触感覚（触察）の手段を用いて、すぐそばにいる人々がしていることすべてに対して、強力な模倣本能を利用して、読み書き習得以前にすでに適切なコンタクトを確立している。このコンタクトにおいて、人々との適切なコミュニケーション手段がつくられる。必要なのは、子どもの環境とのコンタクトに方向づけること、その子のコミュニケーション手段を周囲の人がつくってあげることだけである」（285、一七ページ）。

しかし、自主的に、まったくの独力のみでは、その子どもを取りまく世界とのコンタクトに入ることはできませんし、周囲の世界についての具体的な表彰を獲得することはできません。それは多分、大人の指導の下、あるいはサカリャンスキーが書いたように「特別な教育学的介入」の下でのみ確立することができるのでしょう。

「外的条件の理論に系統的に適合している指導方法を用いることによって、子どもを外的条件下に入れることが必要である。そのような場合のみ盲ろうあ児の脳が《自然の理論》を反映する。《自然の理論》とは、ウシンスキー（一八二三―一八七〇）のことばによれば次のようである。『……子どもにとって最も理解しやすい理論、――それは直観的で確固たるものである』」（258、一六―一七ページ）。

彼の新しい観察は、過去の経験に立ち返らせました。自分の初期のハリコフの教え子の一人、マリア・ソーカルの成功裡な発達を回想し、この娘は学校に来る前は農村地域に暮らしていたのですが、サカリャンスキーは新たにこのような子どもたちの教育の本質的過程を見出しています。次にあげるのは「農村」出身の、教育がうまくいった娘の歴史です。

「マーシャは農家に生まれた。一八か月まではまったく健常な子どもであり、順調に発達していた。一歳半の時、麻疹に罹った。この結果、視覚と聴覚を失い、さらに数か月後、病気になる以前にはよく知っていた単語も忘れてしまった。

盲ろうあになってから約一年、この女の子は部屋の中で、寄り掛かったり横になったりの生活を続けていた。九歳になる兄は、すでに学校に通っていたのだが、マーシャの面倒をよく見ていた。学校が終わると彼はマーシャと一緒に遊んでくれた。こうしてこの女の子は次第に遊びを理解し、参加するようになった。初めのうちは、自分の周りで行なわれていることにも、一緒に遊んでくれる兄がしていることにも、マーシャはほとんど無関心でいた。

兄はいろいろな玩具を持ってきたし、自分で新しいものを作ったりもした。当初、彼はこれらの玩具をマーシャの側になんとなく置き、彼女の手を取って、それらを取らせるために手を触れさせるようにしていた。だが、マーシャは関心を示さなかった。彼女は兄が自分の手を取ったり、自分の手を玩具に触らせたりすることに対して抵抗をしなかったが、それらを自分から手に取ろうとすることもなかった。

兄による世話は、この娘のすべての生活ニーズにわたっていた。彼が彼女に飲ませ食べさせたし、『便所』に連れていき、ベッドに寝かした。彼が学校に行ってしまう時、彼は姉たちに、自分が学校にからもどってくるまでマーシャの世話を頼んだ。姉たちは家の仕事や自分の仕事でいそがしかったが、弟が帰ってくるまでマーシャの面倒を見た。

次第にこの女の子は自分から積極性を示すようになった。戸外が暖かくなりはじめるやいなや兄は妹を連れ出し、遊ばせた。庭は連れていける唯一の場所であった。マーシャは用心深く土を踏み、兄にぎゅっとしがみついていた。徐々に彼女は大胆になっていった。春、庭がたくさんの植物に被われると、マーシャは前よりも活発になった。彼女は自分ひとりでいろいろな草を引き抜いたが、病気前に知っていたものは正確に識別していた。特に彼女がよろこんだのは、よもぎを見つけた時であり、彼女はもぎとったよもぎの束をむさぼるようにして匂いを嗅ぎ、家にもちかえった。

マーシャの両親の家の庭は大きく広く、背の高い草がたくさん生えていた。庭から程近くには小川が流れ、そこまではよく踏み固められた小道ができていた。まだ健常な子どもであったころ、マーシャはこの小道を歩いて、ひとりで小川まで走っていった。この小川は、けっして涸れることはなく、その中で水浴びすることができた。病気になる前、マーシャは姉たちや兄と一緒に水浴びをした。

小川の岸辺には菜園があった。マーシャはやっと一歳半になったころだったが、もう菜園に来ていた。つまり、昔、この場所は彼女にとって知っているところだった。

夏の暖かな日、兄はマーシャをここに連れてきて朝から晩までずっと一緒に過ごし、実にいろいろな遊びをマーシャとしていた。

こうしてマーシャは次第に、家でもまた戸外でも非常によくいろいろなことを身につけた。両親は、そのことを兄が世話をしてくれたおかげであるとしている。この兄はマーシャにとって、ことばの真の意味で、子守であった。

三歳のころ、マーシャは病気になる前よりもさらに、おてんばで、明るく、活発な子どもになった。彼女は兄にくっついて離れることはなかった。すべての新しいことがらをマーシャは兄のもとで学び、それから他人と「知識」を分かち合うようになった。徐々に他人、つまり姉たちや年配の一般人とも歩くことに慣れていった。ついには、何も「仕事」をしていない時はほとんどないような状態となり、いつも彼女は何かしているか、誰かと一緒にいるのだった。

五歳になるとマーシャは、家庭環境には驚くほどよく方向定位していた。自分の家の庭ばかりでなく隣人の畑にも、まるで目が見えるのではないかと思うぐらい通じていた。知っている小道は歩かずに走った。父親によれば、見た目には彼女が、盲ろうあであるとは全然気づかないほど、彼女はよく通じていた。とても社交的にもなった……」(284、一三一―一三二ページ)。


サカリャンスキーは可能な限り、その後もマリア・ソーカルを見守り続けました。まさに、この盲ろうの娘のことを書く時、農村条件下でコルホーズの仕事に受け入れられたこと、家庭では年老いた両親がしっかりと家事仕事をさせていたことを忘れることはありませんでした。

新しい盲ろうの女生徒ユリヤ・ヴィナグラーダワの教育において、サカリャンスキーは彼女の親たちが娘を彼女の周囲にある、あらゆる労働生活の面に参加させようとする志向を一生懸命指示したのです。ユリヤはすっかり必要な身辺自立の習熟を獲得しましたし、家の中を掃除し、畑で働き、すでに一〇歳の時に畑を掘って耕し、野菜の種をまき、必要に応じて水をやり、畝の草取りをしました。

サカリャンスキーが書いているように、初級読本以前期の基本的な課題は、盲ろうあ児に、コンタクトを取る初歩的な手段や、その子が自分を取りまく周囲の世界に対し直接自分の態度を表現する時の助けとなるような手段を形成することです。また彼は、この課題を解決するのに必要なのは、そのようなコンタクトや表現の手段を、厳密に、継承性をもたせた順序で発達させることである、と記しています。

初期の、このような手段とは、ミミカ（顔の表情）やパントミミカ（身振り表情）であり、その後には、自然なジェスチャーであると考えました。「盲ろうあ児の生体的な要求に応えたり、身振り表情（パントミミカ）を理解したりしながら（「読みながら」）、養育者は子どもに生じた要求をいろいろな方法によって満たす……。

（中略）

読み書き以前の時期の盲ろうあ児のジェスチャーの特徴は、それが二重に、個人的であることにある。というのは、それがプリミティヴなコミュニケーションであり、直接子どもの世話をする人や、実際にその子にそれぞれのジェスチャーを教えた人だけにしかわからないものだからである。

盲ろうあ児が周囲の人とコミュニケーションする最初の手段として、ジェスチャー言語は、読み書き以前の時期においては原則的な意味を有している」(285、一九―二〇ページ)。

「ジェスチャー形態でコミュニケーションする時期になってようやく、まさにそのジェスチャーのおかげで、具体物を示す指文字の単語・記号の形態を用いた『ことばとしての言語』の初歩的要素を形成できるようになる。それは、盲ろうあ児が日常生活場面でぶつかり、ジェスチャーによって意味づけていたものを示す記号である。繰り返して言うが、これが読み書き以前の時期になってやっと可能になるのである。

この点については、アルファベットの習得や語彙量の蓄積において、目が見え耳が聞こえる子どもとの類似点はほとんどない。目が見え耳が聞こえる多くの子どもたち、特に教養ある家庭の子どもなら、読み書きの系統的習得を始める前にすでに、すなわち読み書き以前の時期にはもはや、アルファベットを習得しているだけでなく、読みの基礎知識も獲得している(拾い読みではあるが)。

目が見え耳の聞こえる子どもは、非常に早くからアルファベットを習得することができる。その点でその子を助けているのは、すでに十分に発達した「ことばとしての言語」である。

盲ろうあ児の場合は、読み書きを習得させる前に、周囲についての自分の心的体験と表象を表現する手段としてのジェスチャー言語のシステムが先になければならない。

典型的な農村に住んでいる盲ろうあ児の行動を調査すると、前述した命題が証明される。盲ろうあ児にジェスチャーを形成しながら、それによって一定量の具体物を意味付けること（連想的に結びつけること）ができるようになると、ジェスチャー記号を指文字に切り替えることが必要となってくる。

だがこれは、盲ろうあ児にジェスチャーを無限大に蓄積することや、それらをジェスチャー言語システムに変換することが必要という意味ではない。すなわちこのジェスチャー言語を主として用いながら、時間をかけて、盲ろうあ児の知的発達を導くことが必要なのではない。もちろんジェスチャー言語から必ず始めなければならない。なぜなら子どもとの初歩的なコンタクトを確立するために、それは最も可能性の高いもので、簡単で、間違いが少ないからである。そして直ぐに指文字に移していかなければならない。

ここで次のことを述べておく必要がある。それは、盲ろうあ児、特に周囲とのコミュニケーション手段の形成初期にある盲ろうあ児に、活動的な行動を形成する過程にかかわる問題として、おそらく一番重要と言ってもいいかもしれないことである。

それは、盲ろうあ児にコード化されたジェスチャーが出現するのと同時に、発達中のパーソナリティの中でとりわけ重要な資質が形成され始めるということであり、またその子のその後の知的発達がそれにかかっているということなのである。その資質とは自分の周囲にあるものをコード化したいという要求、さらに重要なのは自分の考えを述べたいという要求、すなわちことばへの要求である。

ジェスチャーも単語のアナログ（類似物）ではあるが、それは元来、本質的な単語とは違っているものである。ジェスチャーの本性は形象的であるのに、ところが一方の単語というのは物や概念を条件的にのみコード化するものである。

事物の像をコード化する具体的なジェスチャーは、物の形を図式的に表すもの、しかもその、ある程度のみの条件的な表現であるにすぎない」（同書、二二ページ）。

盲ろうのユリヤ・ヴィナグラーダワの発達過程を観察したサカリャンスキーは、次のように指摘しています。この娘は、ある決まったジェスチャーで母親（てんびん棒を持っている様子、右手で左の肩に置く）、父親（「たばこをふかしている」）、兄（「バラライカを弾いている」）、その弟（「子どもを抱いて寝かしつける」）、親しい隣人と親戚の人、をコード化し始めていました。そして彼女には次のような日用品のジェスチャーによるコード化が現れました（薪―「のこぎりでひく」あるいは「木を割る・折る」、毛布―「下から上まで身を覆う」、タオル―「両手で自分の顔をふくジェスチャーとともにサイズを示す、等」）。また動物（猫―右手の手のひらで左手の甲をなでる、雌牛―左手で「角」、右手で「乳を搾る」ジェスチャー、等）、食べ物（肉―軟らかいものを切る、パン―「切る」、バター―手で「塗る」、お茶―サモワールの輪郭を描きながら「飲む」と「温かい」のジェスチャー―手にあたたかい息をかける、等）、植物（桜―身ぶりで「高い」と「丸い」、そして手のひらに小さな円を描く）もユリヤがコード化し始めたものです。

「盲ろうあ児は、慎重に事物を自覚しながら、その形象、特性、形態ばかりではなく、その機能やその役割、すなわち、その運動や状態、その事物と他の事物との関連や相互関係をも、同時に知覚し、つくりあげるのだ。これは同時に形成されるのである……」（サカリャンスキー、論文「盲ろう児の読み書きの初歩」の下書き原稿、三〇ページ）。

盲ろう児が二、三〇のジェスチャーコードを獲得した後、サカリャンスキーの意見に従えば、それぞれのジェスチャーを指文字で綴る単語に置換するようにできる（最初は、この場面の指文字は新しいジェスチャーの役目をしている）のです。これは子どもたちが指文字をアルファベットを体系として獲得する以前でも可能です。たとえば「ママ」のジェスチャーは指文字の「ママ」に変換されます。このようにして一個一個のアルファベットとして指文字を習得するよりも前に、盲ろう児は自分の名前、「ママ」「パパ」「ババ」などを指文字で発音する（指話法を用いる）ことを学ぶのです。このことはアルファベットの体系として習得する以前にも、読み書きの初歩を習得する以前にも十分に可能です。

すでに読み書き以前の時期に、盲ろうあ児の語彙には、自然な、自然発生的なジェスチャーだけではなく、子どもがいつも日

写真　粘土で作っているユリヤ・ヴィナグラーダワ

写真　粘土のお家　ユリヤ・ヴィナグラーダワの作品

写真　ユリヤ・ヴィナグラーダワが粘土でつくったミシン

写真　庭。ユリヤ・ヴィナグラーダワの作品

常生活場面で関わりがある身近な物的世界の事物のみをコード化している指文字の語彙もあるのです。子どもが日常生活の環境において、その子が接する最も身近な事物だけをコード化した自然物ジェスチャーと指文字ジェスチャーです。事物から切り離された行為や状況だけをコード化した一般的なジェスチャーや指文字単語は、この時期にはまだ受けつけられません。将来の言語すべての文法的カテゴリーは、すでに事物をコード化している単語の中に潜んでいます。子どもの脳に事物の像と同時に、その働きと状態の像も反映されます。なぜなら子どもが置かれている具体的な状況において、何も役割のない事物などあり得ないからです。

サカリャンスキーは、この初級読本以前の時期の、盲ろう児の表現描写活動、すなわち土粘土や油粘土による彫刻づくりに重要な意義を与えました。

家庭におけるユリヤ・ヴィナグラーダワの発達を観察して、彼はユリヤが粘土を好きなことを支持し、それを続けさせました。それはユリヤの同年齢児たちが近くの小川の岸辺の砂と粘土で遊んでいるのを学んだものでした。そしてサカリャンスキーは、これによって盲ろう児が周囲の世界についての自分の印象や表象を表す描写的手段を獲得するかもしれないという新たな可能性を見出したのでした。粘土彫刻、あるいはサカリャンスキーが名付けたところの、立体＝描写方法は、盲ろう児に周囲の世界についての生き生きした、鮮明な像がたくさん存在していることを観察できる唯一の可能性を与えてくれたのです。「そればかりか子どものジェスチャー自体が、周囲の事物を粘土によって描写する影響をうけて、ますます精確に分化していく」のです（同書、二二三ページ）。

ユリヤの粘土の学習は、モスクワでの彼女の教育時期にも続けられました。授業が終わった休み時間にも、この娘は自分で、何の指示もないのに粘土細工をしていました。粘土の細工のほとんどすべては、彼女は自分の記憶から再生したものでした。それは、庭、畑、家にあったロシア式ペチカ、農家、足踏み式ミシン、種まき器、家具などです。すべてこれらは彼女が家にいる時身近にあったもので、彼女はしばらく触っていないのですが、細かい所までとてもよく覚えていました。

サカリャンスキーの考えるところ、「正常な脳」の盲ろう児すべては、粘土を用いて自分の内的世界を表現する限りない可能性を備えているのです。彼の「立体＝描写法」は、まだ自分自身を表現できない発達期にある盲ろうあ児の内的世界に入り込んでいくのに役立ちました。「読み書き以前の時期の粘土と指文字が与えるものは、粘土法が与えうるもののうち、ほんのわずかでしかない」（同書、三六ページ）。

ここで注目すべきことは、I・A・サカリャンスキーが盲ろうあ児を「先天的ないし後天的、完全ないし部分的な、視覚と聴覚分析器の、末梢的、受容的部分における機能の障害（同書、一五ページ）と理解していたことです。この二つの主要な分析器のより深刻で中枢的な疾患、つまり脳全体としての障害を伴う他のすべてのケースを彼は「脳性の不完全」としていました。

（4）盲ろう児教育の初級読本

サカリャンスキーは、いわゆる「初級読本期」と呼ばれる読み書き教育の時期を、その後に続く、後読本期と混同してはならないと主張していました。読本期は、系統的な文字読みの時期として、はじめは基礎としての指文字アルファベット、やがては通常の平板文字の学習と定着の時期としてサカリャンスキーは理解していました。子どもは、指文字をつくっている大人の指の形を触って調べ、自分の指を同じように作ってみます。もしも、読本以前において事物をジェスチャーで表現することの一部として指文字が含められていたならば、大人の指文字のまねを非常にたやすくすることができます。サカリャンスキーが考えるには、指文字の習得のための好都合の条件があれば、何回かの授業が必要なだけです。彼が観察したある五歳の盲ろう児は良好に指文字を習得したのですが、彼は両手で大人の指文字を触って覚えました。指文字を習得した後では、知っている事物や人々のジェスチャー表現は、指文字で綴られた単語に変換され始めました。サカリャンスキーが書いているところによれば、指文字アルファベットは、音節を構成することや文字合流についての練習を要しないし、話しことば（口話＝訳者）を形成する問題がまったくなく（たとえば、力点のある母音とない母音の区別、など）、指文字による単語使用と短文の習得に直接、移ることを可能にしています。サカリャンスキーが主張したように、指文字アルファベットは、効果的な教育手段であり、盲ろう児とその子の周囲にいる人々がコミュニケーションをとる効果的な手段になるのです。指文字のアルファベットは自分自身が綴る技能だけではなく、他人の手から単語を「読む」ことを前提としているのです。指文字の助けをかりてコミュニケーションできるようになると、サカリャンスキーはそれを子どもと話しことばで会話することのアナログと見なしたのですが、今度は書きことばの獲得に進むことができます。

まさに指の形をしたアルファベットは、他の書きことばの形態、すなわち、凸点文字、平仮名図示文字、さらに条件がよければ、音声構音による文字を習得するための基礎となるのです。ちょうど、ジェスチャーが指文字単語にとっての支えになったのと同じようにです。盲ろう児たちが指文字や、その後になってから他の文字種を獲得する際、サカリャンスキーはそれぞれの文字の後に分離記号を置くことに重要な意義を与えました。そのことに彼は将来の句読点、つまりカンマ、さらには文末のピリオドの原型を見ていたのでした。

子どもがしっかりと指文字アルファベットを習得し、手から指文字の単語を語り合ったり、読み取ったりできるような習熟をある程度獲得した後に、通常の活字体のアルファベットを半浮き出しの形で、たとえば紙を切りとって作った文字や、手のひらに通常の文字を書くやり方で教えていくことにとりかかります。このためには、図示される文字が正確に指文字と結びつけられなければなりません。サカリャンスキーが考えたように、通常のアルファベットを習得すると、盲ろう児には非常に広い範囲の人々とコミュニケーションをとる可能性が与えられるのです。まず指文字を、それから平板印刷体のアルファベットを習得した後、盲ろう児教育における初級読本以前の時期は完了した、とサカリャンスキーは見なしています。次は初歩的な読み書きに移る可能性が見えてきました。

（5）盲ろう児の発達における初級読本期後と並行文システム

サカリャンスキーは、盲ろう児のこの発達段階を次のように区分しています。

1　点字での書字の習得
2　簡単な非展開性の単文の獲得
3　簡単な展開性の単文の獲得
4　一定のシステムにそって単文から成る文章構成

サカリャンスキーが考えるところによれば、指文字と平板印刷体のアルファベットがしっかりと習得された後なら、点字（凸点字）の教育にはそれほど多くの時間はかからない。この時期までには、サカリャンスキーは点字盤や点字器を用いて字を書くことを完全に排除していました。これらの使用は文字の逆（鏡映的）な打点と左から右を右から左にしなければならないのです。彼が点字教育を行った時はもっぱら、盲人用の特別なタイプライターを用いていました。点字タイプライターの「利点」を彼は、直接単語を書き（打ち）、それが正しいかどうかすぐに確かめられることに見出していました。点字タイプライターでの書字の習得のためには、サカリャンスキーの意見によると、好条件であれば、一週間のレッスンを要するとしました。この場合、字を書くことと読むことは同時に行なわれているのです。子どもは、点字タイプライターで打ち、すぐに書いたものを読むのです。点字タイプライターの利用が困難なのは、幼い盲ろう児の場合であり、この子たちにはキーボードに指を置くのが難しいのです。

書きことばの習得は、第二段階への道を拓きます。すなわち、非展開的な単文を獲得することです。

「この段階での主要なポイントは、単語としての動詞の獲得である。これまでのところ、動作や状態を意味づける単語は、子どもの語彙の中にはない。これは偶然にそうなのではなく、盲ろうあ児の「音声文字言語」の教育システムと厳密に一致しているわけである。

研究が示しているように、単語としての動詞が獲得されるのは、次のような場合だけである。簡単な非拡大文（二成分からなる文）において、すなわち事物（単語としての名詞）を意味づける単語と一緒に用いられる時のみである。また、主語の役割においてのみ名詞が習得されるのと同様に、役割としてのみ述語（動詞）が習得されるのである。それらの中には一方が名詞で他方が動詞であるという区別はなく、このような名詞と動詞との結合において、前者は個々の単語であるだけではなくなり主語になり、後者は述語になるということが重要なのである」（285、二七ページ）。

サカリャンスキーが考えるところ、二語文に長くとどまっていてはいけませんし、子どもの具体的な経験を反映している文章に移行していかなければならないのです。

このような非展開文のうち、盲ろう児が初期に書いたものには次のような文がありました。

ユーリャは　ねました。
ユーリャは　おきました。
ユーリャは　せんめんしました。
ユーリャは　たべました。
ユーリャは　べんきょうしました。

「文体論的な点では、このような文には不自然なところがある。しかし次から次へと系統的に厳密に並べられた、論理的に結びついた最大限に具体的な文から成りたつテキストというのは、ことばとしての（ただ厳密な信号的な役割を果たしているだけの）形式に子どもの注意を集中させるのではなく、具体的な物的現実の具体像に集中させてくれるのである。子どもは事物とその「動作か状態」とを個々別々に分断して学ぶのではなく、論理的に結びつけられた事物と動作の二つを同時に学ぶのである」（同書、二八ページ）。

ことばの文法的な側面の教育を、個々の単語、単語結合、文、といったものを暗唱することではなく、文章や、文章のシステムを作成することに彼は見出していました。「人間の言語は間接的に、像の体系を通して、外的な物理的現実を反映している。言語の文法的な構造には、像のシステムには、現実の体系をありのまま、直接に反映している像の体系、つまり外界の論理にならないようなものは何もありえない」（同書）

二語文から文章を構成する練習は、ごくわずかで十分です。そして簡単な展開文（つまり三語かそれ以上）からなる文章に移ることができるのです。

「その最も短い形態（この形態は一般的にはあらゆる種類の文にとっての基本となる）の単文の獲得に移行するとともに、つまり具体的な補語のみの導入とともに、初歩的読み書きの獲得の第三の最も重要な決定的段階が始まる。

この段階では音声文字言語の文法構造を獲得するかどうかの運命が決定する。盲ろうあ児のための、音声文字言語の文法構造を獲得する『秘訣』は、教師によって特別に作られた文章を用いて、長期的に練習することにかかっている。そのような練習というのは、初歩的な読み書きを獲得する次の（第四）段階に特有な唯一の課題にもなっている」（同書、二九ページ）。

以下に示すのは、ユリヤ・ヴィナグラーダワの、このような学習作文のいくつかの例を、その習得順に短縮して示したものです（「ユーリャ」は「ユリヤ」の愛称形＝訳者）。

文章№１（学習用）

１　ユーリャは　おきました。
２　ユーリャは　いすに　いきました。
３　ユーリャは　いすに　こしかけました。

文章№34（学習用）

１　ユーリャは　ニーナ　と　ファーニャ　と　いちばへ　いきました。

2　いちばには　ひとが　いっぱいいました。

3　いちばには　はなが　いっぱいありました。

4　いちばには　じゃがいもが　いっぱいありました。

5　いちばには　だいこんが　いっぱいありました。

6　ユーリャは　うりばに　いきました。

7　ユーリャは　おみせのひとに　おかねを　あげました。

8　おみせのひとは　おかねを　うけとりました。

9　おみせのひとは　ユーリャに　すずらんのはなを　くれました。

10　ユーリャは　すずらんの　はなを　かいました。

11　ユーリャは　すずらんの　はなの　においを　かぎました。

12　ユーリャは　うりばに　いきました。

13　ユーリャは　じゃがいもを　みました。

14　ユーリャは　じゃがいもを　かいました。

15　ユーリャは　うりばに　いきました。

16　ユーリャは　だいこんを　みました。

17　ユーリャは　だいこんを　かいませんでした。

18　ユーリャは　ニーナ　と　ファーニャ　と　かえりました。

文章№43（学習用）

1 きょうは　シューラが　きました。
2 きょうは　レーナが　きました。
3 レーナは　シューラの　むすめです。
4 シューラは　レーナの　パパです。
5 シューラは　ユーリャに　こんにちはといいました。
6 ユーリャは　シューラに　こんにちはといいました。
7 ユーリャは　シューラに　だきつきました。
8 レーナは　ユーラに　こんにちはといいました。
9 ユーリャは　レーナに　こんにちはといいました。
10 レーナは　ユーリャの　てのひらに　じを　かきました。
11 ユーリャは　レーナの　てのひらに　じを　かきました。
12 ユーリャは　レーナの　おさげを　みました。
13 レーナの　おさげには　リボンが　ありませんでした。
14 ユーリャの　おさげには　リボンが　ありました。
15 シューラは　ユーリャに　さようならをしました。
16 レーナは　ユーリャに　さようならをしました。
17 シューラ　と　レーナは　いえに　かえりました。

18　ユーリャは　タイプライターで　シューラ　と　レーナ　のことを　かきました。

このような作文の練習をしていきながら、盲ろう児は次第に自分ひとりで、自分や他人の行動を書きはじめ、その人々の周囲の様子について語ろうとし始めます。

学習作文のシステムによってユリヤが文章を習得し始めるとすぐに、サカリャンスキーは、彼女が自由時間に自分自身と指文字で対話していることに気がつきました。そして自分が話したいことを点字タイプライターを使って書き留めるように求めました。このできごとについてサカリャンスキーは自分の日記に次のように書いています。

「ユー⑺（ユーリャの頭文字＝訳者）はソファーで腰かけ休んでいたが、何か、みつばちについて思い出していた。そこで書いてみるように頼んだ。とても強く拒否したが、やっとタイプライターの前に腰かけ、次のように書き始めた。

『パパとママが、巣箱を持ち、家に帰りました。パパは床を開けました。パパは地下室に行きました。ママはパパに巣箱を手渡しました。巣箱は地面に落ちました。パパとママは巣箱を地下室に置きました。巣箱は地下室にあります。みつばちは横になって寝ています。みつばちたちは眠りました。ママとパパは地下室から出てきました。パパは床を閉めました。』

ユーがソファーに腰かけ休むとすぐに、必ずねずみか、みつばちかを思い出している……」
（一九五六年四月一〇日付、サカリャンスキーの研究日誌より）

次のは、別の自発作文です。

作文No.1（自発作文）

ママは、カーテンを　あらいます。
ママは、いけに　いきました。

スヴェータは　みつかりません。

作文No.12（自発作文）

ユーリャのせなかに　ひよこがいます。ひよこが　一〇わ。
リーサ。グーシャ。ゴルベイン。とんでいきました。
てっぽう。

作文No.24（自発作文）

おうちは、あたたかい。
パパは　あたたかい。
シューラは　あたたかい。
ヴィーチャは　あたたかい。
おばあちゃんは　あたたかい。
だんろのねどこは　あたたかい。

作文No.33（自発作文）

ユーリャは　じてんしゃに　のることが　できます。
ユーリャは　いちごを　とることが　できます。
ユーリャは　ねることが　できます。
ユーリャは　じめんを　たがやすことが　できます。
ユーリャは　うねの　くさとりが　できます。

「興味深い状況が見受けられた。その女の子の『作文』内容が、研究室やクリニック・スクールでの生活から得られるのはごくまれで、しばしば彼女が書いたのは、何よりも自分の過去の生活エピソードだった（その女の子は幼いころは農村地方にある家で暮らしていた）。次のようなこともあった。文法形態（文法構造）を女の子は学習用テキストで学んだが、述べる内容は村での過去の生活における心的体験だった。それは時にごく幼い時期の場合でさえあった。このことは、盲ろうあ児にことばとしての言語の文法構造を教育する方法を確立するうえで非常に大きな科学的な意味をもっている。自分の要求を表現するシステムとして、『ことばとしての言語』どころか、ジェスチャーをも獲得する以前の時期に彼女が接触したことのすべてが、体系的に子どもの頭に入っていたということが明らかになったのである……」（285、二一九―二二〇ページ）。

盲ろうあ児に文法構造を教える時の最も重要なモメントは、生徒が学習用文章を読みながら自分の文章を作り始める時、すなわち、文法的形式の部分は学習用文章をまねしながら、まったく独自の内容をもっている文章を書き始めた時だ、と考えていました。

「教師はこのような時、できごとを叙述する順序性と、文法的な正確さという視点から子どものこのような作文を支援しなくてはならない。でも教師は、けっしてその中身にまで介入してはならない。独自の自発的な作文の内容選択は、まったくもって子どもに任されなければならない。それなくしては、厳密な順序と文法的な正確さをもって自分の考えを述べたいという欲求も、その技能も、盲ろう児に発達することはありえない」（同書）。

学習用文章と自発作文のこのような学習システムを、サカリャンスキーは、並行文システムと呼びました。

イワン・アファナーシエヴィチ先生は、再び、この仕事に心ひかれ、彼の、盲ろうの女生徒は大きな成功を収めました。次にあげるのは彼が友人V・P・プロトポポフに宛てて書いた手紙です。

「こうしてまた盲ろうあ児の指導を開始して再現してみることに決めたんだ。一歩一歩を文書に残しながらね。何のためにその仕事を企てたかって？　実際私はヴィナグラーダワが、一五歳か一八歳ぐらいの間に『知性まで』たどりつけるようにしなければならないからね！　でも始めたのも、そんなに幼い年齢じゃなかった。第六次五か年計画（一九五六―一九六〇）のうちに、初期段階、一番はじめの段階を再生し、記録にしておこうと計画したんだ。すなわち、こうだ。（1）人間化する。そして（2）読み書きと文法構造を教育する。でも、ここが一番おもしろいのだが……、冗談だとしてきいてくれ。もしもだ。君が私の仕事を知ったならば、きっと信じるだろう。この世には何と多くのまぬけがいて、何と多くの無神経な人間がいることかと。盲ろうあ児の教育指導とは、まぬけかどうか、無神経かどうか、権力者であるか、臆病者であるかどうか、の思想テストなのだ。それに、心理学者であるかどうかのね！　洗礼を受けた者もたくさんいるし、ぐずぐずしている者もいれば、赤い顔をしているものもいるし、ぷかぷかすっている者も、何かぶつぶつ言っている者もいるだろう。ところでぼくの所にはおもしろい器械があるんだよ。誰も見たことがないのさ。『読字マシーン』はもうあなたは、私よりも、うんざりしているだろう。私の所のは、科学的な点でもっとおもしろいのが動いているんだ。ああ、もう準備ができていて、これまでのよりおもしろいものだ。もし心理学者氏らがじゃまをしなければだが、国外でも新しいものだ。今あるものでさえ、国外にはないのだ。もちろん、私には守護者もいるんだ。第一は、欠陥学研究所の所長A・I・ジヤチコフだ。加えて彼は、ろうあ学校の算数の専門家だ。私の教え娘は、算数の成功で彼を喜ばせたのだ。数、量、集合の概念習得の秘訣を彼に明らかにして、四か月間で任意の大きな数の範囲で計算操作を獲得したのだ。総じて、ことばの面だけでなく、算数でもとてもたくさんおもしろいことがある。最初のころ（つまりハリコフの時期）には私にはまったくよくわからなかったことも多かったのだが、今は完全に明らかになった」（サカリャンスキーからV・P・プロトポポフへの手紙、一九五六年九月一八日付）。

一九五九年、彼は「ロシア社会主義共和国教育科学アカデミー報告集」で、言語の文法構造を習得させる方法、を刊行しました(281)(289)。

サカリャンスキーが考えているところによれば、好ましい教育条件しだいで、盲ろうの生徒は、二～三年でロシア語の文法構造の基礎を習得することができるのです。これらの基礎があれば十分に、より複雑な文法カテゴリーやそれらによって表現される概念を習得できるはずです。

サカリャンスキーは、盲ろう生徒による、人称代名詞の習得方法について出版する準備を進めていました。サカリャンスキーは、人称代名詞の習得を十分容易にした、シンプルな手立てを提案しました。

自分の文章をつくる時、最初、盲ろう児たちは第三人称で書き始めました。そしてこのやり方をかなり長い期間、続けました。第三人称の変化形態がしっかり習得されると、それは、かっこに入れるように指示され、その前に新しい人称の形態が書かれるようにしました。

このようにして、当時、セルゲイ・シロートキンの自発作文が見られるようになりました。それは次のようなものです。

1　きょうは　二月八日です。
2　きょうは　日曜日です。
3　研究所に　いる。
4　一月二八日　木曜日　ぼく（セリョージャ）は　学校で　ガリーナ・ワシリエヴナ先生と勉強するだろう　と考えました。
5　でも　私の先生ガリーナ・ワシリエヴナ先生は　私に（セリョージャに）私たち（ガリーナ・ワシリエヴナ先生とセリョージャ）は　研究所に行く　と言いました。
6　ぼく（セリョージャ）は　下に行って　着替えました。
7　ガリーナ・ワシリエヴナ先生も　着替えました。そして　私たち（ガリーナ・ワシリエヴナ先生とセリョージャ）は　バス停に　行きました。

8 まもなく　バスは　きました。そして　ガリーナ・ワシリエヴナ先生といっしょに　バスに　のりました。

9 ガリーナ・ワシリエヴナ先生は　ぼく（セリョージャ）を　あいている　席に　すわらせました。

10 バスは　出発しました。

11 ガリーナ・ワシリエヴナ先生も　ぼく（セリョージャ）の　となりの　あいている　席に　すわりました。

12 ぼく（セリョージャ）は　彼女（ガリーナ・ワシリエヴナ先生）に　ちかてつに　のるのか　のらないのか　たずねました。

13 すると　ガリーナ・ワシリエヴナ先生は　バスに　二回のるよ　と　いいました。

14 まもなく　私たち（ガリーナ・ワシリエヴナとセリョージャ）は　別の　バス停につきました。

15 バスが　きました。そして　ガリーナ・ワシリエヴナ先生といっしょに　別の　バスに　のりました。

16 バスの　なかには　たくさんの　乗客（人々）が　いました。

17 ガリーナ・ワシリエヴナ先生は　また　ぼく（セリョージャ）を　あいている　席に　すわらせました。

18 バスは　つきました。

19 このバスで　ぼく（セリョージャ）は　自分の場所を　ゆずりたい　と思いました。

20 でも　ぼくの　となりに　客が　すわり　彼女（ガリーナ・ワシリエヴナ先生）は　ぼく（セリョージャ）と　ならんで横長シートに　すわりました。

21 私たち（ガリーナ・ワシリエヴナ先生と　セリョージャ）が　バスから　おりた時　ぼく（セリョージャ）は　彼女（ガリーナ・ワシリエヴナ先生）に　ぼく（セリョージャ）は彼女（ガリーナ・ワシリエヴナ先生）に　自分の　せきを　ゆずりたかった　ことを　いいました。

22 でも　ガリーナ・ワシリエヴナ先生は　いいました。ぼく（セリョージャ）のとなりが　あいていたので　彼女（ガリーナ・ワシリエヴナ）は　ぼく（セリョージャ）の　となりに　すわったのだ　と。

23 まもなく　ガリーナ・ワシリエヴナ先生と　いっしょに　研究所に　つき　そして　オーバーを　脱ぎました。

24 私たち（ガリーナ・ワシリエヴナ先生と　セリョージャ）は　オージオメーターをするために　上の階に　行きました。

25 それから　私たち（ガリーナ・ワシリエヴナ先生と　セリョージャ）は　イワン・アファナーシエヴィチ先生のところに　行きました。

26 ぼく（セリョージャ）は　イワン・アファナーシエヴィチ先生と　アレクサンドル・イワノヴィチ先生と　ニーナおばちゃんと　ユリヤおばちゃんに　あいさつをしました。

27 はじめて　ぼく（セリョージャ）は　ユリヤの　話を　読み　みんなに　話しました。

28 そして　そのあと　ぼく（セリョージャ）は　ユリヤと　お話を　始めました。
29 ぼく（セリョージャ）は　ユリヤに　あなたの　パパ　ママ　おばあさん　兄弟　姉妹
おじいさんは　どんな　なまえか　たずねました。
30 すると　ユリヤは　こたえました。彼女（ユリヤ）には　兄弟が二人　ヴィーチャと　サー
シャがいる　と。
31 ユリヤの　パパは　イワン・フェダロヴィチ　という名前です。
32 さらに　ユリヤは　彼女（ユリヤ）の　ママは　リーダおばちゃん　と呼ばれていると
いいました。
33 ユリヤの　おばあさんは　アフィーミャおばあちゃん　といいます。
34 ユリヤは　ぼく（セリョージャ）に　いいました。彼女（ユリヤ）の　おじいさんは　死ん
だ　と。
35 彼（おじいさん）は　フョードルおじいさんと　いう名前でした。
36 ユリヤは　いいました。彼女（ユリヤ）が　小さかったころ　フョードルおじいさんは
彼女（ユリヤ）を　かわいがった　と。
37 彼女（ユリヤ）は　いいました。おじいさんは　ヴィーチャを　かわいがったけれど　彼（お
じいさん）は　サーシャには　あえなかった　と。
38 ユリヤは　いいました。サーシャは　12歳で　ヴィーチャは　22歳　と。
39 ユリヤは　18歳　です。

40 彼女（ユリヤ）は　いいました。ヴィーチャは　とけいを　もっているが　サーシャは　とけいを　もっていない　と。

41 ユリヤは　とけいを　もっている。

42 私（セリョージャ）は　ユリヤに　ききました。彼女（ユリヤ）は　研究所で　どのように　勉強をしているのか　と。

43 ユリヤは　こたえました。彼女（ユリヤ）は　勉強がよくでき　タイプライターで　作文をするのが　よくできる　と。

44 ユリヤも　ぼくに（セリョージャに）　ぼくのパパ　ママ　おばあちゃん　姉妹　兄弟のなまえを　ききました。

45 ぼく（セリョージャ）は　ユリヤに　こたえました。ぼくの　ママは　プラスコヴィヤ・スチェパノワで　ぼくのパパは　アレクセイ・アレクセイエヴィチ　と　いう　なまえです　と。

46 ぼく（セリョージャ）は　いいました。ぼくの　おばあちゃんは　リザヴェータ・マクシモヴナ　という　なまえだと　いいました。

47 おじいさんは　スチョーパおじさん　と　よばれます。

48 ユリヤは　ぼく（セリョージャ）に　ぼくは　いくつか　と　たずねました。

49 そして　ぼく（セリョージャ）は　こたえました。ぼく（セリョージャ）は……。

（引用は、サカリャンスキーの原稿「ロシア語の文法構造を教える際の、盲ろう児の人称代名詞の習得」より）

盲ろう児が、このような文章形態を習得し、第三人称の用い方をマスターした時、確かめ練習が出されるのですが、そこでは、第三人称で書かれた文章を、人称代名詞を用いて表す文に変換するように求められるのです。以下に示します。

確かめ文章

魚つり

ユリヤは　シューラと　川に　行きました。シューラは　上手に　さかなを　つりましたが
ユリヤは　シューラの　となりに　すわっていました。

ユーリャの自作文章

魚つり

わたしは　シューラと　川へ　行った。シューラは　上手に　さかなを　とったけれど　私は
シューラの　となりに　すわっていた。わたしは　さかなを　つった　シューラを　見ていた。
そして　わたしは　シューラの　ところに　行った。シューラは　大きな　さかなを　わたしに
見せた。

わたしは　さかなを　みずの　はいった　バケツに　いれた。
シューラは　わたしに　いった。
「おれ（シューラ）は　さかなつりが　うまいが　おまえ（ユーリャ）は　おれの　となりに　すわっていた」　わたしは　シューラと　いっしょに　うちへ　かえりました。
おばあさんが　バケツの　さかなを　みました。おばあさんは　シューラを　つかまえて　彼（シューラ）に　いいました。
「シューラ　あんた　が　さかなを　つったの？」
おばあさんは　さかなを　あらいました。
おばあさんは　さかな入りの　スープを　煮ました。スープは　おいしかった。（同書より）

（6）人生のおわりに

一九五八年、サカリャンスキーは、自分の名誉回復についての知らせを検事局から受けとりました。「二五年間、ぼくは社会から相手にされなかった。仕事はした、だが……社会的な刺激もなく、社会的な奨励もなく、仕事をしたというか、むしろ機械的に仕事をしたのさ。ときどき、気力は限界まで落ち込んだ。しばしば生きていくことさえ、まったく望まなかった。支えてくれたのは、形式ばかりの専門性と人間に対する何というか不透明な愛だ。それはゴーリキーが私的な交流によって、またその文学的な創造によって私に付与してくれたものだ。でも、ずっと昔の、暗くたちこめたもの、二五年の生活を差引くと何も残っちゃいない（実際、私は拘留されるよりも、ずっと前から批判されていた人だ)」(サカリャンスキーからA・M・ジェリョーズヌイ(8)に宛てた一九五七年一月一七日付の手紙)。

サカリャンスキー資料室には、一九五七年一月八日付キエフ軍管区軍事法廷による、彼の件に関する再審を証明する調査書の写しが保管されていますし、一九三四年三月八日付のウクライナ共和国国家保安部委員会付、執達三役の彼に関わる件は法的な罪の主体が存在しないため、破棄され実施は停止される、ことに関する決定も保管されています。

一九五八年三月二四から二七日にかけて、欠陥学研究所第二回研究大会が開かれました。この研究会の報告を、当時サカリャンスキーの共同研究者であったA・I・メシチェリャーコフが書いています。彼はその報告書の中で、盲ろうあ児の問題に関する最終報告、つまりサカリャンスキーとヤルマリェンコの報告が大きな関心をひいた、と強調しています。ヤルマリェンコは「盲ろうあの唯物弁証法論的理解と、観念論的理解への批判」を報告しました。そしてサカリャンスキーは、盲ろうあ児への、言語の文法構造教育についての指導の結果を特徴づけました。それは「彼がつくりあげた盲ろうあ児の教授と養育体系は、教育学に隣接する学問領域にとって大きな意義をもっている」とされました(184)。

一九五八年五月、サカリャンスキーは第一モスクワ国立外国語教育大学で開かれた全ソビエト連邦、機械翻訳と応用言語学に関する学会に積極的に参加し、そこで言語の諸問題に関して大きな報告を行ないました。一九五八年六月七日付でこの大会の議事録の抜粋が残されています。

「サカリャンスキーが研究している条件（欠陥学研究所）を改善するよう教育科学アカデミーに求めることが必要不可欠である。また、ヒットラー軍によって破壊されたクリニックの再建についての問題を検討するよう求めることが必要不可欠である」

名誉回復と党員復帰に元気づけられて、たびたび政府に呼びかけ、ソ連邦教育省評議会が「盲ろうあ児のために学校」を、そしてさらに、知的に正常で個別教育を必要とする子どものために「寄宿制子どもの家」を設置する決定をさせる計画の準備をしました（ここでいう盲ろう児とは、次のような子どもたちである。言語と運動の重い障害を負っている、重い型の、仮性病理のある子ども、また感覚性失認症の子ども〔カフェージヤ〕。また、聴力の低下と言語障害をともなう弱視の子ども。また盲や難聴によって状態が複雑になった失語症〔アラーリヤ〕の子ども）。彼はまた、聴力、視力、ことばのない子どもたちのための寄宿制学校に関する規定についても研究しました。

これらのアピールの一つに対して（教育省副大臣によって署名された一九五九年一二月一八日付第七〇八九号）の回答は次のように示されています。

「盲ろう児のための特別学校開設についての貴殿の御提案を検討した結果、ソ連邦教育省は、このような学校創設を本省が取り扱うのは不可能と考えるものである。盲ろうあ児の機関は、ソ連邦社会保障省の管轄下で設置されるべきであり、児童部門と成人部門を併せ持つ学習、生産寄宿施設でなければならない……。教育省の体系として児童施設を創設することは合目的ではない。なんとならば、教育した身辺自立、労働、読み書きは、家族でも職場でも常時支援を要するがゆえに特別な施設に居住する必要がある」

このころ、サカリャンスキーは自分の技術的な試作についても提案しています。彼は夢中になって盲ろう児と話ができるようにする器具を製作する研究をしました。自分がずいぶん前に発明した「読字器」に対して、一九六〇年に彼はソ連邦国民経済達成博覧会金メダルを授賞しました。それから彼は、盲ろう児における不随意運動記録用の器具とろう児用の（点字モニターである）「フォトスコープ」を作る研究をしました。

一九五七年末、まもなく七〇歳になろうか、というころ、研究所ではサカリャンスキーのために、研究＝教育活動五〇周年の記念を祝しました。

「……欠陥学の分野での私の仕事が五〇周年記念として、このような所謂祝賀会をしていただけることになった時、私はもうたいへんな目にあった。その準備について私は何も知らなかった。何日間か、いろいろ考えてしまったよ。私の住所録がなくなったので、妻もどぎまぎして誰か若い人々のところにあるのではと思ったのだ。そうだったのさ。もちろん、私たちの友人の配慮は、私を元気にしてくれたけれどね（もっとも大人の個人的な人生においてこの種の「祝事」の、否定的な側面もあるにはあるが、私のような悪名高い「老いぼれ」にはね）。私へのあいさつやメッセージの中で率直にびっくりしたのは政府が発行した、ソビエト連邦科学アカデミー総裁でアカデミー会員のA・N・ネェスミヤーノフの公式なあいさつだ。たくさんの著名なアカデミー会員がきていたよ。私の友人、ソ連邦人民芸術家士・S・コズロフスキーは、彼の言うところ、「私の大好きな歌」をうたった。あの「高慢な」（実は彼は高慢ではないのだが）コズロフスキーが来たことは、みんなを驚かせた。キエフの人々やウクライナ各地から人々が来てくれたことは私のよろこびだ。一言で言えば、みんな私の仕事のことで、私を元気づけてくれたんだ。ご存知のように、いったいどれだけ、移り住み、たくさんのものを失ったことか……。

『一九二〇年』からの在党者である党員証明書を手にした時は、元気づいたよ。まさしく、生まれかわった。まさに、何かの悪夢から覚めたようだった。身体の具合は思わしくないのだがね。でも、だいじょうぶだ。立って、話せる。この復活は私の古くからの同志のおかげであるが、その主だったグループは今、キエフにいるんだ。そのなかには、あなたの熱烈な力があるさ、ニコライ・ニコラエヴィチ。そうさ、あなたと私は革命の初期の年月から最強の友情で結ばれている。とりわけ、児童運動の分野ではね……」（サカリャンスキーからミローノフに宛てた一九五九年一二月二六日の手紙）。

人生最後の年、イワン・アファナーシエヴィチ先生は奔走し続けていました。それは随分前から事実上彼の指導の下で存在していた盲ろうあ児の研究と

写真　I．A．サカリャンスキー　1959年

教育実験室を正式に位置づけるためであったり、その定員を一人でもいいから増やすことであったり（実験室主任、下級研究員それに看護師）、そしてまた研究所で自分の大学院生のために補助員をつけること、さらには研究所の言語障害部門に附設して盲ろうあ児のために臨床部を設置すること、などでした。でもまだどれもうまく行っていませんでした。

「……私の『施設』は全部、実際に隅にあるんだ、文字通りにね。つまり大きさの点でも、研究所の建物の中の位置の点でも、建物の隅っこにあるのさ。その時、その時、ウサギやブタたちは巨大な部屋で仕事をしているのにさ……私は小さな一部屋で妻と二人で住んでいる。私には本がいっぱいある。とてもたくさんだ！　置き場所がないんだ。だが、もう年ゆえ図書館を歩き回る力がない。だから、本は部屋にあるのが都合がいい……」（スカチェクへの、サカリャンスキーの手紙、一九五七年一一月二二日付）。

最後の新年、サカリャンスキーの未亡人、N・S・マルゴリス(9)が話しているところによれば、彼らは家に、ハリコフ時代から家族ぐるみの付き合いがあったアカデミー会員アブライーモフを迎えました。彼女の記憶によれば、そこにはアカデミー会員カピッツァとセミョーノフが夫人同伴でいました。「みな、テーブルを囲んで一三名いたことに注目しました。年の始めとしては、どのお客にとっても、よくない兆しでしたわ。そう、イワン・アファナーシエヴィチが、その一三番目、だったのでした……」。彼は一九六〇年一一月二七日、七二歳で亡くなりました。

2 A・I・メシチェリャーコフの指導下で行なわれた欠陥学研究所における盲ろう児の教育と研究

（1）農民の息子、ソビエトの兵士、そしてルリヤとサカリャンスキーの教え子

アレクサンドル・イワノヴィチ・メシチェリャーコフは、一九二三年一二月一六日、リャザン県スコーピン地区グミョンカ村の、子だくさんの農家に生まれました。彼は初等農業学校を好成績で卒業しましたが、両親は勉強を続けたいという彼の確かな志向を見てとり、特別にスコーピン市に移り住み、そこで息子は中等教育を受けることができました。中等学校を修了するとすぐに、一九四一年の夏、アレクサンドル・メシチェリャーコフは赤軍に動員され、そして一兵卒として大祖国戦争に参戦しました。一九四三年、重傷を負い、長い治療の後、退役しました。陸軍病院を出た後、短期間帰省し、それから上京して、さらに勉強を続けました。負傷した退役参戦者は当時、試験なしで大学に入学が受け入れられていました。そしてメシチェリャーコフはすぐにグープキン記念石油科学大学に入学しました。でも実は、そこでの学習が自分に満足をもたらしてはくれないことを悟り、一年足らず学んだだけでした。

何ということはなくモスクワ中をぶらぶらしていた時、彼には、まだ自分の知らない新しい専門職の名称が目にとまりました。それは心理学でした。少し前に開設されたモスクワ国立大学哲

学部の募集が始まっていたのです。一九四五年、彼はこの学部の心理学科に入学しました。そこの心理学講座を指導したのは、まずはS・L・ルビンシュテイン、そしてB・M・チェプロフそれにA・N・Lオンチェフでした(27)。A・I・メシチェリャーコフは大いに関心をもって学び、心理学の学生研究会の代表になっています。

最初の科学研究（それは学位研究ですが）は、重荷を何度も持ち上げる際の集中的な構えの形成を対象とした研究でした。それは、A・V・ザポロージェッツの指導の下でメシチェリャーコフが行なったものです。彼は構えの心理学において新しい事実を発見したのですが、それについてはA・V・ザポロージェッツの著書『随意行為の発達』（一九六〇年）に詳しく述べられています。大学の最終学年でメシチェリャーコフは学業と同時に、A・R・ルリヤが指導していたソ連邦医科学アカデミー、N・N・ブルジェンコ記念神経外科研究所附属高次神経活動生理学実験室の上級研究員として働いていました。

一九四〇年半ばから一九五〇年代初めにかけて、モスクワ大学哲学部心理学科では、各年度にメシチェリャーコフと共に後に特殊心理学と特殊教育学の分野で著名な専門家となる以下にあげるような人々が学んでいました（学業を終えると彼らは欠陥学研究所に行きました）。その人々とは、V・I・ヴィリチューコフ、O・V・ヴィノグラーダワ、G・L・ヴィゴツカヤ、A・A・ジケーエフ、N・N・ジスリーナ、Yu・A・クラーギン、V・I・ルボフスキー、E・N・マルツィノフスカヤ、T・V・ロザノヴァ、L・I・ソンツェワ、L・I・ティラノーワ、E・D・ホムスカヤ他。

メシチェリャーコフといっしょに一九五〇年に哲学部の教育を終えたのは、後に有名な哲学者になるE・V・イリエンコフです。二人は親しく互いに助けあい、一九六〇年代半ばまで交わったのです。

大学卒業後、メシチェリャーコフは、ロシア共和国教育科学アカデミー心理学研究所に入り、A・R・ルリヤの大学院生となりました。一九五一年、心理学にとって残念であるあの名高い「パブロフの会議」の後、神経外科大学のA・R・ルリヤの実験室は閉鎖されてしまいました。アレクサンドル・ロマノヴィチ（ルリヤのこと＝訳者）は、欠陥学研究所の仕事に移りました。師とともに彼の教え子たちもそこに向かうことになりました。一九五二年から大学院生としての学業と同時に、そこでメシチェリャーコフは仕事をしました。はじめは事務職として、そして四か月後には下級研究職になりました。この欠陥学研究所での彼の研究は、ルリヤが指導していた特別学校の生徒たちの臨床・病理学的研究のセクションで始まったのです。

新しい研究所に移り、ルリヤは科学的探究の方向をすっかり変更せざるをえなくなり、その教え子たちの仕事も変わりました。ルリヤは、子どもの行動における言語の構成的な役割についての総合的な研究を開始しました。ルリヤの指導下で、正常児のケースとさまざまな知的遅滞の子どもたちのケースにおける行動の言語的調節の発達に関する諸問題が研究されました。この研究のために何年も前にルリヤによって作成された共運動法が用いられました。それを用いて下級研究員メシチェリャーコフは、子どもたちが言語刺激に対して条件反応ができあがる過程の特性を研究しました。このような方法の一つによれば、子どもは木を意味する単語の場合は右手で、動物を意味する単語の時には左手で、梨型のゴム球を押すように求められました。このようにして、通常の子ども、心理発達遅滞児、そして軽度および重度の知的遅滞の子どもたちについて研究がなされました。

一九五三年一月、ルリヤとその何人かの教え子たちにとっては、次のような試練が待ちうけていました。すなわち、あからさまに反ユダヤ的性格を帯びた「医師・毒殺者」事件です。ルリヤの娘の回想によれば、当時アレクサンドル・ロマノヴィチ先生（ルリヤのこと）は、直接仕事場で、あるいは帰宅途中で拘留されないか、そして身内の者にそれが知らされないのではないかと恐れていました。それゆえ彼は仕事から一人で帰ることはせず、彼の院生のうちの誰か、メシチェリャーコフかあるいはルボフスキーが同伴しました。帰宅中にもし彼に何かあった時、身内の人々に知らせるためにです。

当時、研究所当局は直接ルリヤに、彼の実験室にはユダヤ人が多すぎる、と指示を出していました。周知のように、この後、彼は自分の若き共同研究者エフゲーニヤ・ホムスカヤとニェーリャ・ジスリーナに別な職場を見つけるよう個人的に依頼をしたのでした。彼は言いました。自分にとって状況は悲劇的であること、そして自分は何の援助をしてやれないのだと話したのです。エフゲーニヤ・ミハイロヴナ・ホムスカヤは、彼の求めのあとすぐに辞職願を提出し、サコーリニク地区にある知的障害児のための「子どもの家」で職を得ました（165）。

当時ルリヤの下で上級実験員として研究していたニェーリャ・ナウモヴナ・ジスリーナの話によれば、彼女は研究所にとどまりました。職を失いたくはなかったのです。なぜなら彼女は家で唯一の扶養者であり、家には、その当時すでに退職した彼女の両親二人がいたのでした。その時、彼女を一生懸命支え守ったのは友人で同僚であったアレクサンドル・メシチェリャーコフとヴラジーミル・ルボフスキーでした。しばらくしてやがて彼女も解雇されたのですが、その時彼女は職場に通うのを止めなかったばかりか、欠陥学研究所当局に対して、不当解雇であると裁判所に告訴したのです。彼女の件は長引きましたが、スターリンの死後、簡単に終止しました。

一九五三年、メシチェリャーコフは、「大脳の局在的損傷があるケースでの、単純反応の形成における二つの信号系の相互関係の障害」というテーマで、心理学に関する教育学修士の学位を請求しました。一九五五年、欠陥学教育科学研究所において上級研究員としての職責で研究し、後に高次神経活動生理学によって学位を得ました。この当時までにこの分野で彼は二〇を超える研究物を刊行していました。

ルリヤは、この自分の若き研究員をサカリャンスキーに紹介しました。一九三〇年代初めにハリコフで研究していたころからルリヤはサカリャンスキーをよく知っていたのです。イワン・アファナーシエヴィチ先生（サカリャンスキーのこと＝訳者）はこの、高次神経活動の領域でめざましい研究をしていた有能な若手に注目しないはずはありませんでした。

まさにこの時メシチェリャーコフはO・I・スコロホードワと知りあい、研究所で行なわれていた盲ろうのユリヤ・ヴィナグラーダワとセルゲイ・シロートキンの実験教育を観察することができました。またメシチェリャーコフは自分の欠陥学研究所の研究評議会やモスクワ大学哲学部での、そして一九五五年の全ソ連邦心理学者大会でのユリヤの成功裡なデモンストレーションを見ていました。

S・シロートキンは、彼との最初の出会いを次のように回想しています。

「……そしてまたある時、イワン・アファナーシエヴィチ先生は、いつものように私をテーブルに着かせてから、私に両手で知らない人物を調べてみるようにさせました。私はがっしりした肩、大きくて強い手、それに軟らかな、少し縮れ毛をした大きな頭を感じました。こうして私は、サカリャンスキー先生の教え子で、その仕事の未来の後継者となるアレクサンドル・イワノヴィチ・メシチェリャーコフ先生と知りあいになりました……」(242、二二二ページ)。

メシチェリャーコフは盲ろう児の研究と教育の問題に大いに関心を持ち、一九五七年から事実上、サカリャンスキーの身近な共同研究者として、盲児の教授と養育を行なっていた欠陥学研究所の分室で仕事を始めました。この時、サカリャンスキーの指導の下では三人の共同研究員(O・I・スコロホードワ、メシチェリャーコフ、R・A・マリェーエワ)と仕事をしていましたし、さらに二人の教師(V・A・ヴァフチェルとG・V・ワシナ)が仕事をしていました。

一九六〇年にサカリャンスキーが亡くなって以後、メシチェリャーコフは自分の師が生存中にはできなかったことを実現させます。すなわち一九六一年に、ついに彼は盲ろうあ児の研究と養育実験室を立ち上げ、それに附属する実験教育グループを設けました。そして一年後、盲ろうの諸問題に関わる大部な研究論文集を出版しましたが、その中にはサカリャンスキーの論文が三つと彼の生涯に関する歴史的概観が収められていました。

メシチェリャーコフは、この国に盲ろう児のための特別な教育機関を開設するためにその組織化という大きな仕事を継続し、ついに成し遂げたのです（ソビエト連邦では一九三九年以降、そのような学校は存在していませんでした）。

そこには附属して研究実験室が正式に認可されましたが、そこでの活動は、もっぱら盲ろう児の諸問題に向けられました（サカリャンスキーが一九四七年から一九五五年まで指導していた盲ろうあ児の実験室の研究分室として設けられていたのです）。

この当時、盲ろう分野では、諸外国の専門家たちとの新たな接触も確立されています。

一九六一年、メシチェリャーコフは、

写真　モスクワで、パーキンス盲学校のウォーターハウス校長と会見するメシチェリャーコフとO・I・スコロホードワ

欠陥学者代表団の一員としてルーマニアを訪問し、また一九六二年と六七年には、O・I・スコロホードワとともに、イギリスで行なわれた盲ろう児教育に関する国際セミナーと成人盲ろう者の教育に関する学会に参加しました。これに対する返礼訪問として世界中の国々から著名な専門家がやってきました。

彼は博士論文を提出し、単著『盲ろうあ児』を出版し、モスクワ大学に盲ろう学生グループをつくりました。時折、彼の実験室に若い心理学者たちが集い、彼らは後にこの実験室を長く受継いでいきました。

これらすべての仕事は、心臓病からくるアレクサンドル・イワノヴィチ（メシチェリャーコフのこと＝訳者）の健康には不都合であり、さらに悪化させる背景となってしまいました。メシチェリャーコフはモスクワ大学心理学部で盲ろうに関する講義課程を開くことを切望していて、二回この講座を始めましたが、動悸と心臓の不調を抑えることができず、講義は中止となりました。一九七一年一一月、五一年の人生という早すぎる死の前の二年間、しばしば彼は長期間の入院をくり返していました。

彼の著書は英語に翻訳され、諸外国の専門家たちに大きな関心を呼び起こしました(203)(345)。でも、ようやく一九八〇年になってメシチェリャーコフとその師I・A・サカリャンスキーの研究は、V・V・ダヴィドフ、F・T・ミハイロフそのほかの人々の大きな骨折りによってソ連邦国家賞の(没後)授賞をもって公式に評価されました。賞金は、二人に対して、当時の三〇〇〇ルーブルが与えられました。

（2）メシチェリャーコフが指導した盲ろう児の研究と教育実験室

アレクサンドル・イワノヴィチ先生（メシチェリャーコフのこと＝訳者）は実験室を一三年間指導しました（一九六一年から一九七四年まで）。彼はこの実験室にサカリャンスキーの名前を付けたいととても望んでいました。そしてそれは欠陥学研究所当局の承認が得られなかったのにもかかわらず、彼の名前の入った表札を注文し、それを三階にある実験室のドアにかけました。この間、彼はずっと組織者として、また研究者として、研究指導者として積極的に仕事をしました。

盲ろうの諸問題に関するメシチェリャーコフの最初の研究は、一九六〇年に刊行されました。それは論文「盲ろう

写真　1970年ソ連邦教育科学アカデミー欠陥学研究所
盲ろうあ児の教授と養育研究室の会議
左から右へ、メシチェリャーコフ、L・V・パシェンツェワ、R・A・マリェーエワ、O・I・スコロホードワと通訳書記、そしてG・V・ワシナ

あ児の精神機能形成の特性と関連する像の若干の問題」でした。この研究とそれに続くいくつかの研究で、全盲ろう児を念頭において、この子たちは自分の周囲の世界の表象を触覚だけで形成することを指摘しました(185)(186)(188)(190)。この時、アレクサンドル・イワノヴィチは、特別な教育を行なわない限り、盲ろう児は、ことごとく精神発達の可能性を失ってしまうと確信をもって述べています。

この確信の証拠として、彼は本国や諸外国における研究者の著作から事例を引用していますが、そこでは、教育以前の盲ろう児たちの深刻な状況が書かれているものでした。これらの例の中でメシチェリャーコフは教育以前の盲ろう児で「まったく絶望的でどのような精神発達も失われている」子どもの記述を選び出し、その著書の他の事例で家庭養育の条件下で十分好ましい発達をしている事例については別にして考えました。

こうして、すでに最も初期のメシチェリャーコフの研究の中に、盲ろう児の発達において、特別な教育が一定の役割を果たしているというテーゼが現れているのです。「教育前の盲ろう児は、人間らしい姿勢がとれないし、人間のように立つことも、すわることもできない。これらのことすべては、その子どもに特別に教えなければならない」(185、一一二ページ)、「けっして忘れてはならないことは、完全に人間的精神機能を失っている子どもたちについて言っているのであり、その子どもたちにもその精神機能を形成して発達させる(おそらく最も高いレベルにまで)可能性はあるのだが、その過程の初期段階では、この子どもたちは周囲の世界を知ろうとする要求も示さないし、定位=探索活動の何の習熟も持ちあわせていない」(同書、一一三ページ)。

人間的な精神機能を形成する最初の課題としてメシチェリャーコフが考えたのは、周囲の事物の直接的な像と最も簡単な行動の習熟を形成することです。「盲ろうあ児の初期の発達段階にあっては、刺激に対する定位反射を形成するために、予めのその無条件的な補強が必要不可欠である……。盲ろうあ児の手の中に与えられた、まったく知らない事物は保持されることなく、その子の手からだらしなくすべり落ちてしまう……。しかしながら、甘い水が流れ出ていた使い古されたゴムの乳首とか、あるいは、変形してしまったスプーンは、生き生きとした定位反応（触察）を引きおこす」（同書、一一四ページ）。メシチェリャーコフが強調しているように、定位反射の生成や表出は、新しい刺激によってではなく、反対に、過去に強化役となっていた刺激体との類似性によって決定されるのです。

ルリヤのもとで実験者としての非常によい準備教育を受けていたので、彼は新しい分野でもこのような方向で研究を継続しようとしたのでした。しかし、彼がそうできたのは一度きりでした。すなわち一九六九年、彼は、自分の最初で最後の実験研究『盲ろうあ児における信号知覚の蓋然性について』を刊行しましたが、それは、盲ろうの人々が点字で書かれた文章や触指話（触指文字法＝訳者）を知覚するさいの蓋然性研究を基にしたものでした。盲ろう者の指に付けられた豆電球の助けをかりて彼らの点字本のページ上での動きを記録し、指文字の「話者」の手の表情を包んで隠しながら、サカリャンスキーは、文字言語の触知覚の蓋然性を呈示しました。同様にメシチェリャーコフは、盲ろう者にとっての指文字記号の蝕知覚像が、視知覚像とは違っていることに注目しました(199)。

後になっても彼は、まさにこの実験研究用に作られたセットをしばしば追試したのですが、盲ろう分野での未解決な一般科学的、また組織上の問題の多くが彼に、望みどおりの研究をする機会を与えてはくれませんでした。

その他の多数の科学研究、それは盲ろう児教育の資料に基づいて行なわれたものですが、その中でメシチェリャーコフは、サカリャンスキーの伝統を受け継いで、人間の要求の形成理論を研究し、盲ろう児の初期的コミュニケーション手段である、そもそも事物を扱う行為から、ジェスチャーが生成される心理学的な条件を書き記しています。彼は盲ろう児の初期教授について詳しく分析しましたが、それは、最初は大人の側の主導的な役割として、すなわち子どもの生体的要求を満たすための大人と子どもの共同活動として組み立てられるのです。

どのようにして徐々にこの活動が共同的なものから、共同＝分担活動に変換していくのか、メシチェリャーコフは詳細に記述しています。つまり、大人の能動性を減らし、行動の主導性を子ども側に渡すことによってそうするのです。差しせまった要求を満足することに結びついた行為を独力で達成することが、その行為の主たる補強体となり、子どもにとって満足の源泉となるのです。形成された習熟は、急速に完全化され、強化されますし、子どもは大人の援助に対して積極的に抵抗し始めます。子どものニーズに応えるための共同活動は、メシチェリャーコフの意見によれば、コミュニケーション形成のための条件をつくりだしたのです。大人と盲ろう児との間の、最初の自然なコミュニケーション手段となるのは、大人によって行なわれる実際的な行為の開始です。行為を継続することは子どもにとって信号であり、それはすでにコミュニケーション機能を果たしています。その後、現実的な、いろいろな事物を扱う行為がそれを表すジェスチャーに転換していきました。このようにして特別なコミュニケーション手段すなわち自然的な身ぶりが現れました。よく知っている日用品を示すいろいろなジェスチャーが蓄積してくるのにしたがって、それらが指文字で綴る単語に変わっていったのです。

この実験室では、サカリャンスキーが始めた、盲ろう者のための技術的な装置や機器の制作が続けられました。また、メシチェリャーコフの指導で盲ろう問題に関する二つの学位請求論文が出されました。一つはA・V・アプラウシェフで、約二〇年間子どもの家の所長として勤めた後、その経験を何冊かの本にしています（12）（13）（14）（15）（16）（17）。そしてもう一人はA・E・パリトワで、現在、教育学博士で、ヴラジーミル国立教育大学欠陥学部長です（212）。

一九六四年、盲ろう児グループ（サカリャンスキーが生きていた時は二人、Yu・ヴィノグラーダワとS・シロートキン）は、盲ろう児の研究と教育実験室附属の実験グループとして正式に承認されました。最初、それは欠陥学研究

写真　1960年代の盲ろう児実験教育グループの教師と指導員
前列左からR．A・マリェーエワ、ヴァロージャ・トレチャク、それにユリヤ・ヴィノグラーダワ、後列、左からL・V・パシェンツェワとG・V・ワシナ（1963年ころ）

所の古い建物にありましたが、その後、国立ろう研究所附属の、ろう児のための実験学校の二部屋が割り当てられました（クロポトキンスカヤ河岸通、一番地）。各時期にそこには、一年間に二人から五人の盲ろう児たちが学び、そこで半年あるいは一年間の診断的教育を受けるものもいれば、より長期間（二年から八年）いるものもいました。このグループで仕事をしていたのはファイナ・ミハイロヴナ・カザケーヴィチ、ヴェーラ・アレクサンドロヴナ・ヴァフチェリでしたし、三〇年以上教えたのは、欠陥学教師ガリーナ・ヤコヴレヴナ・アクショニナ、それにリュドミーラ・ワシリエヴナ・パシェンツェワでした。すべての学習プログラムと盲ろう児の教育方法は、実験室の指導を受けながらこのグループの教師たちによって生み出されたのです。

（3）「盲ろう児子どもの家」の設立と最初の一〇年間

新しい特別な教育機関を設立するために、メシチェリャーコフ、実験室研究員のO・I・スコロホードワとR・A・マリェーエワ、それに教師F・M・カザケーヴィチとG・V・ワシナは多くの組織的・実務的な課題を解決しなければなりませんでした。

第一に、教育を必要としている盲ろう児を見つけ、リストアップしなければなりませんでした。この課題を解決するために、ロシアの社会保障省の各県支部に、ソ連邦各共和国の盲学校、ろう学校に照会がかけられ、またラジオ放送での呼びかけが行なわれました。こうした活動の成果として、実験室には、発達の重い障害があって、どこの学校にも行っていない子どもがいる大勢の親たちが問い合わせてきました。問い合わせの一部には重い知的障害のある子どもたちにかかわるものもありました。確認と検討を経て、三四〇名の盲ろう者が明らかになり、そのうち、二〇歳以下の者は一二〇名でした。

第二の課題は、教育施設そのものを建設することでした。ここで得られた、教育を要する盲ろう児についてのデータがそのための基礎となりました。

すでにサカリャンスキーの存命中、このような教育・養育機関を教育省の制度の中で創設することは拒否されていました。子どもたちの状態の深刻さと、常時必要なのは教育的な支援ばかりではなく医療的および社会的な支援であることを理解し、盲ろう児のための特別な施設をロシア共和国社会保障者の制度下で創設していくことに決まりました（当時、社会保障は各共和国内の管轄で行なわれていました）。国中に名が知られていた盲ろうの作家で研究者であったスコロホードワは、盲ろう児の深刻な運命について、政府にいるK・E・ヴォロシーロフに手紙で訴えました。自分の大学時代の恩師たち、高名な学者A・V・サポロージェッツ、A・N・レオンチェフ、ルリヤそれにD・B・エリコニンの助けをかりて、メシチェリャーコフは「子どもの家」の創設にかかわるさまざまな政府機関を奔走しました。その結果、モスクワ郊外のザゴールスク市（かつて、そして現在はセルギエフ＝パサート市）の、閉鎖されていた孤児のための「子どもの家」を母体にして五〇名の定員で盲ろう児のための施設が開設される決定がなされました。

その次の課題は、盲ろう児のための教師養成と教材の作成、それは教育の過程を開始するのを可能にするものです。一九六三年五月にかけてソ連邦教育科学アカデミー欠陥学研究所には、盲ろう児教育のため教育職員養成の課程が開かれました。メシチェリャーコフとR・A・マリェーエワの他、この講座には研究所中の主だった研究員が講義に加わったのです。その人々は、M・I・ゼムツォーワ、A・G・イッポリートワ、K・G・コルヴィン、E・V・ミローノワ、L・A・ノヴィコワ、M・S・ペヴズネル、F・F・ラウ、H・F・スレジーナ、M・B・エイディノーワ他、でした。

「子どもの家」における盲ろう児たちの最初の教師は、この再教育課程を修了した通常学校の教師たちでした。それは、A・F・ベローワ、O・V・ゴルバチョワ、A・V・ダヴィドワ、R・A・レオノーワ、M・A・クプツォワ、E・N・ゴズロワ、M・G・マルコローワ、L・P・トルマチェワらです。理論的な講義を受けた後、ザゴールスクの教師たちは、教育実習を受けました。研究所の実験室では、盲ろうの生徒ユリヤ・ヴィナグラーダワとナターリヤ・コルネェーエワを相手に、(指導教員はV・A・ヴァフチェリ教諭)、そしてモスクワ市第一盲学校ではセルゲイ・シロートキンと指導教官(G・V・ワシナ教諭)を相手に実習をしたのです。ザゴールスクの教師たちといっしょにそこで教育実習を受けた者に、V・I・レーニン記念国立モスクワ教育大学の欠陥学部の卒業生らがいましたが、彼らもまたザゴールスク盲ろう児の家で教育を担当しました。

以上のことと同時に、学習プログラムと盲ろう児教育のための指導書を作成する課題も解決しました。非常に短期間で、主要な科目の指導要領用に執筆されたものが、輪転式謄写印刷機で複写されました。科目は、算数、ことばの発達、実物授業、労働教育、それに体育、です。これらの作成に積極的に関わったのはR・A・マリェーエワとV・A・ヴァフチェリそしてG・V・ワシナの先生たちです。

ロシア共和国社会保障省の「盲ろう児のための子どもの家」は、一九六三年九月一日、子どもの受け入れを開始しました。そこではロシア共和国の各地域から、その後はソ連邦の各地からきた五〇名の盲ろう児が学び始めました。

まもなくして作られた「子どもの家」の指導に関する規則によれば、子どもの選抜に関する診断作業のすべておよび研究＝指導方法的な施設の活動の指導方針は、ソ連邦教育科学アカデミー欠陥学研究所の盲ろうあ児の教授と養育実験室に委ねられました。

メシチェリャーコフは、この特別な施設への子どもの選抜原則を定めました。「盲ろうとは、盲のケースとろうのケースが別々に持っている特性を単純に合計したものではない。盲ろうのケースでは、ろう者にあるように、視力が聴力を補償するということはないし、また盲の人々にしばしばあるような、聴力とことばが視覚の補償をするということがないのである。また盲人の場合、部分的な聴力損失であっても晴眼者が聴力を失った場合に比べて、その子の発達にとって大きなマイナスの後遺状態を招く。まったく同様に、ろう児の発達にとって視力の部分的な損失でさえ、きこえる子どもが視力を失った場合よりも、より深刻な状態を招く。

視覚と聴覚の障害が総体として存在している子どもの発達は、ろう児の場合あるいは盲児の場合とはまったく別の道を歩む。この特性は、基本的に言って、盲ろう児とその周囲にいる人々とのコミュニケーションの可能性が危機的に低下する点にある。

まさに、このことこそ、盲ろう児の発達における決定的な要因なのである。それゆえに、子どもを盲ろうあのカテゴリーに位置づける時、その子の視力と聴力の程度ばかりを形式的に確認することから出発してはならない」（203、五九ページ）。

盲ろうあ児のための学校は、あらゆる視覚障害を伴うろう児を受け入れるべきですが、通常の教科書を読むために視力を体系的に用いる可能性がなく、顔の表情からことばを読み取る可能性が妨げられている子どもも、また同様に、ことばを失ったり重度のことばの遅れをもたらしたりするような、あらゆる聴力低下をともなう子どもを受け入れるべきです。

この規定には、盲ろう児の教育可能性の程度の規定も付け加えられました。

「盲ろう児の教育不可能性については、次に定める条件の場合に決定される。a．一年間教育を試みたが、好ましい結果が得られないことが明確にされた場合。b．それと同時に、子どもの発達の遅れの基礎に、脳の器質的な障害によって引き起こされた知的遅滞があると専門家によって確認された場合」（同書、六五ページ）。

盲ろう児教育の結果は、毎日、専用の日誌ノートに記録されました。そして各生徒について四半期ごとに特徴づけが行なわれましたが、そこでは、子どもの教育、養育活動の教師による報告が詳細に分析されました。年次報告書のすべてのコピーは、欠陥学研究所の盲ろう児の教授と養育研究室にも届けられました。

「子どもの家」の指導の第一段階は、ソビエト連邦教育科学アカデミー欠陥学研究所と非常に緊密に連携して行なわれました。メシチェリャーコフは定期的に子どもの家を訪れ、生徒たちの発達を見守り、教師による観察日誌を収集し、分析しました。とくに最終の教育年度（一九六九年から一九七〇年）の日誌は彼の博士論文後の著作の基礎となりました。そこでメシチェリャーコフは約七年に及ぶ観察期間の、盲ろうの子どもたちの発達の特徴を記しています。二歳で入学してきた子どもは二人だけで、半分以上の子どもは、かなり遅くなって一〇～一二歳になってから教育が始まりました。以前この子どもたちは、どこでも教育を受けたことがなく、盲学校でもろう学校でも教育を受けたことがない子どもでした。子どもたちの主たるメンバーは弱視のろう児たちでした。しかし、一人は残存視力のない盲で、もう一人は（残存視力はあるが）事実上の盲でした。最初の一〇年間に「子どもの家」の生徒たちの重い視覚障害で一番多い原因は、視神経萎縮と先天性白内障の除去後の無水晶体症でした。大部分のメンバーは後天性の盲ろうの子どもたちですが、その原因の半分は髄膜炎と脳髄膜炎でした。盲ろう児の教育と養育はソ連邦教育科学アカデミー欠陥学研究所の盲ろうあ児の教授と養育研究室によって作成された教育プランとプログラムに沿って、準備予科段階と学校段階とに分けて進められました。

自著でメシチェリャーコフは、盲ろう児教育の準備教育段階の内容と指導方法を詳しく記述していますが、その目的は、保健＝衛生的な習慣、身辺自立の習熟、表情、身ぶり言語、それに指文字での文字言語の基本を獲得することにありました(203)。

学校段階で、盲ろうの生徒たちは音声文字言語、一般教育科目としての知識、それに一つの作業種での仕事の習熟を獲得しました。

「子どもの家」で教育が行なわれるようになってから、そこには視力と聴力の著しい障害がある大勢の子どもたちがやってくることになりました。その多くは直接家庭から、あるいは特別学級から連れてこられた子どもでした。というのは、この子たちを観察しその障害の性質を正確に診断する機会がそれまでなかったからです。その結果、その中には正常な聴力がある盲ろう児等がいました。重度重複障害児の発達を観察した経験やそのような子どもたちの教育経験は次のようなことを示しました。すなわちこのような子どもたちにとって特徴的なことは、他の子どもたちに比べて自立歩行と身辺自立の初歩的な習熟、なかでも清潔さの習熟が遅れていることでした。このような子どもたちは身近な者が来てもわからず、玩具に興味を示さず、周囲とのコンタクトを取りませんでした。

この「子どもの家」での数年間の教授と養育で次のことを確認することができました。すなわち子どもたちの中には一人もいわゆる「教育不可能な」子どもなどいない、ということです。そしてたとえ彼らが他の盲ろう児と比べて行動が受身的で単調でステロタイプであったとしても、このような子どものどの子にも、いろいろな難易度で身辺自立の習熟や簡単な労働の習熟を形成することができるということです。著しい知的遅滞がある盲ろう児の養育と教授においてメシチェリャーコフは次のような特徴をあげています。

・この子どもたちの教育全体は、日々の生活状況で進められるべきであって、特設された科目で進められるのではない。
・(長期の訓練の後に)教育の初年度に形成された身辺自立の習熟すべては非常に堅いものであり(新しい状況に般化しにくい)、それは教師の主導によって達成される。
・周囲の事物への認識的関心は生じない。食と衣の状況に関係のないあらゆるものは、すてられるか落とされてしまう。コミュニケーションの要求は生じない。一つのジェスチャーも理解されないし、再現されない(203)。

知的遅滞のある盲ろう児の養育経験は、「子どもの家」で教育を受ける対象児を選抜する診断研究を進める上で非常に有益でした。

一九六三年、子どもの家には、欠陥学研究所の盲ろう児研究教育研究室より二名の子どもが移されてきました。それはセルゲイ・シロートキンとナターシャ・コルネェーエワです。ユリヤ・ヴィナグラーダワは研究所に残りましたが、まもなく彼女には別の全盲ろうグループの子、八歳のヴァロージャ・トレチャクがいっしょに学ぶことになりました。

「盲ろう児のための子どもの家」が設立されるのとほとんど同時に、メシチェリャーコフの指導で、盲ろう児および成人のための教育＝生産総合施設《コンプレックス》をつくる仕事が始まり、二百名定員の総合施設を建設するためのプロジェクト課題が検討されました。

このことについてS・シロートキンが一九六五年に、休暇中のアレクサンドル・イワノヴィチ（メシチェリャーコフ）と対談したことをこのように回想しています。それはこの総合施設がどうあるべきかについて語っているものです。

「……ここ黒海で、私はその教育＝労働施設をつくるのは大事な問題だと知りました。私の隣人はそれをどんな風に得ているか、私に話してくれました。子どもの家、学校、居室付の企業、そして社交クラブが一つの町をつくっていて、そこではあらゆる年齢層の盲ろう者が住むんだ。彼らはお互いに、指文字やジェスチャーや特別な機器、テレタクターやコミュニケーションを使って話をするんだ。盲ろう者同士や、周囲にいる見え聴こえる人々とのコミュニケーションのためのこんな環境条件は通常の学校や家にはないんだ。社交クラブでは盲ろう者が遊んだり、踊ったり、お祝いをしたり、おめでたいことをみんなで分かち合ったりするんだ。図書館も、スポーツ広場も、プールも、庭園だってあるんだ……」(242、一八八ページ)。

この総合施設は一九九〇年になってようやく、当初の建設計画案と比べれば、非常に格安で定員一〇〇名として第一期工事が完成しました。

(4) モスクワ大学における盲ろう学生のグループ学習の実施

一九七一年二月九日、「ザゴールスク盲ろう児の家」の四名の生徒たちが中等教育を修了し、大学入学の準備教育がモスクワの盲ろう児実験グループに移されて行なわれました。彼らの準備教育を担当したのは実験教育グループの教諭A・Ya・アクシニョナ、G・V・ワシナ、それにL・V・パシェンツェワでした。その教え子たちは次の人たちです。

ユーリー・ミハイロヴィチ・レルネル、二五歳。四歳で失明、七歳で失聴し、九歳から家庭で盲学校初等部のプログラムにそった個人的教育を受け、一七歳から「子どもの家」で教育を続けました。

ナターリヤ・ニコラエヴナ・コルネェーエワ、二一歳。二歳六か月の時の病気後、視力と運動の障害が見られ、九歳から、最初は通常学校で、次いで盲学校で学びましたが、一一歳以降、失聴し、一二歳から欠陥学研究所の実験グループで、そして一三歳から「子どもの家」で学びました。

セルゲイ・アレクセーヴィチ・シロートキン、二二歳。生まれつき難聴と弱視でしたが、五歳で最終的に失明し、六歳の時から、ろう児のための幼稚園でサカリャンスキーの指導のもとで個別教諭とともに学び、その後、盲学校でやはり同じく個別に学び、「子どもの家」には一四歳の時入りました。

写真　モスクワ大学の盲ろうの学生（左から右へ）S・シロートキン、A・スヴォーロフ、Yu・レルネル、N・コルネェーワ

アレクサンドル・ワシリエヴィチ・スヴォーロフ、一七歳。三歳で失明、七歳から盲学校で学び、一一歳で失聴した後、一一歳でザゴールスク子どもの家に入りました。

これらのとても短い略歴からもわかるように、将来の大学生たちはそれぞれの時期に聴力と視力を失い、さまざまな家庭での養育と教育を経験していました。

また、四人全員が別々の時期に盲学校のプログラムで学んでいました。でも、彼らを結びつけたのは約七年間にわたる「盲ろう児のための子どもの家」での共同学習の成功でした。そこで彼らは通常学校の高学年のプログラムを習得しました。セルゲイ・シロートキンとナターシャ・コルネェーエワは以前から、つまり、モスクワの実験グループでの共同教育で、知り合いでした。セルゲイは「子どもの家」に入る以前にユーリー・レルネルと文通していました。四人全員とも音声文字言語をよく獲得していてお互いは指文字を用いて会話し、また聴こえる人たちが彼らを理解できるぐらい、話しことばをよく身につけていました。でも、読者のみなさん、何よりもこの四人を結びつけていたのは、アレクサンドル・イヴァノヴィチ（メシチェリャーコフ）の四人に対する配慮や注目と、彼らに教育を続けさせたいという願いでした。

一九七一年五月、メシチェリャーコフは首尾よく博士論文「盲ろうあ児（教育における精神的発達）」を提出しましたが、それは学界に大きな印象を巻き起こしました。メシチェリャーコフの指導でソ連邦教育科学アカデミー欠陥学研究所の「盲ろう児の教授と養育研究室」を模範例として、M・B・ロモノソフ記念国立モスクワ大学心理学部はアカデミー会員A・N・レオンチェフの指導の下、四人の盲ろう学生の高等教育プログラムによる教育実験を開催することを決定しました。メシチェリャーコフは、この絶好の状況を利用して、盲ろう児の一貫教育に関する研究を継続し、実験室の研究活動に広範囲の専門家たちの注意を集めようとしました。その時の彼の考えていた主要な目的の一つは、積極的で教養のある盲ろう者グループを育てることで、それは社会的な注目を集めることができるし、やがては盲ろう者の全国的な組織、同じような困難を持っているすべての人々の状態を改善するための組織をつくることができると考えたのです。

A・N・レオンチェフはモスクワ大学での盲ろう学生を教育する試みに、当時誕生して間もなかった心理学部（心理学部はモスクワ大学に一九六五年に開設されたばかりでした）にとっての新しい科学的な展望を持っていました。とくに彼の関心を引いたのは、視覚と聴覚の重い障害があり知的な可能性を保っている若者たちに科学的な知識が備わることにより、合理的な意識ができることを論ずる画期的な部門や機器の開発という問題でした。この点に関して特別な意義が与えられるのは、盲ろう学生たちの将来の卒業論文でした。重要なのは、主に触知覚によって読むことからくる教材習得の速度と、予想される読みと情報伝達の緩慢さを評価に入れることでした。

ソ連邦高等教育省は、この四名の盲ろう学生に対して学期末の競争試験なしで、入学試験には必ず合格する（数学以外）ことにより、入学を許可しました。

この教育は実験として計画されたので、彼らの教育に関する資料、経験の分析は、研究論文等として記録されました。

入学試験への集中的な準備教育が始まりました。彼らの合格、そしてモスクワ大学自体での教育が始まりました。最初、状況は次のことによって複雑になりました。彼らのうち二人、A・V・スヴォーロフとS・A・シロートキンが、いきなり心理学部に入学する提案を拒否したからです。彼らの希望はもっぱら哲学部に入ることでした。彼らの望みに応じて二つの学部をかけもちする試みは、教育編成上途方もないやりくりが必要でした。それで第一セメスターの後、二人はやはり、心理学部に籍を置くことになりました。

モスクワ大学で盲ろうの学生たち四人がこのような急な、準備不足のまま学ぶことはすべてにとって大きな困難を生みました。かつて誰も同じような経験をしたものはいませんでしたし、どのようにこの教育を保障し、計画したものか、想像することができませんでした。そもそも、最初のうちは、何一つも保障することはできませんでした。何の技術的

写真　テレタクターを用いてゼミナールを受けているモスクワ大学の盲ろう学生たち

手段も、教材もなかったのですから。すべてそれらは徐々に、一歩一歩つくられていったのです。事実、モスクワ大学における盲ろう児教育の初年度はまるで、生じた問題を知ること、指導を組み立てること、そして盲ろう者の教育に同伴する集団をつくることに追われました。実験の開始から、それに参加することを受け入れていた専門家たちは毎週、アレクサンドル・イワノヴィチ・メシチェリャーコフの研究室に集い、彼といっしょに、起きた事態を一つ一つ検討し、この先何をすればよいのか考えて解決していきました。

最初、盲ろう学生の記者役も、同伴者も、そして通訳者ともなっていたのは、もっぱらこの教育実験グループの教師たち、G・V・ワシナ先生、A・Ya・アクショニナ先生、そしてL・A・パシェンツェワ先生でした。彼女らが大学まで行き、講義やゼミナールで通訳し、学習文献を点字で打っていました。それは教師としての本来の仕事の上に大きな負担となってのしかかってきたのです。というのは本務の実験グループにはその当時、二〜三名の盲ろう児が教育を受け続けていたのです。

写真　A・スヴォーロフ、S・シロートキン、メシチェリャーコフとレニングラードの記念碑を調べている。（1972年、夏）

通常のタイプライターや点字タイプライターを別にして唯一の技術的な装置といえば、それはポータブルの機械式のテレタクターですが、それは打たれた字をこの四人の盲ろう学生が即時に知覚することができるように、目が見え耳が聴こえる人々が打てるものでした（一文字ずつ打たれたものが読みとれるものでした）。一九七二年、実験のおかげでより完成度の高い技術装置が登場しました。それは点字式テレタクターです。実験室の注文によってヴラジーミル国立教育大学のA・E・パリトフによって考案、製作されたものです。この装置は盲ろう学生たちに打たれた文章を一行ずつ知覚する可能性をもたらしたもので、それは彼らの教育上の課題をより容易にするものとなりました。

大学は盲ろう学生たちのための講義や教材の点訳に対して備品提供し、全ロシア盲人協会は個人的ガイドをした学生たち（I・カイダノフスカヤ、G・イェローヒン、N・ノーソフ、他）の仕事に対して報酬を支払いました。書記としては生活サービスの実務を経た上で公的に認定されました。同様にして学習用文献や講義のタイプ打ちの仕事に対してもお金が支払われることになりました。その結果として、ポータブルレコーダーが入手され、それを用いてすべての講義が録音され、その後、点字文に翻訳されました。講義を点字打ちする仕事に対しては、高等教育を修了している全ロシア盲人協会のメンバーが加わりました。

一九七一年九月から、「盲ろう児の教授と養育研究室」には、上級研究者が三名新しく配置されました。それは高等教育機関での盲ろう学生教育のためにでした。この職責についたのは、モスクワ大学哲学部の卒業生、L・D・シァヴェリゾンとG・M・チェルヌシェンコであり、同大心理学部の卒業生E・L・フンバローワ（ゴンチャローワ）でした。一九七二年八月、L・D・シァヴェリゾンは盲ろう学生の書記としての職を辞したので、そのポストは、心理学部の別の卒業生で、メシチェリャーコフ先生のもとで卒論準備中であったT・A・バシロワが受けもつことになりました。

第一学年が終了すると、一九七二年六月から七月にかけて盲ろう学生と子どもの家の何人かの友人のために、メシチェリャーコフの引率でレニングラードとバルト海沿岸への旅行が実施されました。一行はレニングラードのいろいろな名所を訪ね、エストニアとラトヴィヤの盲人センターを視察しました。

一九七七年、六年間の教育の後（実務的な諸事情により標準的修学期間は延長されました）Yu・レルネル、N・コルネェーエワ、S・シロートキン、そしてA・スヴォーロフは首尾よく卒業論文を提出し、国家試験に合格し、高等教育レベルで心理学の教育を受けた学位を取得しました。大学卒業後、四人すべてが、当時V・V・ダヴィドフが所長をしていたソ連邦教育科学アカデミー一般心理学および教育心理学研究所の研究員となりました。

それからしばらくしてセルゲイ・アレクサンドロヴィチ・シロートキンは、全ロシア盲人協会中央理事会に属して新しくつくられた盲ろう者の社会的リハビリテーション課で実務を担当することになり、そこで今

写真　実験グループのある盲ろう学生の誕生会
背中はS・シロートキン、向かいは左から右へ
A・スヴォーロフ、T・バシロワ、G・ヴォドラーゾフ、E・ゴンチャローワ（1975年ごろ）

日まで課長として勤めています。彼は哲学修士論文を提出しました。彼と妻のＥ・Ｋ・シャケノワ（セリッカリエワ）との夫妻による創造的な結びつきは、全ロシア盲人協会での盲ろう者に対する大規模な組織的な活動や、このようなテーマで書かれた多くの共同出版物の基盤となりました（244―251）。

Ａ・Ｖ・スヴォーロフは、修士論文につづいて、心理学の修士論文を首尾よく提出しました。現在彼は、心理学研究所で兼任をしていますが、本は、二〇〇六年まで、ロシア教育アカデミー大学にありました。今、彼はモスクワ市立心理―教育大学の教授です（294―300）。

Ｎ・Ｎ・コルネェーエワは一九八二年にユーリー・クルィラートフと結婚し、夫の姓を名のりました。夫婦は健常な娘二人、ヒルダとエヴァルディンを育て中等教育を終えさせました。ナターリヤと夫は、盲ろう児者のコミュニケー

写真　ユーリー・レルネルがメシチェリャーコフ先生の胸像をつくっている。

ションと教育についての研究物を何冊か出版し、国際的な民間団体の活動に積極的に参加しています(148)。

Yu・M・レルネルもまた、盲ろう児者に粘土彫塑を教える問題に関していくつかの研究物の著者です。このことへの熱中は彼にとって主要なものでありつづけました。彼の健康状態は次第に悪化し、足が利かなくなってしまいました。それゆえ身内は彼をモスクワ郊外の名高い老年学センターに入所させ、そこで彼は何年か後に、卒中を起こした後、亡くなりました(155―161)。

残念ながら、この「四人の盲ろう大学生」が中心になってわがロシアの盲ろう者による自主的組織をつくる、という夢は実現しませんでした。モスクワ大学での教育は彼らを結びつけることができなかったのです。彼らの間の人間関係がとても難しいものとなっていったのです。とはいえ、S・A・シロートキンは一九九五年、最初はチャリティ基金として、「エルヴィラ」、後の全ロシア盲ろう者支援社会福祉団体の母体を築きました。A・V・スヴォーロフは、盲ろう者とアッシャー症候群の人々のための非営利チャリティ後見団体「アッシャー・フォーラム」、の共同発起人の一人となりました。

3　一九七五年から二〇〇〇年までの盲ろう児の教育と研究

メシチェリャーコフの死後、欠陥学研究所盲ろうあ児の教授と養育実験室の指導者となったのはR・A・マリェーエワ(一九二七―二〇一二)でした。研究員として留まっていたのはスコロホードワ（一九一一—一九八二）とT・A・バシロワおよびE・L・ゴンチャローワでした。ライサ・アファナーシエヴナ・マリェーエワは多年にわたり教育学的診断と盲ろう児の親のコンサルテーションを行なってきました。一九七九年、彼女の著した親向けの本『家庭における盲ろう児の養育』が出版されました(169)。また盲ろう児教育の学習プログラムを作る研究が継続されました。これらの学習プログラムは、はじめ実験グループの場で、後には「盲ろう児の家」で試行されました。一九八二年、この大規模な研究は「盲ろうあ児の養育と教育プログラムプロジェクト、就学前グループ、準備学年、一～二年生」として完成しました(170)。このプログラムの内容は、当時、知的発達の可能性が保たれている盲ろうの子どもたちに、どのような内容豊かで集中的な教育活動が展開されたのかが示されています。ライサ・アファナーシエヴナ（マリェーエワのこと＝訳者）は何年もの間、非公式の、中心的な教育方法指導者として、実験グループや盲ろう児の家の子どもたちの教育支援の水準を、注意深く見守りました。

彼女の主導によって盲ろう児の総合的研究のための体系だった仕事が始められました。ライサ・アファナーシエヴナは常に医学的なデータに注意深く接し、この問題に欠陥学研究所の最も有名な臨床専門家であるM・S・ペヴズネル（一九〇一—一九八九）とG・P・ベルトゥイニ（一九三三—二〇一三）を引きよせることに成功しました。二重の感覚障害のある子どもたちの総合的な臨床＝心理＝教育学研究の結果、これらの著者による大部な著作がいくつか生まれました(218—222)。これらの研究およびその他の諸研究が示したのは、盲ろう児者の人々は非常に多様であり、その中には中枢神経系の重い器質的障害の子どもたちも多く見られるということでした。このころに自分の子どもの診断検査を受ける親たちはみんな、実験室の研究員からG・P・ベルトゥイニが作成した医学的な問診票を受けとり、そのたくさんの質問項目を埋めたものでした。

R・A・マリェーエワの指導によってゴロヴェンコの、盲および弱視の知的遅滞児の寄宿舎では、特別な養育グループが編成されました。一九七五年から二〇〇三年までこの施設はN・A・ジェルブィシェワが長を務めましたが、彼女はわれわれの実験室との連携に大いに興味を示しました。親たちの同意の下、そこには「子どもの家」からプログラムにそった教育が系統的に進まなかった子どもたちが移されました。この新しい施設での養育を受ける紹介状は、実験室および欠陥学研究所の診断センターでの診断検査後、重複障害の子どもたちの親も受けとりました。この寄宿制施設の教師と指導員に指導法的、相談的な援助を行なうために、G・P・ベルトゥイニ、R・A・マリェーエワ、M・S・ペヴズネルをはじめとする実験室所員は、ツール県シチェルコフスキー地区の小さな町ゴロヴェンコに定期的に通いました。ところで研究実験室の指導には、その指導者に一定の研究職としてのステータスが求められるのでしたが、R・A・マリェーエワは修士論文も準備せず、提出しませんでした。一九八五年、欠陥学研究所所長T・A・ヴラソワの指示によって実験室の長として心理学修士のV・N・チェールコフ（一九三九―一九九七）が任命されました。それまでに彼は、高学年のろう児教育のための新しいプログラムを作成・刊行することに意欲的でした。B・M・ビム・バドと共同し、二人で一時的な研究グループを編成して、盲ろう児教育用にR・A・マリェーエワが作ったプログラムのセットに続く第三、第四学年用のプログラムを作り、あわせて養育活動のプログラムも用意しました。

V・N・チェールコフは、当時存在していた教師の研究活動を推進する制度を利用し、研究活動を行なう四名の補充スタッフを採用しました。彼の研究指導の下で、モスクワの実験グループと「子どもの家」の教師たちから成る小さな集団で、次の二つのプログラムを作成しました。すなわち、盲ろう児の残在聴力と構音を発達させるためのプログラム、もう一つは盲ろう児の社会・生活オリエンテーションを高めるプログラムです(18)(313)。V・N・チェールコフは、はじめにE・L・ゴンチャローワの修士論文(97—99)「盲ろう児の読み活動の形成の諸問題」と次にはT・A・バシロワ

写真　1992年の、ソ連邦教育科学アカデミー欠陥学研究所附属盲ろう児実験グループの教師、指導員、生徒たち。
前列、左から右へ、G・V・ワシナ、アントン・マルチェンコ、リューバ・ベリャーコワ、スヴェータ・ルイソワ、後列、A・I・カチェトワ、A・Ya・アクショニナ、R・A・マリェーエワ、L・V・パシェンツェワ、ヴァディク・プレヴァーカ

の修士論文（20）（21）（24）「盲ろう児における遊びの発達」の、指導教官となりました。彼の指導によって、盲ろう児の家の教師たちE・A・ザレチノーワ（120）とM・V・パドプリゴードワ（ジガリョーワ）（223）も論文を提出しました。彼の下で二つの論文集が世に出されましたが、それは実験室とその他の専門家たちとの共同連携からなされた、かなり広範囲にわたる研究を反映しています。それは「視覚と聴覚の重い障害のある子どものための治療・養育活動」（一九八六）と「盲ろうあ児の教授と養育における分化アプローチ」（一九九〇）です。

チェールコフの主導と、研究所の国際部の研究員S・V・ヴィシネフスカの積極的な参加により、実験室と盲ろう児の家と諸外国の同僚との国際的な接触が行なわれ、盲ろう児教育について定期的な交流が始まりました。ロシアの専門家が多くの国際セミナーや学会に定期的に参加し、盲ろう者のためのサービス発展のための世界団体のヨーロッパ大会を実行するための研究委員会に加わりました（22）（25）（26）（30）（32）（309）。

ソ連邦崩壊後、ロシアの研究組織には大きな変化が起きました。「ソ連邦教育科学アカデミー欠陥学研究所」は、名称を「ロシア教育アカデミー治療教育研究所」に変えました。「盲ろう児の教授と養育研究室」は、「重複障害児教育の内容と方法実験室」になりました。次第に、アカデミー附属の実験教育学校と実験グループへの予算は縮減され、そして完全にカットされました。

一九九二年に欠陥学研究所附属の実験学校やグループが廃止された後、この盲ろう児の教育実験グループは最初、第三七ろう学校の盲ろう児クラスに変わり、一九九七年からその主だった教師と職員は第六五寄宿制ろう学校での仕事に移りました。やがて、ここでは合併症を伴うろう児のための個別教育を担当する部門がつくられました。視覚と聴覚に重度の障害がある子どもたちは、特別クラスとして寄宿制学校に受け入れられたり、訪問教育部で受け入れられたりするようになりました。何人かの子どもたちは、モスクワの別の特別学校で教育を継続しています。

一九九〇年、セルギエフ＝パサート市では盲ろう児のための子どもの家の、新しい総合施設が開設されました。はじめは定員一〇〇名でスタートし、後に二〇〇名になりました。その時から、ここの活動の第二期が始まり、それは独立し、欠陥学研究所との関係はなくなりました。大型「子どもの家」の建設と初期の何年かの活動は、その所長Ａ・Ａ・フョードロフの指導で行なわれましたが、そのポストは現在の所長であるＧ・Ｋ・エピファーノワに代わりました。子どもの家の指導は自主的に運営され、子どもの診断研究、研究・教育活動もなされ、職員養成や他機関との経験が交換されています。

この段階の活動のスタートは、ソ連邦の崩壊を背景にしています。この、「子どもの家」はロシア出身の子どもだけを受け入れるようになりはじめ、そのことは、定員補充に大きな困難をもたらしました。そしてここでは、自閉スペクトラム症、近隣に居住しているろう児、盲知的遅滞児、それに重複した発達障害の子どもたちを教えることが始まりました。最近では通常の児童養護施設「子どもの家」から、盲の孤児がさし向けられるようになりました。

盲ろう児といわれる子どもたちの診断が複雑に変化してきていることから、その子どもたちを教育する新しい方法が求められるようになりました。アメリカ合衆国の最古の盲児施設であるパーキンス盲学校の庇護の下で行なわれた国際共同連携プログラムは、教師たちがユニークな経験を知り「子どもの家」に必要な設備・備品を補充し、変換機器や重複障害児への教育技術を利用し、国際会議や研修に参加することを可能にしてきました。

ロシアとオランダの教育省の後押しで行なわれたもう一つの国際共同連携プログラムは、行動に問題がある子どもたちへの効果的な指導を子どもの家の職員が学ぶことを可能にしました。著名なオランダの心理学者ヤン・ヴァン・ダイクとの共同研究で、教育プログラムがCDと図書でつくられました。

最近、子どもの家の教師たちは、複雑な感覚障害と重複障害の子どもの指導に関する専門家養成のためにロシアのさまざまな地区に参加し、近隣諸外国の盲ろう児教育のコンサルテーションに出かけ、このような子どもたちの教育用の教師向け指導書を出版しています。この経験はロシアの特別学校の重複した障害児の支援を行なうために、また精神神経学的な寄宿制学校を再編するために必要です。

重い病のため退職したV・N・チェールコフの後、一九九五年から二〇〇〇年まで、すでに「重複障害児教育の内容と方法研究室」と改名した研究室を指導したのは、T・A・バシロワでした。当時、実験グループは閉じられていましたが、経験豊かな盲ろう児の教師たちは共同研究者として正式に認められ、それによって、子どもに音声文字言語を発達させるための指導書、点字での読み書き教授、空間定位発達に関する指導書を完成させました（6）（7）（8）（215）（216）。この時期の基本的でささやかな達成は何人かの盲ろう幼児に臨床的＝心理学的＝教育的サポートを伴わせたと言うことができるでしょうし、この研究の一般化は「重複した発達の障害がある子どもたちをどう支援するか」（二〇〇〇）という著作においてなされています。

一九九八年、I・V・サロマティナ、T・A・バシロワ、A・V・スヴォーロフ、それに何人かの親たち、専門家たちは、盲ろうあ児とアッシャー症候群の人々のための非常利社会福祉法人（「アッシャー・フォーラム」）の共同創設者になり、その初代の代表はI・V・サロマティナが務めました。数年前、盲ろう者支援慈善基金「エリヴィラ」がS・K・シロートキンとE・K・シャケノワ夫妻によって設けられています。サラプル、ペルミ、ペテルブルク、ウハ、そしてその他の都市にも盲ろう者の社会的団体がつくられています。そのような慈善的な動きはしだいに対象を盲ろうの子どもから成人へと変えてきています。盲ろう者の通訳養成コースや教師向けセミナーも行なわれています。

盲ろうの著者による研究的、文学的創作の伝統も継続しています。A・V・スヴォーロフ、S・A・シロートキンらの本や論文も出ています。盲ろう者が二つの定期刊行物『あなたの隣人』と『克服』の編者や著者となっています。

盲ろうの問題に関する文献リストは、十分豊かなものとなり、ますます増えつつありますが、それらについては本書の巻末に掲げてあります。それらは私たちにこう確認させてくれています。盲ろう児者の教育と研究の歴史は続いているのだ、と（52）（54）（57）。

【注】

（1）原注：ウラノーワ、リジヤ・イワーノヴナ　ハリコフ・クリニック・スクールの同僚。医師としての教育歴がある。

（2）原注：グラボロフ、アレクセイ・ニコラエヴィチ（一八八五―一九四九）　著名なロシア・ソビエトの欠陥学者・知的障害教育学者。

（3）（4）訳注：この当時、サカリャンスキーは「心理学」「心理学者」と呼ばれていたものを好まなかった。監獄での拷問を考えだしたのは彼らであると考えていたからである。彼は自らを生理学者と見なし心理学と生理学を対比した。

（5）原注：ルリヤ、アレクサンドル・ロマノヴィチ（一九〇二―一九七七）著名なソビエトの心理学者、神経心理学の創始者。

（6）原注：ルビンシュテイン、セルゲイ・レオニードヴィチ（一八八九―一九六〇）　著名な心理学者、哲学者、オデッサ、レニングラード、モスクワで仕事をした。

（7）原注：ユーはこの文を書く時非常に興奮し、とりわけ、像を示すことばを考える時はそうであった。

（8）原注：ジェリョーズヌイ、アレクサンドル・マルコーヴィチ　偉大な欠陥学者。ウクライナにおける特殊教育創始者の一人。自身も家族とともに、三〇年代に弾圧され、自身が名誉回復した後、サカリャンスキーの名誉回復に助力した。

（9）原注：ナターリヤ、サラマノヴナ・マルゴリス（一九〇三―一九九二）　最後の二〇年間のサカリャンスキーの内縁の妻。

おわりに

一〇〇年以上にわたる盲ろう児教育の歴史は、わがロシアにおいてなんと多くの変化を巻き起こしたことでしょう。たとえ私たちが盲ろう児のための特別機関ネットの拡大を進展させることができず、また「セルギエフ＝パサート子どもの家」がロシアで唯一のものだとしても、盲ろう児を教育する機会は格段に増えました。この歴史のいくつかの側面を分析してみますと、社会や専門家たちによって支持された人々の個人的なイニシアティヴが果たした役割、盲ろう児教育の成功をもたらした学者たちの関心、そして研究や福祉の国際的な経験との相互作用を抽出することができました。

この一〇〇年間で、盲ろう児の横成員は本質的に変化しました。二つの感覚分析器、すなわち視覚分析器と聴覚分析器に、同時に障害を受けた人々は、いつも比較的少ない数ですが、非常に多様な障害者のグループを指すようになりました。このような重複した障害をもたらす原因もさまざまでありうるのです。外傷、戦争によるものも含みますし、突然視覚と聴覚を奪われた人もいますし、また徐々に進行していく遺伝性の病気である場合もあります。盲ろうになる原因は伝染性のものもあり、胎児の時に母子感染する場合も、あるいは生後すぐに、後天的に感染する髄膜炎のような重篤な病気の場合もあります。中年以降、加齢による網膜や内耳や聴覚神経の組織硬化のために視覚と聴覚が失われることもあります。それぞれの原因は非常に多様に絡み合い、個々の具体的な人間にとって独特の状態をもたらし、それが盲ろうの状態を定めているのです。

現代の眼科学の成果によって、先天性白内障やその他の疾患による重症の視覚障害は徐々に減少してきました。髄膜炎によって聴覚と視覚を失った子どもたちは人工内耳装用の対象として考えられるようにもなり、ということは話しことばを知覚する可能性を取りもどし、盲学校で学ぶ可能性が出てきたのです。また現代のデジタル補聴器は難聴の子どもたちに新たな可能性を与えています。

視覚的に深刻な障害のあるろう児や難聴児の多くは、一九九〇年代の頭初までは、「子どもの家」の中心的な構成メンバーでしたが、今ではろう・難聴学校での教育を、つまり、重度重複児生クラスまたは個別的に訪問教育を在宅のまま受けることができます。このような機会は盲難聴の子どもたちにおいても視覚障害児学校において存在しています。インクルーシヴ教育が発展し、段々と単一感覚障害の子どもたちが通常の学校に入学することを可能にしましたし、あらゆる種類の特別学校において重度重複児へのよりていねいな関わりを可能にしました。学校教育を良好に終えた盲ろうの青少年たちは、遠隔操作技術を用いて教育を継続する可能性がますます広がりました。障害児の社会保障における現代的な変更は、盲ろう者も含めて、それぞれの人用の個別リハビリテーションプランを作成することを求めています。盲ろう通訳者とか、盲ろう者ヘルパーがあたりまえの職業となり、どの年齢の盲ろう者にも利用しやすいものとなってきています。

他方、現代医学と技術工学の成功が、ごく少数ではありますが、早い時期から「新しい」盲ろう児の発見を促しています。それは、教育において著しい困難がある子どもや身体的・心理的な健康に問題のある子どもたちです。

私たちが集めた三五年間に五〇〇名を超える盲ろう者の観察データを分析すると、児童期および少年期における後天的な盲ろうが明らかな減少傾向にあること、一方先天的および生後すぐに始まった重複障害、その中には感覚障害も含むわけですが、そのような重複した障害のある子どもが増加傾向にあることが示されました。これは今や世界的な傾向と言えるでしょう。

最近まで公式的な盲ろうについての定義がなかったために、このような重複障害についての正確な統計はわがロシアにはまだありません。二〇一四年に示された盲ろうに関する障害者の定義は、なお、より深い解釈や検討が必要です。視覚と聴覚の重複障害の分布率は規定概数で全人口比率三万三千人に一人であるとする遺伝学者のデータがあります。別の資料によれば、人口一〇万人において盲ろう者に出会う確率は五〜八人で、それによればこういうことになります。ロシア連邦における盲ろう者数は一万二千以上で、そのうちの約半数は一八歳以上、です。

これらのデータは、通常、高齢の盲ろう者を数に入れていません。眼科医のデータによれば、七五歳以上の一〇〜二七パーセントの人々は重い視覚障害を有しているということです。この年齢における盲の原因は、多くの場合、白内障、網膜中央部萎縮変性症（七〇歳以降の盲の六〇パーセント）および緑内障などの眼の疾患です。高年齢で発症した盲ろうは、大部分の場合、同一の障害としては認定しにくいものです。このような集計は少人数の国々でしか行なわれていません。高齢者における盲ろうは、この障害としてはありふれたものと考えられているのです。これは寿命が延びてきたことと関係しています。たとえばイギリスからのデータによりますと、二〇世紀の末、全盲ろう者数は、高齢盲ろう者を含め、この国の一〇万人あたり、三〇人から五八人ということでした。

心がけるべき重要なことは、障害の原因が変わってきたために、将来にそなえて、それらを研究し、見守らなければならないということです。健康の可能性が制限されている子どもたちが養育され教育されている就学前や就学中の教育機関にいる子どもたちを、総合的に、臨床・心理・教育的に研究していくというわが国の伝統を継承しなければならない、と言えます。

専門家の養成も難しい問題の一つです。大学生用の盲ろう児教育（「盲ろう教育学」）に関する教科書の第一は、A・V・アプラウシェフによって、そのような講座がモスクワ市立心理・教育大学において行なわれた後に出されました。盲ろう研究を含む、子どもの重複障害を扱った特別講義がわが国の教育大学にある欠陥学部の教育計画に常に含められるようになったのは最近一〇年間ぐらいのことです。

今世紀の最初の一〇年間に、盲ろう児や重複障害児を扱った部門を含む特別教育学や特殊心理学の完全な教科書が出版されるようになりました。また次のような学習指導プログラムもつくられました。それは「盲ろう児教育」「重複障害」「特別なコミュニケーション手段」ですが、これらはさまざまな教育分野に含められることができるでしょう。時が経つのにつれて私たちの若手研究者は、盲ろう児教育について多くの経験を有する主要な国際センターで研修する機会を得るでしょう。盲ろう者の研究と支援に関する専門家の養成がどのような高等教育機関で常設的に行なわれるべきか想像するのは難しいのですが、何年かに一度、このような専門家が必要とされるポジションの必要度に応じて、特別修士プログラムと教育、指導員の資質向上講座が行なわれることも可能でしょう。

わが国で非常に差し迫った問題となっているのは、成人盲ろう者のヘルパー要員に関すること、社会で生まれつき複雑な形態の盲ろうになっていた成人盲ろう者が自主的な生活に向かう準備ができるよう諸条件を整える問題です。

しかし本当の人材養成は、それ相応の科学的研究なしにはありえません。盲ろう児の成員が変化することは、その子どもたちへの新しい教育方法が求められますし、諸外国の専門家たちの相互共同が常に求められます。「新しい」盲ろう児の教育経験は、その他の重度重複障害、その中には知的障害も含みますが、そのような障害のある子どもたちの状態を本質的に改善するはずです。いわゆる「古典的」盲ろう児たち（主として、後天的、早期の年齢で盲ろうあ、になった場合もあるかもしれませんが）の教育の過程で得られたわが国の研究者による多くの検討は、発達の問題を伴うさまざまなカテゴリーの子どもたちの教育を強化する目的での科学的・実践的な基盤となるに違いありません。

私たちにとっては、一〇〇年前と同様に、専門家ばかりでなく、今日の盲ろう児の親たちの、個人的、社会的なイニシアチヴと積極的な活動が必要です。最も困難な子どもたちを助けたいという欲求はロシアにおいて、その市民の個人的なイニシアチヴと慈善精神によって、とくに一九世紀末に集中的に発達しました。社会的イニシアチヴの発展にとってとても重要なのは、盲ろう者の教育と自己実現を成功させること、それに盲ろう児やその家庭の大人たち、そしてわが国の名のある人々が、ささいな局所的な問題をも解決していこうと留意することです。

最近、ロシア出身の盲ろう者がますます、社会的な団体の活動や、国際研究セミナーやわが国および諸外国のイヴェントに参加するようになりました。しかし、ロシアには統一された全ロシア的な盲ろう者団体は今までのところ存在していません。

盲ろう児の教育と研究の歴史は続きます。その成果は、苦しんでいる者に希望を与え、興味深い研究的な発見を呼ぶ刺激として以前と同じように役割を果たすことができるでしょう。

文　献

1. Августа Викторовна Ярмоленко: (К 70-летию со дня рождения) // Дефектология. 1971. № 2. С. 91–92.
2. Автобиография Соколянского. 1930 г. ЦГАОР Украины.
3. Автобиография Ярмоленко. Архив Института Психологии РАН.
4. Акшонина А. Я. Некоторые особенности формирования у слепоглухих устной речи // Дефектология. 1972. № 2.
5. Акшонина А. Я., Беспалов Г. Н., Гончарова Е. Л. Дидактическое пособие для наглядного моделирования в начальных классах школы для слепоглухих // Дефектология. 1989. № 2.
6. Акшонина А. Я., Васина Г. В. Как научить глухого ребенка с тяжелыми нарушениями зрения чтению и письму по системе Брайля. М., 2006.
7. Акшонина А. Я., Васина Г. В. Формирование первоначальных математических представлений у детей со сложными сенсорными нарушениями. М., 2006.
8. Акшонина А. Я., Васина Г. В. Развитие пространственной ориентировки у детей со сложными сенсорными и множественными нарушениями развития. М., 2008.
9. Акшонина А. Я., Пашенцева Л. В., Чулков В. Н. Использование остаточного слуха слепоглухих школьников в работе над словесной речью // Дифференцированный подход при обучении и воспитании слепоглухих детей. М. : Изд-во АПН СССР, 1990.
10. Александрова Н. А., Копыл О. А. Опыт клинико-психологического сопровождения семей, имеющих детей с множественными нарушениями // Материалы конференции «Современная психологическая диагностика отклонений в развитии». М. : ИКП РАО, 1999.
11. Ананьев Б. Г., Веккер Л. М., Ломов Б. Ф., Ярмоленко А. В. Осязание в процессах познания и труда. М. : Изд-во АПН РСФСР, 1959.
12. Апраушев А. В. Опыт программированного обучения слепоглухонемых детей // Специальная школа. 1968. Вып. 3 (129).
13. Апраушев А. В. Из опыта обучения слепоглухонемых печатанию на плоскопечатных машинках // Специальная школа, 1969. Вып. 1 (133) (а).
14. Апраушев А. В. О конструктивных особенностях технических средств для программированного машинного обучения слепоглухонемых детей // Технические средства обучения специального назначения. Владимир: Изд-во Владимирского пед. ин-та им. П. И. Лебедева-Полянского, 1969. (б).
15. Апраушев А. В. Опыт обучения и воспитания слепоглухонемых детей. М. : ВОС, 1973.
16. Апраушев А. В. Тифлосурдопедагогика. М., 1983.
17. Апраушев А. В. Воспитание оптимизмом. М. : Педагогика, 1983.
18. Апухтина А. Д., Басилова Т. А., Васина Г. В., Чулков В. Н. Программа по социально-бытовой ориентации для слепоглухих детей // Дефектология. 1994. № 6.
19. Арнаутов В., Миронов Н., Соколянский И., Яновская Э. Политвоспитание и игра // Игра, сказка и романтика в работе с детьми. Харьков, 1927. С. 42–47.
20. Басилова Т. А. Предпосылки ролевой игры у слепоглухонемого ребенка // Дефектология. 1983. № 4
21. Басилова Т. А. Условия формирования первоначальных жестов у слепоглухонемых детей // Дефектология. 1987. № 1.
22. Басилова Т. А. Современное состояние организации обучения слепоглухих за рубежом // Дефектология. 1988. № 5.
23. Басилова Т. А. Изучение состава учреждения для слепоглухих детей // Дифференцированный подход при обучении и воспитании слепоглухих детей. М. : Изд-во АПН СССР, 1990. С. 6–17.
24. Басилова Т. А. Развитие игры у слепоглухих детей // Дефектология. 1994. № 2.
25. Басилова Т. А. Американская программа обучения навыкам повседневной жизни детей со сложным сенсорным дефектом // Дефектология. 1994. № 4.

26. Басилова Т. А. Американская программа обучения основам научных знаний для детей со сложными сенсорными нарушениями // Дефектология. 1994. № 5.
27. Басилова Т. А. Использование игры и изобразительной деятельности в развитии социально-бытовой ориентации слепоглухих детей // Дефектология. 1995. № 6.
28. Басилова Т. А. Воспитание в семье ребенка раннего возраста со сложными сенсорными и множественными нарушениями // Дефектология. 1996. № 3.
29. Басилова Т. А. Дети с врожденными сенсорными и множественными нарушениями развития: новые этиологии // Проблемы специальной психологии и психодиагностика отклоняющегося развития. М., 1998.
30. Басилова Т. А. Международные встречи по проблемам слепоглухоты и синдрому Ушера // Дефектология. 1998. № 6. С. 74–77.
31. Басилова Т. А. Как начиналось обучение слепоглухих детей в России // Дефектология. 1999. № 2. С. 61–64.
32. Басилова Б. А. Полвека международной организации помощи слепоглухим // Дефектология. 1999. № 6.
33. Басилова Т. А. И. А. Соколянский — сурдопедагог // Материалы Второго Московского симпозиума по истории глухих. М. : Загрей, 1999. С. 38–45.
34. Басилова Т. А. Воспитание и обучение детей дошкольного возраста со сложными и множественными нарушениями // Учеб. пособие для студентов дефектологич. фак. «Специальная дошкольная педагогика» / Под ред. Е. А. Стребелевой. М. : ACADEMIA, 2001. С. 256–299.
35. Басилова Т. А. Слепоглухой ребенок, воспитывающийся в детском доме: как сделать его жизнь осмысленной? // Психологические, философские и религиозные аспекты смысла жизни: Материалы III–V симпозиумов / Психологический институт РАО. М. : Ось-89, 2001. С. 271–277.
36. Басилова Т. А. Слепоглухота. Педагогический энциклопедический словарь / Под ред. Б. М. Бим-Бада. М. : Большая советская энциклопедия, 2002.
37. Басилова Т. А. Краснуха // Педагогический энциклопедический словарь / Под ред. Б. М. Бим-Бада. М. : Большая советская энциклопедия, 2002.
38. Басилова Т. А. Синдром Ушера // Педагогический энциклопедический словарь. Под ред. Б. М. Бим-Бада. М. : Большая советская энциклопедия, 2002.
39. Басилова Т. А. Проблемы психического здоровья лиц, потерявших слух и зрение в подростковом возрасте // Дефектология. 2002. № 4. С. 23–28.
40. Басилова Т. А. Жизнь и творчество О. И. Скороходовой // Сурдотифлопедагог О. И. Скороходова: Библиографич. указ. / Сост. Шапошникова Н. Д. М. : ИПТК «Логос» ВОС, 2002. С. 5–14.
41. Басилова Т. А. Психология детей со сложными нарушениями развития / Основы специальной психологии: Учеб. пособие для средних учебных заведений / Под ред. Л. В. Кузнецовой. М. : Академия, 2002. С. 374–397.
42. Басилова Т. А. Клинико-психолого-педагогическое изучение детей со сложными нарушениями развития // Психолого-педагогическая диагностика: Учеб. пособие для высших пед. учеб. заведений / Под ред. И. Ю. Левченко, С. Д. Забрамной. М. : Академия, 2003. С. 220–229.
43. Басилова Т. А. Слепоглухие дети // Специальная психология: Учеб. пособие для студентов дефектологич. фак. высших пед. заведений / Под ред. В. И. Лубовского. М. : Академия, 2003.
44. Басилова Т. А. Александр Иванович Мещеряков (к 80-летию со дня рождения) // Дефектология. 2003. № 6.
45. Басилова Т. А. О Соколянском и его методе обучения глухих и слепоглухих, так интересовавших Выготского // Культурно-историческая психология. 2006. № 3.
46. Басилова Т. А. Условно-рефлекторный метод обучения в специальной педагогике и психологии начала XX века (на примере «цепного метода» И. А. Соколянского). В сб. Научные труды и творческое наследие И. П. Павлова как основа личностного и профессионального становления психолога: Материалы межвузовской конференции студентов и молодых ученых, 26–27 апреля 2006 года / Под ред. Н. И. Демидовой. Рязань, 2006.
47. Басилова Т. А. И. А. Соколянский в истории сурдопедагогики // Два века российской сурдопедагогики: Материалы Всероссийского конгресса сурдопедагогов. СПб. : Наука-Питер, 2006. С. 75–80.

48. Басилова Т. А. Научная школа Соколянского – Мещерякова в МГППУ // Московская психологическая школа: История и современность: в 4 т. / под общ. ред. В. В. Рубцова. Т. IV. М. : МГППУ, 2007. С. 28–34.
49. Басилова Т. А. Теоретическая разработка и практическая реализация системы обучения слепоглухих А. И. Мещеряковым // Культурно-историческая психология. № 3. 2008. С. 17–24.
50. Басилова Т. А. Об использовании жестовой и дактильной формы речи в обучении сложных детей. В сб. науч. трудов и докладов «Предпосылки и условия успешной социализации при трудностях развития». Мат. Конф. (Иркутск, 26–27. 09. 2008) Иркутск: Изд-во Иркутского гос. пед. ун-та, 2008. С. 20–24.
51. Басилова Т. А. О слепых детях с дополнительными нарушениями и проблемах их семейного воспитания / Рос. гос. б-ка для слепых. М., 2009. 31 с.
52. Басилова Т. А. 100 лет обучения слепоглухих в России: некоторые итоги и перспективы / Другое детство: Сб. науч. ст. МГППУ, 2009. С. 226–239.
53. Басилова Т. А. О содержании работы психолога в системе ранней помощи детям раннего возраста с сенсорными нарушениями и их семьям / Рання комплексна діагностика реабілітація дітей з сенсорними порушениями: реалії та перспективи // Всеукраїнська науково–практична конференция з международною участю. Статті та лекції. Львів: «Український бестселлер», 2010. С. 83–90.
54. Басилова Т. А. Об изменении этиологии и структуры нарушений при слепоглухоте за 35 лет наблюдений // Вопросы психического здоровья детей и подростков, 2011. № 2 (12). С. 12–20.
55. Басилова Т. А. К 100-летию со дня рождения Ольги Скороходовой — слепоглухой поэтессы, писательницы и исследователя [Электронный ресурс] // Клиническая и специальная психология. 2012. № 1. URL: http://psyjournals. ru/psyclin (дата обращения: 03.06.2013).
56. Басилова Т. А. Памяти Г. П. Бертынь [Электронный ресурс] // Клиническая и специальная психология. 2013. № 4. URL: http://psyjournals. ru/psyclin/2013/n4/Basilova. shtml (дата обращения: 7. 04. 2015).
57. Басилова Т. А. Об истории обучения слепоглухих детей в Московском регионе // Клиническая и специальная психология. 2013. № 2. URL: http://psyjournals. ru/ psyclin/2013/n2/62067. shtml (дата обращения 15.06.2015)
58. Басилова Т. А., Александрова Н. А. Анализ результатов изучения слепых детей со сложным нарушением развития за тридцать лет // Дефектология. 2006. № 2. С. 3–13.
59. Басилова Т. А., Александрова Н. А. Как помочь малышу со сложным нарушением развития. М. : Просвещение, 2008.
60. Басилова Т. А., Беспалов Г. Н. Пособие «Елочка» для обследования и обучения детей со множественными дефектами // Дефектология. 1994. № 3.
61. Басилова Т. А., Московкина А. Г. Что такое синдром Ушера? // В едином строю. 1991. № 1.
62. Басилова Т. А., Саломатина И. В. Слепоглухой человек и мир вокруг (семинар, посвященный 100-летию со дня рождения А. В. Ярмоленко) // Дефектология. 2000. № 5. С. 82–85.
63. Басилова Т. А., Скабло Г. В. Основные этиопатогенетические факторы нарушений психического и соматического здоровья детей-сирот // Дети-сироты: консультирование и диагностика развития. М. : Полиграфсервис, 1998.
64. Басилова Т. А., Чулков В. Н. И. А. Соколянский (биографический очерк) // Библиографический указатель «Иван Афанасьевич Соколянский». М. : Изд-во АПН СССР, 1989.
65. Басова А. Г., Егоров С. Ф. История сурдопедагогики. М. : Просвещение, 1984.
66. Бертынь Г. П. Клинико-генеалогическое изучение близнецов, страдающих нарушением слуха // Дефектология. 1977. № 4.
67. Бертынь Г. П. Елена Келлер // Дефектология. 1984. № 4.
68. Бертынь Г. П. Этиологическая классификация синдромальных форм слепоглухоты // Дефектология. 1985. № 5.
69. Бертынь Г. П. Этиологическая дифференциация слепоглухоты // Генетическое изучение аномалий развития у детей: Сб. М. : Изд-во АПН СССР, 1986. С. 76–95.
70. Бертынь Г. П. Сложная структура дефекта у детей, матери которых перенесли краснуху // Дефектология. 1989. № 3. С. 19–23.
71. Бертынь Г. П. Клинико-генеологическое и психолого–педагогическое изучение лиц со сложным дефектом // Дифференцированный подход при обучении и воспитании слепоглухих детей. М. : Изд-во АПН СССР, 1990. С. 6–41.

72. Бертынь Г. П., Лукашова И. Д., Певзнер М. С. Происхождение сложных дефектов у детей // Причины возникновения и пути профилактики аномалий развития у детей. М. : Изд-во АПН СССР, 1985.
73. Бертынь Г. П., Певзнер М. С., Мареева Р. А. Синдром Маршалла и Ушера — наследственные формы слепоглухоты (клинико-психолого-педагогическое изучение) // Дефектология. 1988. № 2.
74. Бехтерев В. М. Объективная психология. М. : Наука, 1991.
75. Бехтерев В. М. Будущее психиатрии. Введение в патологическую рефлексологию. СПб: Наука, 1997.
76. Беспалов Г. Н. Приборы для формирования у слепоглухонемых детей тактильных образов брайлевских букв // Дефектология. 1982. № 1.
77. Беспалов Г. Н., Германов М. М. Диктографы для слепоглухонемых // Технические средства обучения специального назначения: Сб. Владимир: Изд-во Владимирского пед. ин-та им. П. И. Лебедева-Полянского, 1969.
78. Блюмина М. Г. Распространенность, этиология и некоторые особенности клинических проявлений сложных дефектов // Дефектология. 1989. № 3. С. 3–10.
79. Богданов-Березовский М. В. Положение глухонемых в России. СПб., 1903.
80. Браун Д. Тенденции изменения популяции детей со сложной структурой нарушения // Дефектология. 2000. № 1.
81. Браун Н. Психологические факторы принятия себя родителями слепоглухонемых детей // Дефектология. 1997. № 2.
82. Ван Дайк Я. Подход к обучению и диагностике детей с множественными сенсорными нарушениями // Дефектология. 1990. № 1. С. 67–75.
83. Ван Дайк Я. Воспитание и обучение слепоглухих как особой категории аномальных детей // Дефектология. 1992. № 4.
84. Ван Дайк Я., Нельсон К. Развитие методов обучения слепоглухих детей после эпидемиии краснухи 1960-х гг. : влияние методов, разработанных в Нидерландах // Дефектология. 1999. № 2. С. 64–68.
85. Васина Г. В. Предметные уроки в обучении слепоглухонемых детей // Специальная школа. 1968. Вып. 3 (129).
86. Васина Г. В. Первые шаги в профессии // Ваш собеседник. 2014. № 1. С. 29–33. URL: http://psyjournals. ru/vashsobesednik/2014/n1/68650. shtml (дата обращения: 15.06.2015).
87. Васина Г. В. Обучение слепоглухого ребенка в школе слепых // Ваш собеседник. 2014. № 2. С. 31–35. URL: http://psyjournals. ru/vashsobesednik/2014/n2/70563. shtml (дата обращения: 15.06.2015).
88. Веденов А. В. К вопросу о динамике обонятельных функций. Труды Ин-та мозга им. Бехтерева. Т. XIII. 1940.
89. Владимирский А. В. Содержание душевных переживаний при отсутствиии зрительных и слуховых восприятий. СПб. : Типография М. А. Александрова, 1910.
90. Выготский Л. С. Опытная проверка новых методов обучения глухонемых детей речи. Собр. соч. Т. 5. 1983. С. 322–325.
91. Выготский Л. С. Основные проблемы дефектологии // Выготский Л. С. Собр. соч в 6 т. Т. 5. М., 1983.
92. Германов М. М. Некоторые вопросы построения технических средств обучения, применимых в тифлосурдопедагогике и тифлопедагогике // Технические средства обучения специального назначения. Владимир: Изд-во Владимирского пед. ин-та им. П. И. Лебедева-Полянского, 1969.
93. Германов М. М. Технические средства общения со слепоглухонемыми // Технические средства обучения специального назначения. Владимир: Изд-во Владимирского пед. ин-та им. П. И. Лебедева-Полянского, 1969.
94. Германов М. М. Технические средства для программированного обучения слепоглухонемых и слепых // Технические средства обучения специального назначения. Владимир: Изд-во Владимирского пед. ин-та им. П. И. Лебедева-Полянского, 1969.
95. Германов М. М., Апраушев А. В. Применение некоторых технических средств для передачи сообщений слепоглухонемых // Ученые записки Владимирского пед. ин-та им. П. И. Лебедева-Полянского. Серия «Физика». Владимир, 1969.
96. Германов М. М., Апраушев А. В., Лебедев В. В. Средства общения со слепоглухонемыми // Технические средства обучения специального назначения. Владимир: Изд-во Владимирского пед. ин-та им. П. И. Лебедева-Полянского, 1969.

97. Гончарова Е. Л. Изобразительная деятельность слепоглухого ребенка, овладевающего словесной речью // Дефектология. 1986. № 6.
98. Гончарова Е. Л. К характеристике особенностей развития словесной речи слепоглухонемых детей в обучении их чтению // Коррекционно-воспитательная работа с детьми при глубоких нарушениях зрения и слуха. М., 1986.
99. Гончарова Е. Л. Некоторые вопросы высшего образования взрослых слепоглухих // Дифференцированный подход при обучении и воспитании слепоглухих детей. М. : Изд-во АПН СССР, 1990.
100. Гончарова Е. Л. Формирование базовых компонентов читательской деятельности у детей с глубокими нарушениями зрения и слуха // Дефектология. 1995. № 4.
101. Гончарова Е. Л. Программа целенаправленного формирования читательской деятельности у детей с глубокими нарушениями зрения и слуха // Дефектология. 1996. № 5.
102. Гончарова Е. Л. Из опыта проектирования спецкурса «Введение в психологию читательского развития детей с особыми образовательными потребностями» // Дефектология. 1998. № 6. С. 59–66.
103. Гончарова Е. Л. Подготовка детей с нарушениями зрения и слуха к восприятию художественной литературы: традиции и инновации // Дефектология. 2000. № 2. с. 62–67.
104. Гончарова Е. Л. Психологическая реконструкция ранних этапов читательского развития (по материалам изучения и обучения слепоглухих детей). М., 2009.
105. Гончарова Е. Л., Акшонина А. Я., Васина Г. В. Тексты и упражнения для уроков чтения в начальных классах школы слепоглухих детей: Методич. пособие. М., 1990.
106. Гончарова Е. Л., Акшонина А. Я., Васина Г. В. Прочитай, подумай, ответь: Учеб. пособие для слабовидящих глухих детей. М., 1993.
107. Гончарова Е. Л., Акшонина А. Я., Заречнова Е. А. Формирование мотивационной основы чтения у детей с глубокими нарушениями зрения и слуха // Дифференцированный подход при обучении и воспитании слепоглухих детей. М. : Изд-во АПН СССР, 1990.
108. Горький А. М. Письма И. А. Соколянскому. Собр. соч. : в 30 т. Т. 30. Письма, телеграммы, надписи, 1927–1936. М., 1955. С. 271–272, 316–319.
109. Горький А. М. Письма О. И. Скороходовой. Собр. соч. : в 30 т. Т. 30. М., 1955.
110. Грачева Е. К. Он слеп, он глух, он нем. Спб.,1909.
111. Грачева Е. К. 36 лет среди больных детей (Дневник) // Замской Х. С. Умственно отсталые дети. М., 1995. С. 355–386.
112. Григорьева Л. П. Роль перцептивного обучения в преодолении последствий зрительной депривации у детей при глубоких нарушениях зрения и слуха // Дефектология. 1997. № 1. С. 22–27.
113. Гургенидзе Г. С., Ильенков Э. В. Выдающееся достижение советской науки // Вопросы философии. 1975. № 6. С. 63–73.
114. Дефектологический словарь. М., 1970.
115. Диккенс Ч. Американские заметки. Собр. соч. : в 30 т. Т. 9. М. : Гослитиздат, 1958. С. 45–61.
116. Долинский Б. Т. Особенности физического воспитания школьников со сложными сенсорными нарушениями: Автореф. дис. ... канд. пед. наук. М., 1993.
117. Ждан А. А. Преподавание психологии в Московском университете // Вопросы психологии. 1993. № 4.
118. Жигорева М. В. Изучение симптоматики речевых нарушений у слепоглухих детей. Автореф. дис. ... канд. пед. наук. М.,1993.
119. Жизнь и подвиг Елены Келлер: 1880–1968 гг. Библиографич. указ. / сост. Н. Д. Шапошникова. М., 2001. 32 с.
120. Заречнова Е. А. Формирование повествовательной речи у слепоглухих учащихся старших классов // Дефектология. 1995. № 2.
121. Иван Афанасьевич Соколянский (1889–1960): [Некролог] // Вопросы психологии. 1961. № 1. С. 181–182.
122. Иванов В. В. Язык в сопоставлении с другими средствами передачи и хранения информации // Доклады на конференции по обработке информации, машинному переводу и автоматическому чтению текста. Вып. 7. М., 1961.
123. Иванова Н. В. Из опыта обучения профессиональным навыкам слепоглухонемой Юли В. // Обучение и воспитание слепоглухонемых / под ред. И. А. Соколянского и А. И. Мещерякова; Известия АПН РСФСР. Вып. 121. М., 1962.

124. Из нового сочинения Елены Келлер: «Оптимизм» / пер. с англ. Н. П. Марковой // Слепец. 1910. № 7. С. 117–120.
125. Ильенков Э. В., Глаголева Э. Мир человека // Семья и школа. 1973. № 1.
126. Ильенков Э. В. Психика человека под лупой времени // Природа. 1970. № 1.
127. Ильенков Э. В. Александр Иванович Мещеряков и его педагогика // Молодой коммунист. 1975. № 2.
128. Ильенков Э. В. Учитесь мыслить смолоду. М., 1977 \
129. Ильенков Э. В. Становление личности: к итогам научного эксперимента // Коммунист. 1977. № 2.
130. Ильенков Э. В. Что же такое личность // С чего начинается личность. М., 1979. С. 183–216.
131. История жизни Эллен Келлер. М. : Типография Е. В. Малышевой, 1905.
132. Из жизни слепой и глухонемой: Пересказ по автобиогр. запискам А. Толиверовой. СПб. : Изд. А. Ф. Девриева, [1912]. 133 с.
133. История жизни Элен Келлер с дополнениями из писем ее воспитательницы мисс Селливан. М., 1905.
134. История одной жизни: Из биографии Елены Келлер / Обработано для детей М. В. Тиличеевой. М., 1913.
135. К 75-летию А. В. Ярмоленко // Вопросы психологии. 1975. № 6. С. 157–158.
136. Как слепые видят и глухие слушают // Слепец. 1908. № 2. С. 41–49. Перепечатано из газеты «Новое время».
137. Катаева А. А., Басилова Т. А., Гончарова Е. Л. О некоторых аспектах изучения психического развития слепоглухих детей, потерявших слух и зрение на разных этапах онтогенеза // Дифференцированный подход при обучении и воспитании слепоглухонемых детей. М. : Изд-во АПН СССР, 1990. С. 41–56.
138. Келлер Е. Записки слепой и глухонемой / В. Т. Тифлис: Типография Канц. главной. гр. ч. на Кавказе, 1894. 29 с. Перепеч. из газеты «Кавказ». 1894. №№ 177, 178.
139. Келлер Е. История моей жизни // Слепец. 1895. № 1. С. 8–12. Перевод статьи Е. Келлер из журнала «The Youth's Companion».
140. Келлер Е. История моей жизни — автобиография Елены Келлер // Слепец. 1905. № 2. С. 32–35; № 3. С. 46–48.
141. Келлер Е. Мысли Елены Келлер об университетских занятиях и экзаменах // Слепец. 1906. № 1. С. 27– 29. Перевод статьи из журнала «Tagliche Rundschau».
142. Келлер Е. Мысли Елены Келлер об университетских занятиях и экзаменах // Слепец. 1906. № 1. С. 27–29. Перевод статьи из журн. «Tagliche Rundschau».
143. Келлер Е. Оптимизм / пер. с англ. Н. П. Марковой; под ред. и с предисл. М. В. Богданова-Березовского. СПб. : Об-во попечения о слепоглухонемых в России, 1910. 50 с.
144. Келлер Е. История моей жизни. М. : Захаров, 2003.
145. Кенигсмарк Б. И., Горлин В. Д. Генетические и метаболические нарушения слуха. М. : Медицина, 1980.
146. Коган А. Б. По результатам обследования 4 слепоглухих студентов МГУ// Физиология человека. 1977. Т. 3. № 6.
147. Кон Л. Слепоглухонемые // Слепец. 1914. № 11. С. 182–184. Перевод статьи из журнала «Breslauer Zeitung».
148. Кондратов Р. Р. Теоретические вопросы психического развития индивида в исследованиях И. А. Соколянского и А. И. Мещерякова // Вопросы психологии. 1982. № 2. С. 41–50.
149. Крылатова Н. Комплекс полноценности // Развитие слепоглухонемых детей в семье и детском доме. М. : ВОС,1986. С. 49–62.
150. Ларс В. О работе группы слепоглухонемых // Жизнь глухонемых. 1935. № 17.
151. Левитин К. Лучший путь к человеку // Знание – сила. 1972. № 9–10.
152. Леонтьев А. Н. Рецензия на книгу О. И. Скороходовой «Как я воспринимаю окружающий мир» // Советская педагогика. 1948. № 3.
153. Леонтьев А. Н. Об опыте обучения слепоглухонемых // Хрестоматия по возрастной и педагогической психологии. М., 1980.
154. Лесгафт П. Ф. Лора Бриджмэн // Известия С.-Петербургской биологической лаборатории. IV. 1–3. 1910.
155. Лернер Ю. Путеводная звезда // Наша жизнь. 1981. 5.
156. Лернер Ю. Портрет учителя // В едином строю. 1981. № 1. С. 18–19.
157. Лернер Ю. Родная школа // Советский школьник. 1983. № 6. С. 6. 22 (РТШ).
158. Лернер Ю. «Шестое» чувство и ориентирование // Наша жизнь. 1985.

159. Лернер Ю. М. В мире человеческих предметов // Развитие слепоглухонемых детей в семье и детском доме. М. : ВОС,1986. С. 63–74.
160. Лернер Ю. Мое главное приобретение // Наша жизнь. 1993. №5.
161. Лернер Ю. Источник радости // Наша жизнь. 1988. №11.
162. Лубовский В. И. Дифференцированный подход к проблеме слепоглухонемоты // Психологический журнал. Т. 10. № 3. 1989. С. 144–146.
163. Лукашевич К. Чудный огонек жизни: Повесть о том, как слепая, глухая и немая окончила университет: (Из жизни американки Елены Келлер). 2-е изд. [М.]: Т-во И. Д. Сытина, 1915.
164. Лурия А. Р. Научное значение опыта И. А. Соколянского: Стенограмма выступления на науч. конф. Гос. пед. ин-та дефектологии, 10 марта 1940 г. // Хрестоматия по возрастной и педагогической психологии. М., 1980. С. 248–249.
165. Лурия Е. А. Мой отец А. Р. Лурия. М., 1994.
166. Мареев С. Встреча с философом Э. Ильенковым. М., 1994.
167. Мареева Р. А. Формирование представлений основных геометрических фигур у слепоглухонемых // Обучение и воспитание слепоглухонемых / Под ред. И. А. Соколянского и А. И. Мещерякова // Известия АПН РСФСР. 1962. Вып. 121.
168. Мареева Р. А. Представления слепоглухонемых об основных геометрических формах // Специальная школа. 1968. Вып. 3 (129).
169. Мареева Р. А. Воспитание слепоглухонемого ребенка в семье. М. : ВОС, 1979.
170. Мареева Р. А. Проект программы воспитания и обучения слепоглухонемых учащихся дошкольных групп, подготовительного, 1, 2 классов. М., 1982.
171. Мареева Р. А. Проект программы воспитательной работы со слепоглухими учащимися начальных классов. (Препринт). М., 1990.
172. Мареева Р. А. Проект программы обучения слепоглухих учащихся третьего класса (Препринт). М., 1990.
173. Марцинковская Т. Д. Рефлексологические исследования детского развития // Вопросы психологии. 1990. № 2.
174. Марьямов А. М. Довженко. М. : Молодая гвардия, 1968. С. 28–29.
175. Марков А. Вхождение в жизнь // Наша жизнь. 1993. № 1. С. 22–23.
176. Марков А. Помочь реабилитации слепоглухих // Наша жизнь. 1993. № 10. С. 20–21.
177. Марков А. Мир моего детства // Наша жизнь. 1993. № 12. С. 26–27.
178. Марков А. Для тех, кто плохо видит // Наша жизнь. 1994. № 2. С. 7.
179. Марков А. Реабилитация — процесс индивидуальный // Наша жизнь. 1994. № 7–8. С. 34–35.
180. Марков А. Мой друг — компьютер // Наша жизнь. 1996. № 6. С. 22–23.
181. Марков А. Мне помогала лепка // Наша жизнь. 1997. № 6.
182. Марков А. Открой себя // Наша жизнь. 1999. № 6. С. 27.
183. Марков А. Смысл жизни и проблемы творческой реабилитации // Психологические. Философские и религиозные аспекты смысла жизни: Материалы III–V симпозиумов. М. : Ось-89, 2001. С. 278–280.
184. Мещеряков А. И. В Академии педагогических наук РСФСР. Сессия по вопросам специальной педагогики // Советская педагогика. 1958. № 7. С. 14–57.
185. Мещеряков А. И. Некоторые проблемы образа в связи с особенностями формирования психики слепоглухонемого ребенка // Вопросы психологии. 1960. № 4.
186. Мещеряков А. И. Некоторые особенности обучения и воспитания слепоглухонемых детей // Доклады АПН РСФСР. 1960. № 1.
187. Мещеряков А. И. Памяти Ивана Афанасьевича Соколянского // Обучение и воспитание слепоглухонемых. Известия АПН РСФСР. Вып. 121. 1962. С. 5–10.
188. Мещеряков А. И. Особенности первоначального развития слепоглухонемого ребенка // Обучение и воспитание слепоглухонемых. Известия АПН РСФСР. Вып. 121. 1962. С. 31–41.
189. Мещеряков А. И. Слепоглухонемота // Большая медицинская энциклопедия. Т. 30. 1963.
190. Мещеряков А. И. Формирование мышления слепоглухонемого ребенка в процессе его обучения // Обучение и развитие. М., 1966 (а).
191. Мещеряков А. И. Особенности умственного развития слепоглухонемого ребенка в процессе его первоначального обучения (на рус. и англ. языке). XVIII Международный психологический конгресс. Симпозиум 33. М., 1966.
192. Мещеряков А. И. Слепоглухонемота // Педагогическая энциклопедия. Т. 3. М., 1966(в).

193. Мещеряков А. И. Психическое развитие в условиях сенсорных дефектов // Специальная школа. Вып. 6(126). 1967. С. 131–139.
194. Мещеряков А. И. Обсуждение проблем развития психики при дефектах органов чувств у человека // Вопросы психологии. 1968. № 5. С. 157–168.
195. Мещеряков А. И. Иван Афанасьевич Соколянский // Специальная школа. Вып. 5. 1968. С. 136–140.
196. Мещеряков А. И. Как формируется человеческая психика при отсутствиии зрения, слуха и речи // Вопросы философии. 1968. № 9.
197. Мещеряков А. И. К вопросу об отборе детей в школу для слепоглухонемых // Специальная школа. 1968. № 3 (129). (а)
198. Мещеряков А. И. Из истории обучения слепоглухонемых детей // Специальная школа. 1969. № 1.
199. Мещеряков А. И. О вероятностном характере сигнального восприятия у слепоглухонемых // Дефектология. 1969. № 2.
200. Мещеряков А. И. Обучение слепоглухонемых детей // Советская педагогика. 1972. № 1. С. 66–73.
201. Мещеряков А. И. Об авторе этой книги и о системе обучения слепоглухонемых // Скороходова О. И. Как я воспринимаю, представляю и понимаю окружающий мир. М., 1972.
202. Мещеряков А. И. Опыт обучения детей, страдающих множественными дефектами // Дефектология. 1973. № 3. С. 65–70.
203. Мещеряков А. И. Слепоглухонемые дети. Развитие психики в процессе формирования поведения. М., 1974.
204. Мещеряков А. И., Мареева Р. А. Первоначальное обучение слепоглухонемого ребенка. М. : Просвещение, 1964.
205. Мещеряков А. И., Пашенцева Л. В. Формирование игровой деятельности слепоглухонемого ребенка. - В сб. Проблема деятельности в советской психологии. / Тезисы докладов к V Всесоюзному съезду Общества психологов 27 июня - 2 июля 1977/ ч. I. М. С. 60-65.
206. Михайлов Ф., Кондратов Р. Спасительное творчество // Знание — сила. Март 1982.
207. Московкина А. Г. Полиморфизм сенсорных и психических нарушений при синдроме Ушера // Дефектология. 1984. № 4. С. 89–91.
208. Независимая жизнь и социальная адаптация слепоглухих инвалидов в современном мегаполисе. Метод. рук-во для работников социальной сферы / Под ред. Т. А. Басиловой. М. : МГППУ, 2008. 252 с.
209. Обухова Л. Ф. Детская психология: теории, факты, проблемы. М., 1995.
210. Обухова Л. Ф., Басилова Т. А., Фумбарова Е. Л. Общее и специфическое в психическом развитии слепоглухонемого ребенка // Проблемы переодизации развития психики в онтогенезе. М. : изд-во АПН СССР, 1976.
211. Отчет Общества Попечения о слепоглухонемых в России за 1909 и 1910 год. Спб., 1911.
212. Пальтов А. Е. Психолого-педагогические основы применения технических средств обучения детей с глубокими нарушениями зрения и слуха. М: МГПИ, 1986. 70 с.
213. Пашенцева Л. В. Обучение жестовой речи слепоглухонемого ребенка // Специальная школа. 1969. Вып. 17 (133).
214. Пашенцева Л. В. Развитие мышления слепоглухонемых детей в процессе овладения средствами общения // Тезисы докладов V Всесоюзной конференции НТО психологов. М, 1970.
215. Пашенцева Л. В. Первоначальное обучение слепоглухонемых детей словесной речи // Дефектология. 1983. № 2.
216. Пашенцева Л. В. Подготовка ребенка со сложным сенсорным нарушением к овладению словесным языком // Коррекционная педагогика. 2008. № 4 (28).
217. Пашенцева Л. В. Начало обучения словесному языку ребенка со сложным сенсорным нарушением // Коррекционная педагогика. 2008. № 5 (29).
218. Певзнер М. С., Бертынь Г. П., Басилова Т. А. Клинико-психологическая характеристика детей-олигофренов при глубоких нарушениях зрения и слуха // Коррекционно-воспитательная работа с детьми при глубоких нарушениях зрения и слуха. М. : изд-во АПН СССР, 1986.
219. Певзнер М. С., Бертынь Г. П., Мареева Р. А. Комплексное изучение детей со сложными сенсорными дефектами // Дефектология. 1979. № 4.

220. Певзнер М. С., Бертынь Г. П., Мареева Р. А. Клинико-психолого-педагогическое изучение умственно отсталых детей с глубокими нарушениями зрения и слуха // Дефектология. 1980. № 4.
221. Певзнер М. С., Бертынь Г. П., Мареева Р. А. Этиологическая и клиническая дифференциация слепоглухоты // Наследственные формы олигофрении и других аномалий развития у детей. М. : изд-во АПН СССР, 1983.
222. Певзнер М. С., Бертынь Г. П., Мареева Р. А. Особенности этиопатогенеза и структуры дефекта при слепоглухоте у детей // Коррекционно-воспитательная работа с детьми при глубоких нарушениях зрения и слуха. М. : изд-во АПН СССР, 1986.
223. Подопригорова М. В. Слепоглухие дети с локальными расстройствами // Дефектология. 1993. № 3.
224. Потебня А. А. Мысль и язык. М. : Лабиринт, 1999. 300 с.
225. Психоневрологический Институт: Сайт Психоневрологического института. URL: http://www. bekhterev. spb. ru/index. php?cid=202 (дата обращения: 18. 03. 2015).
226. Рагозина Р. А. История одной души. Пг., 1915.
227. Рау Ф. А. О Р. Каата // Вестник попечения глухонемых. 1905.
228. Рау Ф. А. О воспитании и обучении слепоглухонемых: Стенограмма выступления на науч. конф. Гос. пед. ин-та дефектологии, 10 марта 1940 г. // Хрестоматия по возрастной и педагогической психологии. М., 1980. С. 249–251.
229. Риманн Г. Психологические наблюдения за глухонемыми слепцами // Слепец. 1908. № 5–6.
230. Розенфельд Ф. С. К развитию представлений слепоглухонемых в обучении // Труды Ин-та слуха и речи. Т. 35. 1940.
231. Розенфельд Ф. С. Материалы к психологии слепоглухонемых // Труды Ленинградского пед. ин-та им. Герцена. Т. XVIII. 1941.
232. Рубинштейн С. Л. К вопросу о психологии слепоглухонемых // Труды Ин-та Герцена. Т. XXVIII. 1941.
233. Саломатина И. В. Обогащение социального опыта слепоглухих подростков и юношей в экскурсионных поездках // Дефектология. 1995. № 4.
234. Саломатина И. В. Социально-сексуальное воспитание слепоглухих школьников: обзор зарубежной литературы // Дефектология. 1996. № 1.
235. Саломатина И. В. Синдром Ушера — чья это проблема? // Дефектология. 1996. № 3.
236. Саломатина И. В. Заочное обучение слепоглухих школьников, страдающих синдромом Ушера (из опыта работы) // Дефектология. 1998. № 2.
237. Саломатина И. В. Программа сенсорного развития детей с грубыми множественными нарушениями // Дефектология. 1998. № 2.
238. Саломатина И. В. Современное состояние организации помощи детям и взрослым с глубокими нарушениями зрения и слуха // Дефектология. 1998. № 5.
239. Саломатина И. В. Проблемы родителей детей с синдромом Ушера: некоторые подходы к их решению // Дефектология. 2000. № 1.
240. Саулова С. И. Опыт программированного обучения слепоглухонемых детей на уроках геометрии // Дефектология. 1969. № 3.
241. Саулова С. И., Апраушев А. В. Некоторые средства фиксации информации для слепоглухонемых учащихся // Технические средства обучения специального назначения. Владимир: Изд. Владимирского пед. ин-та им. П. И. Лебедева-Полянского, 1969.
242. Серикказиева Э., Сироткин С., Суворов А. Обретешь друзей. Алма-Ата: Жалын, 1978.
243. Сермеев Б. В., Чулков В. Н., Долинский Б. Т. Физическое воспитание слепоглухих школьников (Методические рекомендации). Одесса, 1988.
244. Сироткин С. Без языка, без слов, без жестов // Инвалид. 1995. № 7 (июль). С. 2.
245. Сироткин С. Слепоглухие в обществе слепых // Наша жизнь. 1999. № 11. С. 21–22, 28.
246. Сироткин С. А. Начало становления // Развитие и образование особенных детей. М., 1999. С. 84–88.
247. Сироткин С. А., Шакенова Э. К. Особенности жестового языка слепоглухих // Повышение эффективности речевого режима в условиях слухоречевой реабилитации. Л. : ЛВЦ ВОГ, 1980.
248. Сироткин С. А., Шакенова Э. К. Как общаться со слепоглухими. М. : ВОС, 1986.
249. Сироткин С. А., Шакенова Э. К. Слепоглухие. М. : ВОС, 1987.
250. Сироткин С. А., Шакенова Э. К. История выдающегося эксперимента: мифы и реальность // Психологический журнал. 1988. Т. 2. № 5.

251. Сироткин С. А., Шакенова Э. К. О концепции искусственного формирования человеческой психики в тифлосурдопедагогике // Дефектология. 1988. №1 . С. 18–22.
252. Скороходова О. И. Доклад на читательской конференции глухонемых Харькова 12 декабря 1940 г. : (Сокр. стенограмма) // Жизнь глухонемых. 1941. № 1.
253. Скороходова О. И. Как я воспринимаю окружающий мир / Предисловие И. А. Соколянского. М., 1947.
254. Скороходова О. И. Текст выступления на научной сессии АПН РСФСР 1–4 июля 1946 г. / Начальная школа. 1946. № 9.
255. Скороходова О. И. Письма М. Горькому // Жизнь глухонемых. 1940. № 7.
256. Скороходова О. И. Об изменениях в моих восприятиях и представлениях под влиянием жизненного опыта // Обучение и воспитание слепоглухонемых. Известия АПН РСФСР. Вып. 121. 1962.
257. Скороходова О. И. Приспособление слепоглухонемых к жизни // Специальная школа. 1963. № 1.
258. Скороходова О. И. Об особенностях ранних представлений у слепоглухонемых // Тезисы докладов на II съезде Общества психологов СССР. М. : Изд-во АПН РСФСР. Вып. 4. 1964.
259. Скороходова О. И. О некоторых эстетических восприятиях слепоглухих // Психическое развитие в условиях сенсорных дефектов. 33-й симпозиум XVIII Международного психологического конгресса. М., 1966.
260. Скороходова О. И. К вопросу об эстетических восприятия и представлениях у слепоглухих // Дефектология. 1970. № 6.
261. Скороходова О. И. О восприятиях и представлениях слепоглухими природы и произведений искусств // Обучение и воспитание детей с недостатками в физическом и умственном развитии. М., 1970
262. Скороходова О. И. Как я воспринимаю, представляю и понимаю окружающий мир. М., 1991.
263. Смолич Ю. Рассказы о непокое: Страницы воспоминаний об украинской литературной жизни минувших лет. М. : Известия, 1971. О И. А. Соколянском: с. 34, 157, 223–226.
264. Соколянский И. А. Об обучении украинских глухонемых детей родному языку // Труды Всероссийского съезда деятелей по воспитанию, обучению и призрению глухонемых, состоявшегося в Москве с 27 до 31 декабря 1910 г. М., 1911. С. 303–306.
265. Соколянский И. А. На педагогические темы // Вільна Україна. Київ, 1917. № 1.
266. Соколянский И. А. Методика цепных звеньев // Вопросы рефлексологии. 1926. № 1.
267. Соколянский И. А. Организация педагогического процесса по комплексной системе, методика и методическая техника // Игра, сказка и романтика в работе с детьми. Харьков, 1927. С. 48–53.
268. Соколянский И. А. Основные навыки в поведении личности // Основные проблемы педологии в СССР. М., 1928. С. 80–82.
269. Соколянский И. А. Оля Скороходова // Социальное обеспечение. 1940. № 12. С. 3–6.
270. Соколянский И. А. О пальцевой речи (дактилология) // Жизнь глухонемых. 1941. № 2. С. 11–13.
271. Соколянский И. А. О чтении с губ // Учебно-воспитательная работа в специальных школах. М. : Учпедгиз, 1944. Вып. 1. С. 67–66.
272. Соколянский И. А. О новом способе чтения слепыми // Учебно-воспитательная работа в специальных школах. М., 1946.
273. Соколянский И. А. Формирование личности при отсутствии зрительных и слуховых восприятий // Общее собрание АН СССР, посвященное тридцатилетию революции. И. ;Л., 1948. С. 367–376.
274. Соколянский И. А. Обучение украинских глухонемых родному языку // Хрестоматия по истории воспитания и обучения глухонемых детей в России. М., 1949. С. 173–176.
275. Соколянский И. А. Организация педагогического процесса по комплексной системе, методика и методическая техника (тезисы докладов на пленуме Гос. Научно–методического комитета) // Игра, сказка и романтика в работе с детьми. Харьков, 1927. С. 48–53.
276. Соколянский И. А. Несколько замечаний о слепоглухонемых и об авторе этой книги // Скороходова О. И. Как я воспринимаю и представляю окружающий мир. М., 1956. С. 3–13.

277. Соколянский И. А. Некоторые особенности обучения слепоглухонемых словесной речи в начальный период обучения грамоте: (Словосочетание как метод обучения слепоглухонемых грамматическому строю речи) // Тезисы докладов научной сессии по вопросам дефектологии (3–6 января 1956). М., 1955. С. 49–50.
278. Соколянский И. А. Букварь для индивидуального обучения взрослых глухонемых. М. : Учпедгиз,1956. 132 с.
279. Соколянский И. А. О восприятии устной речи слепоглухонемыми при помощи кожного анализатора // Остаточный слух у тугоухих и глухонемых детей. М. : АПН РСФСР, 1957. С. 130–137.
280. Соколянский И. А. О пальцевой речи (дактилология) // Обучение и воспитание глухих: Сб. материалов. М., 1959. С. 93–98.
281. Соколянский И. А. Усвоение слепоглухонемым ребенком грамматического строя словесной речи // Докл. АПН РСФСР. 1. 1959. С. 121–124.
282. Соколянский И. А. Как я стал их учителем и другом // Жизнь глухих. 1959. 8. С. 11.
283. Соколянский И. А. Начальный период воспитания слепоглухонемых детей и роли этого периода в дальнейшем умственном и нравственном развитии этих детей // Вопросы психологии обучения и воспитания. Киев, 1961. С. 241–242.
284. Соколянский И. А. Некоторые особенности слепоглухонемых детей до поступления их в школу-клинику // Обучение и воспитание слепоглухонемых. М., 1962. С. 112–142. (Известия АПН РСФСР; Вып. 121).
285. Соколянский И. А. Обучение слепоглухонемых детей // Обучение и воспитание слепоглухонемых / Под ред. И. А. Соколянского и А. И. Мещерякова; Известия АПН РСФСР. М., 1962. Вып. 121 (а).
286. Соколянский И. А. Подготовка глухонемого подростка к производственному труду в условиях домашнего воспитания // Обучение и воспитание слепоглухонемых / Под ред. И. А. Соколянского и А. И. Мещерякова; Известия АПН РСФСР. М., 1962. Вып. 121 (в).
287. Соколянский И. А. Несколько замечаний о слепоглухонемых // Антология педагогической мысли Украинской ССР. М., 1988. С. 407–416.
288. Соколянский И. А. Обучение слепоглухонемых детей // Дефектология. 1989. № 2. С. 75–84.
289. Соколянский И. А. Усвоение слепоглухонемым ребенком грамматического строя словесной речи // Дефектология. 1999. № 2.
290. Соколянский И. А., Кулагин Ю. А. О чтении слепыми плоскопечатного шрифта // Вопросы психологии. 1956. № 5. С. 87–95.
291. Соколянский И. А., Кулагин Ю. А. Осязательное восприятие слепыми плоского шрифта, преобразуемого в выпуклый // Доклады АПН РСФСР. М., 1957. № 1. С. 179–183.
292. Соколянский Иван Афанасьевич (1889–1960) // Педагогический словарь. М., 1960. Т. 2. С. 377.
293. Соколянский Иван Афанасьевич (1889–1960) // Краткий дефектологический словарь. М., 1964. С. 302.
294. Суворов А. В. Слепоглухонемой ребенок — на пути саморазвития // Развитие слепоглухонемых детей в семье и детском доме. М. : ВОС, 1986. С. 34–48.
295. Суворов А. В. Проблемы формирования и саморазвития личности в условиях слепоглухоты // Психологический журнал. 1988. Т. 9. № 5. С. 97–106.
296. Суворов А. В. Мужество сознания (Э. В. Ильенков о тифлосурдопедагогике) // Вопросы философии. 1988. № 2. С. 68–77.
297. Суворов А. В. Школа взаимной человечности. М. : Изд-во РОУ, 1995. 100 с.
298. Суворов А. В. Слепоглухой в мире зрячеслышащих. М: ИПТК «Логос» ВОС, 1996. 118 с.
299. Суворов А. В. Достоинство: лирико-психологическое самоисследование. М. : Изд-во РОУ, 1997. 100 с.
300. Суворов А. В. Смысл жизни и макропериодизация жизни // Психологические, философские и религиозные аспекты смысла жизни: Материалы III–V симпозиумов / Психологический институт РАО. М. : Ось-89, 2001. С. 68–75.
301. Темина Л. Великое противостояние // Московский университет. 4 февраля 1975 г.
302. Тумалевич Е. О., Уланова Л. И., Прохорова О. И. Організація вихідних навиків у сліпоглухонімих дітей за системою обумовленої поведінки та ланцюговой методикою І. П. Соколяньского.
303. Уланова Л. И. Игровой процесс у слепоглухонемых. Рукопись 1934 г. из архива И. А. Соколянского. ИКП РАО

304. Федоров Р. Мы видим и слышим глазами и ушами всего рода человеческого // Наука в СССР. 1981. № 6. С. 110–120.
305. Фишман М. Н. Электроэнцефалографическое исследование слепоглухих детей // Дефектология. 1987. № 2. С. 22–25.
306. Хиллинг Г. Прометей Макаренко и «главбоги» педолимпа: Соколянский, Залужный, Попов. Марбург, 1997.
307. Хилтунен В. Запас человесности // Огонек. 1988. № 6. С. 12–14.
308. Чулков В. Н. Вопросы изучения психического развития слепоглухонемых детей и характеристика вариантов развития при слепоглухоте // Коррекционно-воспитательная работа с детьми при глубоких нарушениях зрения и слуха. М. : Изд-во АПН СССР, 1986. С. 4–17.
309. Чулков В. Н. Развитие служб помощи слепоглухим в Европе (О второй Европейской конференции по обслуживанию слепоглухих) // Дефектология. 1989. № 4. С. 92–96.
310. Чулков В. Н. Предисловие ко 2-му изданию книги О. И. Скороходовой «Как я воспринимаю, представляю и понимаю окружающий мир». М., 1990.
311. Чулков В. Н. Учебная деятельность слабовидящих глухих учащихся // Дифференцированный подход при обучении и воспитании слепоглухонемых детей. М. : изд-во АПН СССР, 1990. С. 70–88.
312. В. Н. Чулков. Предисловие ко 2-му изданию книги О. И. Скороходовой «Как я воспринимаю, представляю и понимаю окружающий мир». М.,1990. С. 3-7.
313. Чулков В. Н. Социально-бытовая ориентация как специальный принцип обучения слепоглухих детей // Дефектология. 1991. № 4.
314. Чулков В. Н. Развитие и образование детей со сложными нарушениями развития // Специальная педагогика : Учеб. пособие для педагогич. вузов. М. : ACADEMIA, 2000. С. 332–344 .
315. Шкловский М. Л. Тактильно-вибрационная чувствительность у детей с расстройствами слуха, речи и зрения. Труды Ин-та слуха и речи. Т. III. 1940.
316. Якимова Ю. А. Опыт работы со слепоглухонемыми детьми. Труды Ин-та слуха и речи. Т. III. 1940.
317. Якимова Ю. А. Методика первоначального образования слепоглухонемых. Труды ин-та слуха и речи. Т. 4. Вып. 7. 1947.
318. Ярмоленко Августа Викторовна // Педагогическая энциклопедия. М., 1968. Т. 4. С. 852.
319. Ярмоленко А. В. К вопросу о формах речи у слепоглухонемых детей. Труды Ин-та слуха и речи. Т. III. 1940. С. 296–302.
320. Ярмоленко А. В. Психология слепоглухонемых до обучения // Советская невропсихиатрия. 1941. № 6 (У1).
321. Ярмоленко А. В. Вопросы психологии речи слепоглухонемых детей // Ученые записки Пед. ин-та им. Герцена. Т. LIII (53). 1946.
322. Ярмоленко А. В. К истории обучения и воспитания слепоглухонемых // Слепоглухонемота / Под ред. М. Л. Шкловского. Л., 1947.
323. Ярмоленко А. В. Развитие обоняния при потере слуха и зрения // Ученые записки ЛГУ. № 109. 1948 (2). С. 196–206.
324. Ярмоленко А. В. Представления времени у слепоглухонемых // Вопросы психофизиологии. 1949 (1). С. 174–181.
325. Ярмоленко А. В. Тактильно-вибрационная чувствительность при потере слуха и зрения // Ученые записки ЛГУ. № 119. 1949(2). С. 40–53.
326. Ярмоленко А. В. Сон и сновидения при потере слуха и зрения // Ученые записки ЛГУ. № 119. 1949(3). С. 66–82.
327. Ярмоленко А. В. Развитие сознания при крайнем ограничении сенсорики // Ученые записки ЛГУ. Т. 119. 1949(4).
328. Ярмоленко А. В. Взаимоотношения первой и второй сигнальной системы при потере слуха и зрения. Ученые записки ЛГУ. № 147. 1953. С. 110–126.
329. Ярмоленко А. В. Развитие познавательной деятельности слепоглухонемых: Автореф. дис. … докт. пед. наук (по психологии). Л., 1955.
330. Ярмоленко А. В. Развитие личности при лишении зрения и слуха // Ученые записки ЛГУ «Психология и педагогика». Л., 1956. С. 137–154.
331. Ярмоленко А. В. Очерки психологии слепоглухонемых. Л, 1961.
332. Ярошевский М. Г. История психологии. М., 1985. С. 504–505.
333. Ярошевский М. Г. Л. Выготский: в поисках новой психологии. СПб. : Международный фонд истории науки, 1993.

334. Bakhurst D., Padden C. The Mesheryacov experiment: Soviet work on the education of blind-deaf children // Learning and Instruction. 1991. P. 201–215.
335. Basilova T. Entwicklungsbedingungen erster Gebarden taubbinder Kinder // Sondershule. 1988 (33). № 3. P. 162–167.
336. Basilova T. The Genezis of Deafblind children's Play // Deafblind Education. № 7 (Jan. –June). 1991. P. 7–9.
337. BasilovaT. Traditions and Tends in deafblind Education in Russia // Proceeding III European Conf. of IAEDB. Potsdam, 1993. P. 16–170.
338. Basilova T. 90 Years of Teaching Deafblind Children in Russia — Interfluence of Ideas Through Borders // Proceeding XII DBI World Conference "Developing through relationships: Celebrating Achievements". Portugal, 1999.
339. Basilova T. Social orientation and its significance in the development of personality // DBI Review. № 27 (January–June). 2001. P. 21–23.
340. Basilova T. Niewerbalne metody komunikacji gluchoniewidomych Edukacja i rehabilitacja osob gluchoniewidomych (modelowe roziazagia), pjd redakcja C. Kosakowskiego I M. Zaorskiej., Wydawnictwo, Uniwersytetu Warminsko–Vazurskiego, Olsztyn (Poland). 2002. C. 107–117.
341. Basilova, T. I. A. Sokolyansky and His Methods of Teaching Visually and Audio–Impaired Children // Digest Cultural–Historical Psychology. 2006. № 1–3. P. 10–11.
a. Dantzig B. Een laboratorium voor Buiitengew Onderwijs in Rusland| // Tijdshrift voor Buitengewoon Onderwijs. Maart 1937. № 3.
342. James W. On H. Keller. 1905
343. Jerusalem W. Laura Bridgman, Eine psychologische Studie. 1890
344. Levitin K. One is Not Born a Personality. Profiles of Soviet Education Psychologists. Moscow: Progress Publishers, 1982. P. 213–304.
345. Mesheryakov A. Awakening to life. Moscow: Progress Publ., 1974.
346. Percy Dowson. Univ. of Wisconsin. Medison Wisconsin, USA/ Soviet Science Opens Stil Wider The Door to Knowlendge for The Blind and Deaf. 1935. 1V.
347. Regi T. E. Legacy of the Past: Those who are gone but have not left. Some aspects of history of blind education, deaf education and deaf-blind education with emphasis on the time before 1900.Oslo/Norway.1996.
348. Riemann G. Psychologische Studien an Taubstummblinden. 1905.
349. Sokoljansky I. P. Uber die Methodik der Folgericytigkeit (Kettenmethodik) beim Unterricht von Taubstummen in der Lautsprache // Укр. вестник Експер. педагогики, 1930. № 3. C. 33–46.
350. Stern W. Helen Keller. 1905.
351. Wilson Lucy. The New School in New Russia. 1928 или Вильсон Л.Новые школы в новой России.1928//Хрестоматия по возрастной и педагогической психологии.М.,1980.
352. Von Johannes Schlenkrich in Leipzig. Taubstummen — und Taubstummblindenwesen in Sowiet-Rusland//Blatter fur Taubstummenbildung. 1929. № 3.

訳者あとがき

もともと知的障害児教育を専攻していた訳者は、大学時代に菅田洋一郎先生から、また大学院では大井清吉先生（故人）から、ソビエト時代のこの分野のロシア語文献を読む機会と、それを直接指導していただけるという他に代えがたい時間をいただくことができた。その頃、出会った文献の一つが、俗に「ソビエトのヘレン・ケラー」と呼ばれていたオリガ・イワーノヴナ・スコロホードワの手記『私はどのようにして周囲の世界を知覚し、表象し、理解するか』（一九七二年、モスクワ、ペダゴギカ出版）であった。以後、今日に至るまで「オリガ」のことは私の研究人生の多くを占めることになった。やがてオリガの師であったイワン・アファナーシエヴィチ・サカリャンスキーの著作『盲ろうあ児の教授と養育』（ロシア共和国教育科学アカデミー・イズヴェスチヤ一二一号　一九六二年、モスクワ）のリプリント版を大井研究室の書棚で偶然、見つけることになった。この文献もその後、私の時間の多くを占領した。加えて、モスクワ大学に盲ろう学生四人が学んでいるという知らせを聞き、それが大きな揺さぶりとなって私を駆り立てた。

山梨大学に赴任したのは一九八九年（平成元年）のことであるが、当地の県立盲学校は日本で最初に組織的な盲ろう児教育を試みた歴史を持っていた。若干ではあるが山梨大学にも、当時の山梨県立盲唖学校および県立盲学校における研究発表資料が残されていて、そのことも以後、私の一部となった。

このようなわけで、私は知的障害児の指導法研究と盲ろう児の教育方法研究とを、いつしか並行的に意識し、時には比較しながら過ごしていた。そして教授学的な視点とアプローチという枠組をあてはめることにより、両者の共通点が見えてくるようになった。それは、「ヘレン・ケラー」タイプの盲ろう児と知的障害児が同じである、と言っているのではない。どのような子どもであろうと、教える教師の枠組において原則的な方法論は同じであるということに、遅ればせながら気がついたのであった。「奇跡」や「稀なケース」と称するだけでは本質に至ることはできないのだ。

このことは後に記すR・A・マリェーエワ先生に、この本の原著者タチヤーナ・アレクサンドロヴナ・バシロワ先生が私を引き会わせてくれたことによってより一層、明確になった。

＊　＊　＊

一九七〇年代末から今日まで、何度かモスクワやロシア各地の学校や施設を訪れている私は、一九九二年原著者バシロワ先生に、当時の欠陥学研究所盲ろう児グループに案内していただき、子どもたち、先生たち、そして指導的立場にあったライサ・アファナーシエヴナ・マリェーエワ女史に出会うことができた。私が知的障害児教育の研究者であることを告げると、彼女はこう話した。「あなたが盲ろう児教育に関心を持たれるのはよくわかります。両者（知的障害児教育と盲ろう児教育）には共通点があります。それは、

1　わかりやすさ、直観性、具体性

2　順序性、段階性、過程性
3　言語の発達と思考の発達の関連性
4　教師（大人）の主導的、決定的な役割

です」と。

彼女は自分の経験からそのように助言したのだった。率直に（研究者というより、むしろ）教師としての視点を私に示されたのであった。彼女とは、それが最初で最後の出会いとなってしまったが、以後、私にとっては、自分のぼんやりしていた考えを鮮明にあぶり出した忘れがたい人物となった。彼女は本書の第三章後半に登場する。


原著については、二〇一五年九月、タチヤーナ・A・バシロワ先生からモスクワで直接手渡されたものである。原著の出版記念会がモスクワで開かれた秋のことであった。以前から私が研究していた部分も多く含められていたので訳業は一気に進んだ。

しかし、一冊の訳本が世に出るまでに、訳稿が完成しただけでは十分ではない。原著の出版元であるロシア盲ろう者支援財団「コ・ネクション」との交渉も思いの外、困難であった。翻訳作業それ自体も時間と熟考を要する過程であるが、契約交渉も骨の折れる仕事であった。この日がやってきたことをうれしく思う。

明石書店の大江道雅社長は、原著の価値と訳書出版の意義を瞬時に判断され、的確な助言と支持を示された。このようなジャンルの本が商業的に困難を伴うことを誰よりも知っている大江氏からの勧めがなかったならば、日本において本書は刊行されなかったであろう。

著者タチヤーナ・A・バシロワ先生は、訳者からの問いや確認に対し、ていねいな回答を寄せて下さった。写真資料と日本語版への序文をいただけたことは訳者の大きな喜びである。お二人には記して深謝したい。

原稿整理に協力し、日本語訳の最初の読者として校正作業に加わった山梨大学の学生・院生、堀田楓、畠山紗和、望月彩美、三枝はるな、鷹野遥香、加藤映美の六名には負う所が大きい。

二〇世紀の盲ろう児教育は、二一世紀になってややその形態や内容を変化させている。すなわち、「ヘレン・ケラー」タイプの盲ろう児は、医療の発展、保健意識の向上により出現は稀となり、多種で多様な障害が重複している子どもたちの教育問題へと教育の対象が移っている。ロシアでは、かつての「盲ろう児のための子どもの家」は、総合リハビリテーションセンターに変わり、子どもの教育から成人の支援へと重心を移している。

日本では盲学校、ろう学校は古くから存在していたが、盲ろう児のための「専門」の学校は、前述の山梨県立盲唖学校と山梨県立盲学校における実験教育（一九四八—一九七二）を除き、存在していなかった。稀なケースとして個別的な教育が重ねられてきたといってよいだろう。

本書に示されているように、盲ろう児教育は、盲教育＋ろう教育という考え方では、問題が解決されない。ロシアにおける盲ろう児教育の発展は、「盲ろう」という障害から生じる制限の特性を理解し、方法を手探りしていく子どもと教師との共同活動が決め手であることを示している。ヤルマリェンコ、サカリャンスキー、メシチェリャーコフが行なった研究によって明らかにされた諸点は、原則的にどのような子どもたちの教育においても共有できるものである。それは国境と時代を超えて、普遍的な価値を持ち続けるものと訳者は確信している。子どもの教育は、その子どもに向きあう教師や大人によって手作りされる共同活動によってのみ成立する。

なお、浜松学院大学の中澤幸子先生の手により、ロシアにおける盲ろう児教育の歴史年譜を添えさせていただくことができた。記して深謝いたします。
最後に、読みにくい訳文を一冊の本に仕上げて下さった明石書店編集担当の清水聰さんに厚く御礼申し上げます。

本書に価値があるとすれば、それはロシアにおける盲ろうの子どもたちと先人たちとによって創られたものであり、欠点があるとすれば、それはすべて訳者の力不足によるものです。

二〇一七年　四月九日

広瀬　信雄

ロシアにおける盲ろう児教育の歴史年譜

	事　項	関連事項
		（1801）S.G.ハウ誕生
1806	ペテルブルク私立ろう学校、リガ私立ろう学校、同年ヴィリニュス校開設	
		（1829）ローラ・ブリッジマン誕生
1843	C.ディケンズ『アメリカ紀行』（盲ろう女性ローラ・ブリッジマン紹介）ロシア語縮刷版（『読者ライブラリー館』）掲載	
		（1866）アン・サリバン誕生
1868	ゴーリキー誕生	
1869	クループスカヤ誕生	
1872	リガ盲学校開設	
		（1876）S.G.ハウ死去
1880	ペテルブルク精神医学会	（1880）ヘレン・ケラー誕生
1882	C.ディケンズ『アメリカ紀行』ロシア語全訳本出版	
1884	ベフチェーレフ、ペテルブルク精神神経大学長	
1885	A.ラウ誕生	
		（1886）ヨーロッパ最古の盲ろう児学校（スウェーデン・ヴェネスブルグ）
1889	I.A.サカリャンスキー誕生 （3月25日/旧暦4月7日、ドン・クラスノダール地方）	（1889）ローラ・ブリッジマン死去
1894	E.K.グラチョーワ 「貧困と病気の子ども協会」事業で重症知遅児養育院開設（ペテルブルク）	
		（1895）G.リーマン（ドイツ）「ろうあと一時的な盲」出版
1896	L.S.ヴィゴツキー誕生	
1898	E.K.グラチョーワ　「天帝の名のもと兄弟愛養育院」開設	
1900	A.V.ヤルマリェンコ誕生（10月10日/9月27日、ペテルブルク） I.M.セーチェノフ 「人間の作業運動における神経系の参与」（シュトリュンペリのクリニックの症例）	
1901	ラウ夫妻によるろう児幼稚園設立	
1902	A.R.ルリヤ誕生	
1903	A.N.レオンチェフ誕生	
		（1904）ヘレン・ケラー大学入学

1905	E.K.グラチョーワの養育院に盲ろうあ児 I.A.サカリャンスキー　革命事件に加わり拘留	（1905）G.リーマン（ドイツ）「ろうあ盲児の心理学的な観察」出版 （1906）ゴーリキー、ヘレン・ケラーに会う（N. Y.）／7月2日、オーベルリンハウズ開設（プロシア・ノヴォヴェス）
1908	I.A.サカリャンスキー　ペテルブルク精神神経大学博物・歴史学部入学　グラボロフとともに学ぶ A.V.ヴラジーミルスキー 「視覚による知覚と聴覚による知覚が欠落している症例の精神的体験の内実」 M.V.ボグダーノフ＝ベレゾフスキー 12月24日「牢獄の主人公」（『新時代』寄稿）	（1908）レンデリング（オランダ）「盲ろうあ児」出版
1909	盲人保護についての全ロシア大会 ペテルブルク市行政長官　ロシア盲ろう児保護協会規則承認 E.K.グラチョーワ 『この子は盲、この子はろう、この子は魂』（盲ろう養子宣伝冊子）作成	
1910	ヘレン・ケラー著書『楽観主義』、ロシア語に翻訳・出版 ペテルブルクろうあ幼稚園　3名の盲ろうあ児のグループ設置 フォンタンカ盲ろうあ児養育園設立（施設長M.A.ザハロワ、7名） I.A.サカリャンスキー アレキサンドロフスク（現ウクライナ・サポロージェ）ろう児学園講師(-1919) 全ロシアろうあ者の養育と教授活動者大会「ウクライナのろう児への母語教育について」報告	
1911	O.I.スコロホードワ誕生（7月24日。ウクライナ・ヘルソン県）	
1912	アレキサンドロフスクろう児学園村　ヨーロッパ最大のろう児施設となる	
1913	I.A.サカリャンスキー ヴォロビヨフその他学園教師とスカンジナビア諸国・ドイツの障害児施設訪問	
1914	全ロシア国民教育大会	
1916	I.A.サカリャンスキー　カザン作戦部隊（第一次世界大戦参戦） A.V.ヤルマリェンコ エカチェリノスラフ市郊外（現ドニエプロペストロフスク）就学前施設保育士	
1917	I.A.サカリャンスキー　論文「教育学のテーマについて」	
1918	モスクワ、アリノリド・トレチャコフスキー学院⇒「モスクワろうあ学校」A.V.ヤルマリェンコ　　ギムナジウム専攻科（教師養成）修了	
1919	I.A.サカリャンスキー　ウマニ市にろう学校設立、同市国民教育部長(-1920) A.V.ヤルマリェンコ（－1920） 就学前児童の教育と同時に知的遅滞児の保育士、エカチェリノスラフ市国民教育学部の視学－教師、幼稚園長、「子どもの家」職員	
1920	児童の欠陥との闘いに関する全ロシア大会 I.A.サカリャンスキー　入党（ボリシェビキ）	

1922	A.V.ヤルマリェンコ エカチェリノスラフ市国民教育上級大学就学前学部卒業⇒同大学児童期病理心理学講座付教官 I.A.サカリャンスキー ウクライナ欠陥児施設主任、視察官任命　第1回ロシア精神神経学大会	
1923	全ソ盲人協会（BOC）　創設 A.V.ヤルマリェンコ 国立精神神経アカデミー児童学大学　精神－反射学部実習生 I.A.サカリャンスキー　ハリコフ国民教育大学欠陥学講師、ウクライナ教育人民委員部盲ろうあ部長 ハリコフ・クリニック・スクール開設 A.I.メシチェリャーコフ誕生（12月16日。リャザン県スコーピン地区）	
1924	I.A.サカリャンスキー　第２回全ロシア精神神経学大会講義 「精神神経アカデミー附属ろうあ児研究所の新しいろう児教育について」 A.V.ヤルマリェンコ 国立精神神経アカデミー児童学大学　精神－反射学部正常児及び欠陥児の社会教育学卒業　同大学定員外研究員（－1926）、国立精神神経アカデミー脳研究に関する反射大学所属の子どもの反射学及び中枢神経系生理学専修大学院入学（1930年修了） L.S.ヴィゴツキー　モスクワへ移る（心理学研究所、欠陥学研究所）	（1924）アメリカ盲人教会設立
1925	A.V.ヤルマリェンコ、保健省脳研究所心理学部門上級研究員（－1948） I.A.サカリャンスキー 「盲ろうあ児のための実験子どもの家」（ハリコフ盲学校内）開設、指導開始	
1927	ベフチェーレフ死去	
1928	I.A.サカリャンスキー　「ソビエト教育学の若干の諸問題」	
1930	I.A.サカリャンスキー　教育科学研究所所長（ハリコフ）就任、欠陥学部門指導 「教育学をマルクス＝レーニン的立場に」（ろうあ児への話言葉教授法） A.V.ヤルマリェンコ　児童青年期保健研究所所員	
1931	ロシア共和国教育人民委員部訓令 「身体欠陥、知能遅滞、言語障害のある青少年の初等義務教育の実施について」 ヤルマリェンコ　博士論文「正常児と異常児の運動領域の研究」	
1933	ゴーリキー　O.I.スコロホードワ、I.A.サカリャンスキーと文通 I.A.サカリャンスキー 拘留（12月－1934年3月）⇒ウクライナ実験医学研究所に移動	
1934	L.S.ヴィゴツキー死去 ペテルブルク耳鼻咽喉－音声学研究所付属盲ろうあ児グループ分離	
1936	I.A.サカリャンスキー　「盲人はどんな本でも読む」 A.V.ヤルマリェンコ　聴覚言語研究所研究員兼研究秘書 ゴーリキー死去	（1936）アン・サリバン死去
1937	I.A.サカリャンスキー　再拘留（－1939）	
1938	ハリコフ・クリニック・スクール閉鎖（人民委員部決定）	
1939	I.A.サカリャンスキー釈放　⇒モスクワの特殊学校研究実験研究所 上級研究員兼研究所附属ろうあ児学校校長代理就任 クループスカヤ死去	（1939）大祖国戦争（第二次世界大戦）(-1944)

1940	I.A.サカリャンスキー 研究所研究協議会でO.I.スコロホードワ（盲ろう児）の指導を報告（3月10日）	
1941	I.A.サカリャンスキー　モスクワ特殊学校研究実験研究所ろう教育部長 ペンザからノヴォシビルスクに疎開 A.I.メシチェリャーコフ 赤軍動員	（1941）レニングラード封鎖 ドイツ軍ハリコフ占領 モスクワ攻撃開始
1943	特殊学校科学＝実践研究所 ⇒ロシア共和国教育科学アカデミー欠陥学研究所に改組 A.I.メシチェリャーコフ　白ロシア戦線で重症⇒長期治療後退役	
1944	I.A.サカリャンスキー　モスクワに戻る O.I.スコロホードワ　欠陥学研究所上級研究員としてモスクワへ移る	
1945	A.V.ヤルマリェンコ　レニングラード国立大学一般心理学講座教授 A.I.メシチェリャーコフ　モスクワ国立大学哲学部心理学科入学 S.L.ルビンシュテイン、B.M.チェプロフ、A.N.レオンチェフらより学ぶ	
1946	I.A.サカリャンスキー　「盲人による読書の新方法」	
1947	O.I.スコロホードワ 『どのようにして私は周囲の世界を知覚するか』出版（A.N.レオンチェフ序文） ウシンスキー記念賞一等受賞 I.A.サカリャンスキー　欠陥学研究所に、盲ろうあ研究所開設、室長着任 ソ連邦科学アカデミー記念大会講演「視知覚、聴知覚の欠落しているケースの人格形成」 ウシンスキー記念賞二等受賞	
1948	I.A.サカリャンスキー　ハリコフ国民教育大学欠陥学部取得教授資格回復 A.I.メシチェリャーコフ 　学業と並行して、ソ連連邦医科学アカデミー、N.N.ブルジェンコ記念神経外科研究所附属高次神経活動生理学実験室上級研究員 クラボロフ死去	
1949	A.ラウ死去	
1950	I.A.サカリャンスキー　博士論文「盲ろう児の養育と教授の基礎」計画提出 A.I.メシチェリャーコフ（大学院生） ロシア共和国教育科学アカデミー心理学研究所（A.R.ルリヤ実験室）所属	（1950）山梨県立盲学校にて、盲ろうあ児教育開始
1951	I.A.サカリャンスキー 欠陥学研究所盲ろう児の研究と養育に関する研究室主任 A.R. ルリヤ　神経外科大学の実験室閉鎖⇒欠陥学研究所に移動	
1952	A.I.メシチェリャーコフ　学業と並行して欠陥学研究所に勤務	
1954	O.I.スコロホードワ 『どのようにして私は周囲の世界を知覚し表象するか』出版（I.A.サカリャンスキー序文）	（1954）J.ピアジェ　モスクワでA.R.ユリヤと会う
1955	I.A.サカリャンスキー　盲ろうあ児（ユリヤ・ヴィナグラーダワ）実験教育開始（欠陥学研究所附属実験学校内） A.V.ヤルマリェンコ 「盲ろうあ児の認識活動の発達」 A.I.メシチェリャーコフ　欠陥学教育科学研究所上級研究員 テーマ「大脳の局在的損傷があるケースでの、単純反応の形成における二つの信号系の相互関係の障害」にて修士学位取得	

1956	I.A.サカリャンスキー 「盲人および盲ろうあの人による平板活字の読みについて」	（1956）フルシチョフ教育改革「学校と生活の結合」
1957	I.A.サカリャンスキー　名誉回復・共産党員復帰、70歳記念・研究活動50年祝賀会 A.I.メシチェリャーコフ　欠陥学研究所分室 （共同研究者：I.A.サカリャンスキー、O.I.スコロホードワ、マリェーエワ）	
1958	A.V.ヤルマリェンコ　欠陥学研究所第２回研究大会報告 「盲ろうあの唯物弁証法論的理解と、観念的理解への批判」 I.A.サカリャンスキー 全ソビエト連邦、機械翻訳と応用言語学に関する学会（第一モスクワ国立外語大学）にて、言語の諸問題について報告	
1959	A.V.ヤルマリェンコ、B.G.アナニエフ共著 『労働と認識の過程における触覚』出版 I.A.サカリャンスキー　ソ連邦国民経済博覧会金メダル	
1960	I.A.サカリャンスキー死去（11月27日71歳） O.I.スコロホードワ　心理学博士候補（修士） A.I.メシチェリャーコフ 「盲ろうあ児の精神機能形成の特性と関連する象の若干の問題」	
1961	A.V.ヤルマリェンコ、B.G.アナニエフ共著 『労働と認識の過程における触覚』 K.D.ウシンスキー賞受賞 A.V.ヤルマリェンコ　モノグラフ『盲ろうあ児心理概説』出版／死去 A.I.メシチェリャーコフ　ルーマニア訪問 盲ろうあ児の研究と養育実験室を立ち上げ、実験グループを設置	
1962	A.I.メシチェリャーコフ　イギリス視察 教育科学イズヴェスチャ「盲ろうあ児の教授と養育」 欠陥学研究所に盲ろう児教育教員養成講座（8月－1963年5月） I.A.サカリャンスキー 『クリニック・スクール入学前の盲ろうあ児の若干の特徴』発刊	
1963	ザコールスク盲ろう児子どもの家開設（9月1日）O.I.スコロホードワ 「盲ろうあ児の生活への適応」（『特殊学校』誌）	
1966	O.I.スコロホードワ　第18回国際心理学会（モスクワ）で報告 N.N.レオンチェフ　モスクワ大心理学部学部長	
1967	A.I.メシチェリャーコフ、O.I.スコロホードワ 盲ろう児教育に関する国際セミナーと成人盲ろう者の教育に関する学会参加（イギリス）	
		（1968）ヘレン・ケラー死去
1969	盲ろうあ児のための子どもの家、規定承認 O.I.スコロホードワ　『わが生活』に論文発表 サゴールスク盲ろう児子どもの家　16歳以上の学習―生産グループ開設 A.I.メシチェリャーコフ　「盲ろうあ児における信号知覚の蓋然生について」	
1970	O.I.スコロホードワ 「盲ろう者の美的感覚と美的概念に関する諸問題」（欠陥学誌）	
1971	盲ろう児生徒４名（ザコールスク盲ろう児子どもの家）大学準備教育開始 A.I.メシチェリャーコフ 博士論文「盲ろうあ児（教育における精神的発達）」	

1972	T.A.バシロワ　国立モスクワ大学卒業⇒欠陥学研究所 A.I.メシチェリャーコフ研究室（盲ろう児の教育と養育研究室）配属 盲ろう学生4名（ザコールスク盲ろう児子どもの家）モスクワ大学入学 O.I.スコロホードワ 「どのようにして私は周囲の世界を知覚し、表象し、理解するか」出版（A.I.メシチャリャーコフ序文） A.E.パリトフ（ヴラジミール国立教育大学）　点字式テレタクター開発	
1974	A.I.メシチェリャーコフ死去（10月30日　51歳） A.E.パリトフ　ポータブルコミュニケーター開発	
1975	R.A.マリェーエワ　欠陥学研究所盲ろうあ児教授、養育実験室主指導者	
1976	A.V.ヤルマリェンコ死去（76歳）	
1977	盲ろう学生4名（ザコールスク盲ろう児子どもの家）モスクワ大学卒業 A.R.ルリヤ死去	
1978	トゥーラ州ゴロヴェニコフスキー　知能遅滞盲ろう児のためのグループ設置 O.I.スコロホードワ 「盲ろう者の美的表象と概念の形成について」（欠陥学誌）	
1979	R.A.マリェーエワ　『家庭における盲ろう児の養育』出版 N.N.レオンチェフ死去	
1980	I.A.サカリャンスキー、A.I.メシチェリャーコフ ⇒ソ連国家賞授与	
1982	O.I.スコロホードワ死去（11月） 盲ろう児の学習プログラム研究 「盲ろうあ児の養育と教育プログラムプロジェクト、就学前グループ、準備学年、1－2年生」完成	
1985	第1回盲ろう者援助に関するヨーロッパ会議（イエテボリ） V.N.チェールコフ　欠陥学研究所実験室長任命	
1988	V.N.チェールコフ、シロートキン報告（10月23日／27日） 第２回盲ろう者援助に関するヨーロッパ会議（ロンドン）	
1990	O.I.スコロホードワ 「どのようにして私は周囲の世界を知覚し、表象し、理解するか」第2版（V.N.チュールコフ序文） ザゴールスク盲ろう児子どもの家　新築移転⇒総合施設として開設（1992年より、「セルギエフ＝パサート盲ろう児子どもの家」に名称変更）	
1991	ソ連邦教育科学アカデミー欠陥学研究所 ⇒名称変更「ロシア教育科学アカデミー治療教育研究所」 盲ろう児の教授と養育研究室⇒重複障害児教育の内容と方法実験室に変更	（1991）ソ連邦崩壊
1992	欠陥学研究所附属実験学校と実験グループ廃止 ⇒盲ろう児実験グループは第37ろう学校の盲ろう児クラスに変更	（1992）ザゴールスク市「セルギエフ＝パサート」市に改名
1995	T.A.バシロワ 「重複障害児教育の内容と方法研究室」指導者	
1998	アッシャー・フォーラム（盲ろうあ児とアッシャー症候群の人々のための非営利社会福祉法人）創設　初代代表A.V.サロマティナ	

（中澤幸《さち》子　浜松学院大学　作成）

【著者略歴】

タチヤーナ・アレクサンドロヴナ・バシロワ

モスクワ大学心理学部卒業。心理学博士。現在、モスクワ市立心理教育大学教授。モスクワ大学在学中に、A.I.メシチェリャーコフに出会い、盲ろう児の教育について学ぶ。卒業後も、メシチェリャーコフのもとで、盲ろう大学生の支援、実験グループにおける盲ろう児の養育に加わり、診断・検査活動にも参加。以後、2002年までロシア教育科学アカデミー欠陥学研究所（現、「治療教育研究所」）で、盲ろう児の教育と養育研究部門を担当、1995—2000年まで、同研究所の重複障害児の教育内容と方法研究室室長。2002年、現職に移る。

【訳者略歴】

広瀬信雄（ひろせ　のぶお）

長野県生まれ。京都教育大学卒業、東京学芸大学院修了後、筑波大学附属桐が丘養護学校、秋田大学教育学部附属養護学校を経て、1989年より山梨大学に移る。山梨大学教授（1996―現在）。1988年モスクワ大学に短期留学。2009―2012年山梨大学教育人間科学部附属特別支援学校長。2012―2015年山梨大学教育人間科学部副学部長。2017年４月より山梨大学教育学域教育学系長。

主な訳書は、ヴィゴツキー『新訳　子どもの想像力と創造』（訳、新読書社、2002）、ヴィゴツキー『子どもの心はつくられる――ヴィゴツキーの心理学講義』（訳、新読書社、2003）、レオンチェフ『ヴィゴツキーの生涯』（訳、新読書社、2003）、ペトルニク『心の専門医が語る子育て・納得のアドバイス』（監訳、新読書社、2006）、スコロホードワ『もう一人の奇跡の人――「オリガ・I・スコロホードワ」の生涯』（編訳著、新読書社、2012）、サカリャンスキー『盲ろう児教育のパイオニア・サカリャンスキーの記録』（編訳、文芸社、2014）、イーゴリ・レイフ『天才心理学者ヴィゴツキーの思想と運命』（訳、ミネルヴァ書房、2015）、コルスンスカヤ『子どもに向かって「お前が悪い」と言わないで――コルスンスカヤの聴覚障害児教育』（訳、文芸社、2016）、レオンチェフ『新装改訂版ヴィゴツキーの生涯』（訳、新読書社、2017）ほか。
主な著書は、『教師と子どもの共同による学びの創造――特別支援教育の授業づくりと主体性』（共著、大学教育出版、2015）ほか。

※　本書の一部には、現在では差別語、不快語とされる用語がありますが、当時の時代背景や社会状況を表現する上で必要と判断しそれらの用語を使用しています。どうぞご了承くださいますようお願いいたします。

明石ライブラリー 163
20世紀ロシアの挑戦　盲ろう児教育の歴史
事例研究にみる障害児教育の成功と発展

2017年5月10日　初版第1刷発行

著　者　タチヤーナ・アレクサンドロヴナ・バシロワ
訳　者　広　瀬　信　雄
発行者　石　井　昭　男
発行所　株式会社 明石書店

〒101-0021　東京都千代田区外神田6-9-5
電　話　03（5818）1171
ＦＡＸ　03（5818）1174
振　替　00100-7-24505
http://www.akashi.co.jp
装丁　明石書店デザイン室
印刷・製本所　モリモト印刷株式会社

（定価はカバーに表示してあります）　ISBN978-4-7503-4505-5